Der drei Jahre jüngere Goethe bewunderte ihn, Wieland förderte ihn väterlich: Heute ist der vielseitige Denker und Schriftsteller Wilhelm Heinse (1746-1803) hauptsächlich durch seinen Künstlerroman *Ardinghello und die glückseeligen Inseln* bekannt. Er verteidigte ästhetische Positionen, die seinen Zeitgenossen als zu freizügig und sogar anstößig galten und doch auf die literarische Welt des späten 18. Jahrhunderts weitgehenden Einfluß hatten.

Seine Aufzeichnungen einer Reise nach Italien im Jahre 1783 gehören zu den interessantesten Reisetexten des 18. Jahrhunderts; sie wurden oft mit Goethes *Italienischer Reise* verglichen. Ein Essay von Almut Hüfler gibt einen Überblick über Leben und Gesamtwerk des in Thüringen geborenen Dichters und Kunsttheoretikers.

Von Wilhelm Heinse ist im Insel Verlag lieferbar: *Düsseldorfer Gemäldebriefe*. Herausgegeben von Helmut Pfotenhauer. 84 Seiten. Insel-Bücherei Nr. 1162.

insel taschenbuch 2869

Wilhelm Heinse

Tagebuch einer Reise nach Italien

Wilhelm Heinse

Wilhelm Heinse
Tagebuch einer Reise nach Italien

Mit einem biographischen Essay
von Almut Hüfler
Herausgegeben
von Christoph Schwandt

Mit zahlreichen Abbildungen

Insel Verlag

Dieser Band entstand mit finanzieller Unterstützung
des Rotary-Club Aschaffenburg

insel taschenbuch 2869
Erste Auflage 2002

Hinweise zu dieser Ausgabe am Schluß des Bandes
Vertrieb durch den Suhrkamp Taschenbuch Verlag
Umschlag nach Entwürfen von Willy Fleckhaus
Satz: Hümmer GmbH, Waldbüttelbrunn
Druck: Memminger MedienCentrum AG
Printed in Germany

1 2 3 4 5 6 – 07 06 05 04 03 02

Inhalt

Almut Hüfler

Wilhelm Heinse
(1746-1803)

»Reisen, die Erde und ihre Geschöpfe kennen lernen, ist die natürliche Bestimmung des Menschen: Stille sitzen und Phantasien schmieden, sein unnatürlicher Zustand.«[1] Diese Worte, die Wilhelm Heinse gegen Ende einer dreijähigen Italienreise in sein Tagebuch notiert, verweisen auf einen Zwiespalt, der die Bewußtseinslage vieler seiner schreibenden Zeitgenossen bestimmt. Die fortschreitende Verfeinerung der Zivilisation wird als Entfremdung von der Natur, als zunehmende Entfernung vom Ursprung empfunden. Dabei bedeutet der Begriff »Natur« nicht mehr das vom Menschen nach dem Vorbild der göttlichen Schöpfungsordnung zu zähmende Chaos, sondern verbindet sich vielmehr mit den Idealen Wahrheit, Freiheit und Schönheit. Seinen Ausdruck findet dieser Wandel besonders in der Literatur, die einem wachsenden bürgerlichen Publikum Bilder des neuen Ideals naiver Natürlichkeit vermittelt. Der Abstand zur eigenen Erfahrungswirklichkeit wird so schmerzlich spürbar und weckt die Sehnsucht nach einem Zustand, in dem sich der Mensch wieder in Einheit mit der Natur befindet. Das achtzehnte Jahrhundert hat immer wieder versucht, die Kluft zwischen Zivilisation, Bildung, Kultur und natürlich-ursprünglichem Leben zu überwinden: Jean Jacques Rousseaus »retour à la nature« und Friedrich Schillers Vorstellung einer »sentimentalischen« Kondition des modernen Dichters sind nur zwei von vielen möglichen Antworten.

Wenn Friedrich Hölderlin nach der Begegnung mit Wilhelm Heinse bewundernd schreibt, dieser sei ein Mann von »grenzenloser Geistesbildung« und »Kindereinfalt«, sieht er

1 Zitatnachweise finden sich auf den Seiten 86-87.

diese beiden sich widersprechenden Pole offenbar in dem älteren Dichter harmonisch vereint – die Krankheit des Jahrhunderts geheilt. Was Hölderlin im persönlichen Umgang erkennt, belegen auch Heinses Werke: besonders die als »Tagebücher« und »Aphorismen« veröffentlichten Aufzeichnungen seiner Notizhefte dokumentieren den lebenslangen Versuch, den Zwiespalt aufzulösen und die sich aus ihm ergebenden Fragen zu beantworten. Die Gebiete, die Heinse dafür befragt, sind weit gefächert: Literatur, Malerei, Bildhauerei, Musik, Staatstheorie, Anatomie und Schachspiel, um nur die wichtigsten zu nennen. Eine besondere Bedeutung kommt dabei seiner Reise nach Italien zu, denn dort findet er zwar in seltenen Augenblicken die Erfüllung jener Sehnsucht nach »Glückseligkeit«, erfährt aber auch den Schmerz der Desillusionierung eines phantastischen Idealbilds durch die Realität. Das Ringen um das »Wahre und Wirkliche« in der Spannung zwischen Bildung und Belesenheit auf der einen, dem unbedingten Willen zur Naturwahrheit auf der anderen Seite macht Heinses Schriften zu Dokumenten einer typischen Konstitution des deutschen Literaten am Ausgang des achtzehnten Jahrhunderts.

Trotzdem gehört Wilhelm Heinse heute zu der großen Zahl von Autoren jener Zeit, die im Schatten der »Weimarer Klassik« kaum mehr wahrgenommen werden. Während Goethe »Dichtung und Wahrheit«, Werk und Leben im Zeichen der Klassizität zu einer Einheit formt, bleiben bei Heinse die Gegensätze des inneren und äußeren Menschen ohne Auflösung, steht sein Leben in Widerspruch zu dem, was die Schriften erwarten lassen. Wo man einen hemmungslosen Hang zu unmoralischen Verbindungen jeder Couleur vermutet, findet man – bis auf eine oder zwei frühe Liebschaften und die Neigung zur verheirateten Mutter eines Schülers – nichts; wo man beim immer wiederkehrenden

Stichwort »Streben nach Genuss« einen verschwenderischen Lebemann unterstellt, trifft man auf einen Lebenskünstler, der mit den kärglichsten Mitteln auszukommen weiß; wo man den unabhängigen Geist Heinses bewundert und auf eine revolutionäre Gesinnung schließt, zeigt sich ein Charakter, der – zeitlebens in wirtschaftlicher Abhängigkeit – sich nicht zur politischen Betätigung hinreißen läßt; wo man schließlich in den Schriften einen leidenschaftlichen Bekämpfer des christlichen Glaubens findet, begegnet man dem Dichter in seinen letzten Jahren als Vorleser und Bibliothekar des katholischen Kurfürst-Bischofs in Mainz und Aschaffenburg.

Die Thüringer Kindheit, Jugend und Studium (1746-1771)

Johann Jacob Wilhelm Heinse wird am 15. Februar 1746 in dem kleinen Städtchen Langewiesen am Rand des Thüringer Walds geboren und am folgenden Tag noch unter dem alten Familiennamen Heintze ins örtliche Taufregister eingetragen. Als Sohn eines Stadtschreibers und Organisten, der erst später zum Bürgermeister aufstieg, standen dem musisch begabten Jungen zwar ein anregendes Umfeld, aber kaum die Mittel für eine angemessene Ausbildung zur Verfügung. Seinen Schulunterricht in Langewiesen und die Zeit auf den Gymnasien in Arnstadt (1761-62) und Schleusingen (1763-66) hat Heinse als äußerst quälend empfunden. In den 1770 entstandenen *Musikalischen Dialogen*, die zu Lebzeiten nie veröffentlicht wurden, heißt es: »Schurken von dickbäckigten Candidaten quälten mich täglich in Postillen und Gebetbüchern zu lesen und das lateinische Wörterbuch auswendig zu lernen, anstatt daß sie meinen Verstand, mein Genie entwickeln sollten.«[2] Heinse stellt den als erbärmlich geschilderten Zuständen in den Bauern- und Bürger-Schulen, Gymnasien und Akademien früh schon einen utopischen Entwurf zur »Auferziehung« der Jugend in Deutschland entgegen: Man solle Schüler das »Selbstdenken angewöhnen« sowie alles »Trockene, Gedankenleere« vermeiden und dafür sorgen, daß »das Studium beständig eine Quelle der Wollust«[3] sei.

Ähnliche Forderungen findet man bei Wieland, ähnliche Klagen bei vielen zeitgenössischen Autoren vergleichbarer Herkunft. Sie entstehen offenbar unter dem Einfluß von Rousseaus frühen Werken, besonders seines 1762 erschienenen Erziehungsromans *Émile ou de l'éducation*, in dem der Geschichtsphilosoph und Naturrechtler eine »natürliche Erziehung« des Kindes den schädlichen und deformierenden traditionellen Methoden entgegengesetzt hatte.

Die eigentliche Antwort Heinses aber ist der Rückzug nach innen. Das einzige erhaltene Dokument aus seiner Schulzeit beschreibt ihn als einen verschlossenen, wenig mitteilsamen Gymnasiasten, dessen »Antworten meist kurz, schneidend und unerwartet« ausfallen. Schon früh scheint er sich eine zweite Welt geschaffen zu haben, die ihm erlaubt, sein eigenständiges Denken zu bewahren. So schreibt er von der »reichen Beute«, die er trotz der Verächtlichkeit, mit der ihm »mancher Geck« begegnet sei, »in sein Gehirn getragen« habe.[4] Auch findet sich in jenem dritten der *Musikalischen Dialoge* eine autobiographisch angereicherte Figur mit dem bezeichnenden Namen »Waldmann«, dessen »Projekte« eine solche Annahme unterstützen: »Wir armen Schüler müssen ja zu Hause sitzen, wie die Gefangenen, wie die Cartheuser, wenn wir aus der Schule kommen. Alle Freuden sind uns versagt. – Wenn ich nach Hause komme, so fang' ich an auf meinem Claviere zu spielen und lese Tausend und eine Nacht, Thomas Jones, Amalia, Reisebeschreibungen, und zur Abwechslung lateinische Poeten, wie sie mir vor die Hand kommen, samt den Schriften des Cicero, Petrons und Apulejus. Nun will ich nur für die Woche zwei Tage rechnen,

Schleusingen

wo ich keine Lust zu lesen habe, was soll ich hier thun? – Ich setze mich hin, und reise nach Ost- und Westindien, hole mir Geld, und reise wieder nach Deutschland, kaufe mir das schönste Landgut in der Schweiz, und dann reise ich in der halben Welt herum, wohl endlich gar nach Persien und Circaßien und hole mir ein Mädchen, so schön daß ich kein Fleckchen, und wär' es nur einen Pfennig groß, an ihrem ganzen Leibe ansehen kann, ohne entzückt zu werden. Dieses bring ich auf mein Landgut, und sehe es alle Morgen von oben bis unten an. Ein herrliches Recipe wider alle schlimmen Launen auf den ganzen Tag! Ich gehe mit ihm auf die Jagd, ich spiele das Clavier zu ihrer Sirenenstimme, und tanze und spiele mit den auserlesensten Freunden. So sitz ich wohl Stunden lang auf einem Fleckchen und guck' an meine Wand hinauf und – sehe sie nicht, und wenn ich sie sehe, so spring ich nach meinem Stocke und schlage Löcher hinein, daß sie mich in meinem wollüstigen Traume verstört hat. Dann nehm' ich mein Halstuch und binde mir die Augen zu und fange an mich wieder in meine vorige Lage zu denken. Allein mehrentheils ist es mir nicht möglich. Nun fang' ich an ein neues Projekt zu machen, und zwar ein schwereres, weil mir das vorige so leicht gemacht war, daß ich nicht lange davon träumen konnte.«[5] Die nächsten »Projekte« Waldmanns sind geträumte Feldzüge und eine ideale Staatsform mit »lauter Weisen vom ersten Range« – ein Tagtraum, der vom Gelärme eines »jungen, starken Bettlers« beendet wird. Wie Jean Pauls Romanfigur, der Alumnus Maria Wutz in Auenthal, schafft sich auch hier die gequälte Schülerseele eine zweite Welt in der Phantasie. Nur daß diesem Traum, anders als bei Jean Paul, ein schmerzhaftes Erwachen aus der Selbsttäuschung folgt, und es nicht nur dem Leser überlassen bleibt, die Idylle als makabre Überlebensstrategie zu entlarven.

Trost, Heilmittel und »wahre Purganz der Seele«[6] ist für Heinse zeitlebens die Musik: Angeregt durch den Beruf seines Vaters, beherrscht er früh das Orgelspiel, erteilt schon zu Schulzeiten selbst Klavier- und Flötenunterricht und dirigiert einen Schülerchor. Dabei kommt es ihm auf eine neue Art der Vermittlung an, auch hier sieht er Bedarf zur grundlegenden Reform des Unterrichts: Wie in der Literatur muß das Ziel sein, mit den Beispielen der Großen »das Genie [zu] begeistern, und nicht mit Regeln«[7] diese Begeisterung im Keim zu ersticken.

Aber Musik und Tagträume sind nicht die einzigen Auswege, die der junge Heinse sucht, um der schulischen Zwangsatmosphäre zu entkommen. Er schreibt rückblickend im ersten Brief an seinen späteren Gönner Johann Ludwig Wilhelm Gleim: »Ich lief in meinem vierzehnten Jahre davon, nachdem ich vorher offt in den dichtesten Wäldern Betrachtungen über das Innre des Menschen ... angestellt hatte ... Zu dieser Zeit fiel mir der Hofmannswaldau in die Hand, und weil ich nach Art meiner Vorfahren beständig in Wäldern lag so verleitete Er und die Gegend mich dazu, daß ich es wagte, Jagdlieder zu machen.«[8] Trotz der Selbststilisierung gegenüber dem potentiellen Förderer seiner Laufbahn sind bei diesem Ausbruchsversuch zwei Bereiche benannt, zwischen denen sich Heinses Leben und Schreiben immer bewegen wird: die Sehnsucht nach ursprünglicher Natürlichkeit und die Teilnahme am literarischen Diskurs. Die Jagdlieder sind nicht erhalten, vielleicht ist davon auch nie mehr entstanden als jene Proben, die Heinse schon gut ein halbes Jahr zuvor im *Thüringischen Zuschauer* in einem Artikel »Vom Jagdgedichte« publiziert hatte.

Nur sein erstes Liebeserlebnis kann ihn für einige Zeit aus dieser düsteren Atmosphäre erlösen: »Das siebzehnte und achtzehnte Jahr meines Lebens auf diesem Planeten Erde waren die schönsten meiner Jugend – vielleicht! meines ganzen Lebens!« – angeblich gleich zwei Mädchen unterweisen ihn in der Kunst, die er im erwähnten Brief an Gleim später die »Musarionische« oder »Bacchidionische« nennt, eine nachträgliche literarische Verklärung in Wielandscher Rokoko-Manier, scherzhafte Verortung des eigenen Lebens im literarischen Vorbild. Eines der Mädchen war wahrscheinlich die Tochter seiner Logiswirtin in Schleusingen, aber auch sie erscheint nur in der literarisch-konventionellen Schäferinnenmaske einer Chloë in den Schriften der Jugendzeit. Durch sie erfährt er die Erweckung seiner vitalen Lebenshaltung: »Du Chloe, nur du lehrtest mir, / Des Lebens mich zu freun und mich zu quälen nie! / Die seeligste Philosophie!«[9]

Eine Romanze, deren Ende wohl auf Heinses Mittellosigkeit zurückzuführen ist, wenn man von den 1771 auf Vermittlung von Gleim gedruckten »Sinngedichten« auf die biographische Realität schließt: »Kein Glück war unsrer Liebe gleich! / Nun bist du reich, / Und fliehest mich! / Den Schmetterlingen bist du gleich, / Die fliehn das Blatt / das sie als Wurm ernähret hat.«[10]

Bei allem bleibenden Haß auf heuchlerisches Pfaffenwesen und die Pedanterie, mit der gelehrt wurde und auswendig gelernt werden mußte, bewahrt sich Heinse doch immer einen Funken der Begeisterung für das, was ihm der humanistische Bildungskanon an Texten nahebringt. Sein Widerwillen regt sich gegen die Art, *wie* diese Quellen vermittelt werden, nicht gegen die darin enthaltene Gedankenwelt. Er versucht, das »wahre« Griechentum, die »wahre« Antike aus dem Schulstoff herauszulösen; er beginnt, sich einzufühlen, sich hineinzuversetzen und die Welt, die so vor seinem inneren Auge ersteht, gegen seine Lehrer auszuspielen. Aus Liebe zu dieser literarisch vermittelten Welt erschließt er sich ihre Sprachen, beherrscht schnell Altgriechisch und Latein, ist bald in der Lage, Petrarca aus dem Italienischen zu übersetzen und französische Literatur im Original zu lesen. Sein feines Sprachgefühl ermöglicht es ihm, durch seine Übersetzungen immer wieder an die Quellen zu gehen, sie wieder zu beleben und seinen Zeitgenossen neu zu erschließen, eine Gabe, mit der er in den folgenden Jahren oft auch seine Existenz sichern muß.

Vom Gymnasium in Schleusingen geht Heinse zum Wintersemester 1766 nach Jena, um an der dortigen Universität das Studium des »ius publicum« aufzunehmen. Die Wahl des Fachs entspricht jedoch weniger seinen eigenen Herzenswünschen als denen seines Vaters, und so verwundert nicht, daß er statt der Jurisprudenz seine eigenen, nämlich literarischen Interessen weiter verfolgt. Die anderthalb Jahre, die er so in Jena verbringt, schildert Heinse im ersten Brief an Gleim als die »bitterste Periode meines Lebens« und Jena als »einen Ort, wo wieder Professor und Magister an Gottes statt zu sitzen glaubt« und wo er selbst »alle entzückende Götter der griechischen Dichter aus [s]einer Phantasie bannen«[11] muß.

Ein einziger Lichtblick wird ihm der nur wenig ältere Dozent Friedrich Justus Riedel gewesen sein, dem er sich bald anschließt, den er aber wohl aus guten Gründen in seinem Brief nicht erwähnt. Zeitgenossen beschreiben ihn als spöttischen Querdenker von zweifelhafter Moral, der diese Haltung nicht ohne Eitelkeit pflegt. Riedels 1767 erschienene *Theorie der schönen Künste und Wissenschaften*, eine in vielen Auflagen gedruckte Kompilation von Ausschnitten aus aktuellen Beiträgen zur zeitgenössischen Philosophie- und Kunstdiskussion, ist als erste Begegnung Heinses mit der Welt der Ästhetik von nachhaltigem Einfluß auf sein Denken und Schreiben. Schon 1767 beruft sich Riedel in diesem – offenbar als eine Art Einführungskurs in die Philosophie und Kunsttheorie gedachten – Buch auf literarische Quellen wie den 1759-67 erschienenen humoristischen Roman *The Life and Opinions of Tristram Shandy Gentleman* des englischen Romanciers Lawrence Sterne. Bemerkenswert daran ist, daß er damit seinen Schülern einen ungewöhnlich leichtfüßigen Umgang mit den brennendsten und ernstesten Fragen der Ästhetik anbietet – eine Haltung, die sich auch in den späteren Schriften Heinses wiederfinden wird.

Als der weder durch strenge Gläubigkeit noch durch einen untadeligen Lebenswandel sich auszeichnende Riedel ausgerechnet vom katholischen Mainzer Kurfürsten Emmerich Josef von Breidbach-Bürresheim im Frühjahr 1768 als außerordentlicher Professor nach Erfurt berufen wird, gibt es nichts mehr, was Heinse in Jena hält. Er folgt seinem jungen Lehrer an eine altehrwürdige Universität, die der Kurfürst gerade zum Unwillen der römischen Kurie und der sie stützenden Mönchsorden im Sinne aufklärerischen Denkens zu reformieren beginnt.

Riedel hatte Heinse in Jena in einen kleinen Kreis von Studenten aufgenommen, die seiner satirisch-provokanten Freigeisterei nahestanden. Keiner der neuen Freunde Heinses hat sich zu dieser Zeit oder später durch besondere Leistungen hervorgetan. Sie machten sich vielmehr durch auffällig undogmatisches Auftreten zur Zielscheibe der konservativen Gegner und brachten damit nicht selten auch ihre Lehrer in Gefahr. Riedel scheint einige dieser Schüler finanziell unterstützt zu haben, und so folgen sie ihm auch nach Erfurt. Für Heinse bietet sich dort die vielversprechende Atmosphäre eines aktiven studentischen Zirkels: bald liefert er Schriften zur von Riedel initiierten *Bibliothek der elenden Scribenten* (1769) sowie zur im Frühjahr 1770 unter der Ägide Riedels von Heinse und seinem Mitbewohner Gleichmann begründeten Wochenschrift *Der Thüringische Zuschauer*. Seine Beiträge sind meistens Brotarbeiten: Gedichte, kritische Rezensionen, Pamphlete, gezeichnet mit wechselnden Initialen. Die Zeitschrift muß allerdings nach den dreizehn Ausgaben dreier Monate ihr Erscheinen – vermutlich aus finanziellen Gründen – wieder einstellen.

Weiteren Auftrieb erlebt Heinse im Sommer 1769 durch die Berufung Christoph Martin Wielands nach Erfurt. Wie der vom reißenden Strom entwurzelte Rosenstrauch, als den Heinse sich im bereits erwähnten Geburtstagsgedicht selbst stilisiert[12], blüht der Einundzwanzigjährige auf, als er im Umkreis dieses verehrten Dichters Fuß fassen kann. Dem jungen Heinse, der den allein an ihrem theologischen Nutzen interessierten Umgang mit den geliebten griechischen und römischen Quellen verachtet, der für erotische Sujets empfänglich ist und die christliche Moral ablehnt, müssen die Dichtungen Wielands als lebendiges, wirkliches Griechentum erschienen sein. Agathon, Musarion, Laïs, Bacchidion, Chloë, Danaë und die drei Grazien bevölkern schon vor der persönlichen Begegnung mit Wieland in Anspielungen seine eigenen Gedanken. Alles Erlebte wird durch die Folie des Gelesenen gesehen, die Literatur schiebt sich verklärend vor den Blick des sehnsuchtsvollen Jünglings auf eine im Grunde ernüchternde Realität.

Christoph Martin Wieland

Doch so nahe Heinse dem verspielten Griechenbild des Rokoko, das die Grenzen der Tugend hinter der Freude an Voyeurismus und Maskenspiel nie wirklich in Frage stellt, auf den ersten Blick stehen mag, so zeigen schon seine frühen Gedichte und Schriften die Entfernung, in der er sich zu dieser literarischen Strömung befindet: Wo die sanften Westwinde der Rokoko-Dichter als Zephyre personifiziert im abgeschlossenen Idyllenraum tänzeln und zärtlich mit Blüten spielen, läßt Heinse sie unter offenem Himmel »mit verliebten Schlägen / eine Rose nach der andern«[13] schlagen; wo die Landschaft des Rokoko so gestaltet ist, daß das Spiel in all seiner verwirrenden Unregelmäßigkeit überschaubar bleibt, spürt man schon in den ersten Gedichten Heinses einen Ton, der weit über die Empfindung des ästhetisch Reizenden hinaus- und in ein anderes Naturgefühl übergeht. Wenn Natur nun wahrgenommen wird als Mutter Erde, die die lechzenden Fluren tränkt, als Segen, der über Blüten brütet, scheint Heinse Goethes Straßburger Liedern, in denen die Liebe zu einer die

Natur beseelenden Kraft erhoben wird, oder der Naturempfindung Werthers viel näher als dem Idyllenklischee des Rokoko. Wenn er sich also durch seine persönliche Bekanntschaft mit Wieland – und durch diesen mit Gleim – in den

Erfurt von der Wilhelmshöhe aus gesehen

Umkreis der Anakreontik begibt, tut er dies gewissermaßen als Besucher, der sich immer in einer gewissen Distanz zur älteren Generation befindet.

An der Erfurter Universität ist der fünfunddreißigjährige Wieland eine Sensation: Shakespeare-Übersetzer, berühmt durch seinen *Agathon*, berüchtigt durch die *Comischen Erzählungen*, damals vielgelesene Bücher, die man heute unter »gräzisierendes Rokoko« einzuordnen pflegt. Sie sind zwar in der Welt der griechischen Literatur und ihrer Gestalten angesiedelt, nur ist dieses Griechentum zur Maske stilisiert, hinter der sich der voyeuristische Geist der französischen galanten Dichtung verbirgt.

Wielands Ruf nach Erfurt war nicht ganz ohne das Zutun

seines Freundes Riedel und über die Köpfe der angestammten Professoren hinweg direkt aus dem kurfürstlichen Umfeld in Mainz ergangen. Seit dem achten Jahrhundert gehört Erfurt, wenn auch mit Unterbrechungen, zum Erzbistum Mainz, ist seit dem siebzehnten Jahrhundert »mainzische Landstadt« und seine Universität damit auch den Weisungen des Mainzer Erzbischofs und Kurfürsten unterstellt. Als Regierungsrat und erster Professor für Philosophie steht Wieland nun sowohl über seinen neuberufenen Kollegen als auch über der alten, konservativen Professorenschaft – Grund genug also für Reibungen und Intrigen. Heinse besucht bei ihm Vorlesungen und Kollegien und gelangt durch Riedel in engen Kontakt zu ihm: für Heinse ist der Einblick in die poetische Werkstatt eines der größten Literaten seiner Zeit die Erfüllung seiner Träume. Und Wieland, dem bisweilen eine gewisse kleinmütige Eitelkeit nachgesagt wird, kann den jungen »Feuerkopf«, wie er ihn damals noch liebevoll nennt, gut als Vorhut eines applaudierenden Publikums und Sekundanten bei seinen literarischen Fehden gebrauchen.

Trotz erster Euphorie von beiden Seiten ist das Verhältnis Wielands zu seinem Schüler Heinse aber in einem labilen Gleichgewicht, das nur besteht, solange der eine dem andern genau das zu geben bereit ist, was dieser von ihm erwartet. Solange Wieland für Heinse der verehrungswürdige »Oberpriester der Grazien« bleibt, der spielerisch Philosophie und schöne Kunst vereint und die von orthodoxen Schulmeisterpedanten gezogenen Grenzen frech in Frage stellt, solange er sich mit ihm über Fragen der Form austauschen kann und sich von gleich zu gleich angesprochen fühlen darf, solange Wieland schließlich bereit ist, die Talente des jungen Dichters mit seinem beachtlichen Professorengehalt großzügig zu fördern, ist das Verhältnis für beide fruchtbar, solange steht Heinse zu ihm in ungebrochener Loyalität. Durch Wieland wird der Student Heinse zu seinen ersten großen Übersetzungen angeregt; Wieland ist es, der ihm vorlebt, wie sich die griechische und römische Philosophie zu literarisch unterhaltsamen Texten bilden läßt. Heinse seinerseits springt ihm mit spitzzüngigen Versen gegen seine literarischen Feinde bei.

Jedoch hatten noch vor dem unerwarteten Tod des fortschrittlich gesinnten Kurfürsten konservative Kräfte begonnen, die aufklärerische Reform der Universität zu untergraben. Auf Wielands Betreiben waren zwei dieser »alten« Professoren ihrer akademischen Ämter enthoben worden, was sie aber nicht völlig handlungsunfähig gemacht hatte. Einer von ihnen sollte Jahre später für Riedel zum Verhängnis werden. Als Anfang 1770 der Heinse befreundete Riedel-Schüler Schwarz wegen Gotteslästerung angeklagt wird, kann Wieland diesen auch gegen ihn selbst gerichteten Angriff zwar noch kraft seiner Stellung abwehren. Aber er ist gewarnt. Als gestandener und in der Welt der Dichter und Gelehrten etablierter Familienvater ist Wieland gesellschaftlich zu sehr verankert, um größeres Verständnis für junge mittellose Hitzköpfe aufzubringen, die ihn mit ihren Provokationen zu kompromittieren drohen. Möglicherweise liegt hier ein grundlegendes Mißverständnis zwischen Heinse und seinem Lehrer begründet: Findet jener im Entwurf der griechischen Welt das Ideal und den Stoff zur Gesellschaftsutopie, ist für Wieland das Griechentum nur eines von vielen literarischen Registern, die er ziehen kann; wo der Dichter des *Agathon* der allgemeinen Griechenbegeisterung wie einer Mode folgt, ist für Heinse und seine Freunde die Vorstellung Griechenlands, die auch Winckelmann schon mit der Idee politischer Freiheit verbunden hatte, aus ihrer existentiell bedrohlichen und heimatlosen Lage heraus mit einem Willen zur Realisierung aufgeladen, der bei ihrem Lehrer fehlt.

Wieland versucht bald nach der Affäre um Schwarz, die bedenklichen Schützlinge aus seinem Umkreis zu entfernen. Damals sind Hauslehrerstellen der beste Weg, einen jungen Mann in Lohn und Brot zu setzen und ihn gleichzeitig in den regulierenden Kontext einer gesellschaftlich höhergestellten Familie zu geben. Schwarz findet eine solche Stelle, Heinse wird gegen Ende 1770 an Gleim empfohlen – zunächst nur mit der Bitte, dem jungen Talent bei der Veröffentlichung seiner ersten Gedichte und Dialoge behilflich zu sein, bald aber auch mit der deutlichen Anspielung auf eine Anstellung für den »armen Schelm«. Das Empfehlungsschreiben, dem Heinse einen eigenen Brief an Gleim und seine »Sinngedichte« beigibt, zeigt Wielands zwiespältige Haltung gegenüber seinem Schüler: »Er hat unläugbar viel Genie, viel Feuer, und für seine Umstände, ziemliche Kenntnis. – Sein Genie ist noch brausend wie junger Wein – sein Feuer brennt noch nicht *gleich* noch *rein genug* – Seine Kenntniße sind noch mangelhaft und il y a beaucoup de *crudités* dans son esprit – Aber gleichwohl kan was *Grosses* aus dem jungen Manne werden. – Womit ich am wenigsten zufrieden bin, ist sein *Cynismus* (der sich sonderlich in seinen Sinngedichten offenbart) und die wenige Achtung die er zuweilen gegen Vorurtheile hat, qu'un Honnethome doit respecter. Seine Moral ist zuweilen nicht die beste; aber das alles wird sich schon geben, wenn sich der Mensch gesezt haben wird. Mit allen seinen Fehlern hoffe ich Sie werden Ihn Ihrer Protection würdig finden. Seine schlechten Umstände, Mangel an Erziehung, an feiner Lebensart, sind die

Johann Wilhelm Ludwig Gleim

hauptsächlichste Quelle davon. Wo sollte er den guten Ton *gelernt* haben?«[14] Gleim reagiert prompt, Heinses Gedichte werden gedruckt, und eine merkwürdige Dichterfreundschaft beginnt.

Ansicht von Halberstadt

Im Zentrum eines Kreises, der sich schon in den 1740er Jahren im Namen des antiken Dichters Anakreon zusammengefunden hatte, um heiteren Lebensgenuß in Liedern voller Wein, Liebe und Rosen zu besingen, einem Ideal, das auch die Freundschaft unter Männern über alle irdischen Reichtümer setzt, ist Gleim gerne bereit, den neuen Schützling in seine Arme zu schließen. Für Heinse bedeutet dies lebenslange wirtschaftliche Unterstützung – aber auch Abhängigkeit. Gleim ist damals schon der »alte« Gleim, oder »Vater Gleim«, er braucht die liebende Anhänglichkeit seiner angenommenen »Kinder«. Durch Ämter, Liegenschaften und Pfründe ist er in der Lage, ein offenes Haus zu führen und viele seiner weniger begünstigten Zeitgenossen finanziell zu unterstützen. Gilt Berlin damals als das »Rom« der Deutschen, so plant Gleim, sein Halberstadt zum »Athen der teutschen Städte«[15] zu machen. – Noch heute ist im Halberstädter Gleim-Haus das Geflecht von Beziehungen um Gleim greifbar. Handschriften von vielen »freundschaftlichen Briefen« zeigen, wie Gleim sich gerne sehen wollte: als väterlichen Mittelpunkt einer literarischen Neben-Gesellschaft, die über alle Standesgrenzen hinweg nur von den Idealen der Freundschaft und Dichtung zusammengehalten wurde. Auch der »Freundschaftstempel« ist erhalten, ein Raum im ersten Stock des Hauses, dessen Wände bedeckt sind mit Portraits der Dichter, die hier verkehrten – kaum ein bedeutender Name fehlt. Die mittelgroßen, meist in Öl gemalten Bildnisse waren teils in Gleims Auftrag entstanden, teils auf seinen Wunsch hin beschafft worden, damit der unbekehrbare Junggeselle seine »Lieben« in ihrer Abwesenheit immer um sich sehen konnte. Jeder, der bei Gleim zu Besuch war, wurde zunächst durch diesen Raum geführt, konnte sich entweder selbst in diesem illustren Kreis wiederfinden oder bekam einen Eindruck von Gleims Welt der Dichter und Gelehrten – und nicht zuletzt auch von der demonstrativen Philanthropie des Hausherren selbst.

Erste »Wanderjahre«
(1771-1774)

Anfang 1771 scheint für Heinse die Situation an der Erfurter Universität schwierig geworden zu sein, so daß schon der zweite Brief an Gleim die dringende Bitte enthält, ihn von den »Landsmännern der Puffbohnen« weg und nach Halberstadt zu holen. Heinse *muss* Erfurt verlassen, wie er selbst schreibt – über die genauen Gründe kann nur spekuliert werden. Was zunächst wie eine ideale Situation aussah – ein freigeistiger und literarisch produktiver studentischer Freundeskreis, versammelt um zwei entsprechende Professoren –, befindet sich offenbar schon seit 1770 in Auflösung. Wieland wird vom Weimarer Hof umworben, Riedel nach Wien berufen, die befreundeten Studenten werden – möglichst mit Hauslehrerstellen – aus der Universität entfernt. Gleim seinerseits kann nichts weiter für seinen Schützling tun, als wieder Geld zu schicken. Als schließlich Wielands Versuch fehlschlägt, Heinse als »Informator« im Hause Jacobi in Düsseldorf unterzubringen, sieht sich der Student gezwungen, ein ungewöhnliches und etwas zweifelhaftes Angebot anzunehmen. Noch während er vergeblich versucht hatte, seine »Dialoge« und das »Elysium der Weisen und Unweisen«, die verlorene Urfassung seines Romanerstlings *Laidion oder die Eleusinischen Geheimnisse*, über Gleim bei einem Verleger unterzubringen, hatte er im Spätsommer 1771 »bei Tische« die Bekanntschaft eines verabschiedeten Offiziers »von Liebenstein« gemacht. Für den niedergeschlagenen Studenten, der von einem »Krankheitchen« der Seele, der »gefährlichen Seuche« der Melancholie[16] heimgesucht wird, ist das Angebot verlockend: er soll Liebenstein gegen Bezahlung auf einer Reise durch Deutschland begleiten und »ihm unterwegs einige Schrifften verfertigen«, zu denen der Offizier »den Inhalt aufsetzen«[17] will. Er nimmt an, ohne sich lange zu bedenken, zumal sowohl Wieland als auch Gleim ihm zuraten, und trifft den Hauptmann und dessen Freund und Begleiter Graf Schmettau Mitte Oktober in Frankfurt am Main.

Während die beiden dort versuchen, eine Lotteriekonzession zu erhalten, und Schmettau selbst kirchenfeindliche Streitschriften verfaßt, ist die erste Aufgabe des »Sekretärs«, für Liebenstein das wegen seiner Freigeisterei berüchtigte, geistreich-gelehrte Buch *Le Compère Mathieu, ou les bigarrures de l'esprit humain* des Abbé Henri Joseph du Laurens von 1766 zu übersetzen. Die erste deutsche Übersetzung erscheint 1779 anonym als *Der Gevatter Matthies oder die Ausschweifungen des menschlichen Geistes*, und es ist nicht auszuschließen, daß sie auf Heinse und Liebenstein zurückgeht. Gegenüber Gleim erwähnt Heinse, er arbeite an der Übertragung einer Ode der Sappho in Versen, und der Hauptmann halte seinen *Compère Mathieu* für ein Meisterstück.[18]

Die Reise, die eher ein Herumziehen auf der Suche nach Einkünften ist, führt Heinse unter anderem nach Köln, mehrmals nach Frankfurt, auf dem Rhein nach Düsseldorf, dann nach Koblenz, Nürnberg und Erlangen. Charakteristisch ist, wie Heinse das Rheinland wahrnimmt, wenn er am 23. Oktober 1771 an den Freund Schwarz schreibt, seine »berauschte Phantasie« habe ihm beim Anblick des Ehrenbreitensteins vom Rhein aus Griechenland wiederauferstehen lassen, »o wie glückseelig könnten nicht die Bewohner dieser entzückenden Gegenden des Rheins seyn, wenn sie eine bessere Religion, bessere Gesetze, oder vielmehr – wenn sie eine gute Religion und wenigstens nur erträgliche Gesetze hätten! – In die schönsten Gegenden sind immer bald ein Klöstergen und bald eine Capelle und bald ein trauriges Crucifix hingebaut und überall wimmelt es von fettgemästeten Pfaffen und sehnsuchtsvollen Nonnen.« Ein »würkliches Paradies« ließe sich aus den Rheingegenden machen, wenn es gelingen könnte, die Mönche von ihren Besitztümern zu vertreiben und an ihrer Stelle den »Sokrates« Wieland als Prior einzusetzen und mit seinem Gefolge wieder »die alten griechischen Feste der Göttin von Cythere, der Diana, des Apollo, der Grazien und Musen« zu feiern.[19]

Da sich die Hoffnungen auf eine Lotteriekonzession zerschlagen, versprechen sich die beiden ausgedienten Offiziere den Ausweg aus ihrer desolaten Lage von den Übersetzungen ihres Sekretärs. Es entsteht die Übertragung des *Satyrikon* des Gaius Petronius Arbiter. Die Pikanterie dieses spätrömischen Abenteuer- und Schelmenromans aus dem

Fresko, Haus des Meleager, Pompeji

Umfeld Kaiser Neros soll den rettenden Bucherfolg bringen. Vermutlich hat Heinse die Übersetzung gegen Ende 1771 angefangen – ob »con amore« oder nicht, kann man nur vermuten. Daß er sich der möglichen Konsequenzen einer Veröffentlichung dieser *Begebenheiten des Enkolp* nicht bewußt gewesen sein sollte, ist nur schwer vorstellbar, auch wenn er sich später gegenüber Wieland und Gleim von der Übersetzung distanziert. Im Widerspruch zu seinen Unschuldsbeteuerungen, in denen er die Übersetzung als reines Auftragswerk darstellt, dessen Anmerkungen nicht einmal von ihm selbst seien, stehen sein schon früher bekundetes lebendiges Interesse an diesem Text und ein nicht geringer Stolz auf das sprachliche Können, das am »deutschen Petronius« gelobt wird; außerdem zeigt sich in der Vorrede und den Anmerkungen neben einer großen Kennerschaft der erotischen Literatur eine für Heinse typische Tendenz, das zeitgenössische Antikenideal beim Wort zu nehmen und die freieren Sitten der »Alten« in die Gegenwart zu verpflanzen.

Als Gleim von der Übersetzung erfährt, versucht er, das Projekt noch aufzuhalten, allerdings ist es da schon fast vollendet. Dennoch beauftragt er seinen Schützling mit der Übersetzung von Claude Joseph Dorats *Cérises*, eines kaum weniger anrüchigen Werkchens. Allerdings soll Heinse diese »Kirschen« ins Preußische verlegen: »Ganz auf deutschen Grund und Boden soll das Geschichtchen verpflanzt werden«, schreibt Gleim im März 1772 an Heinse, »man soll's ihm nicht ansehn, daß es aus Frankreich kam. An statt Paris – Berlin, an statt der Sarte, die Spree. Man soll schwören, alles wäre zu Pankow, einem kleinen schönen Dorf an der Spree, wohin man sich zu vergnügen Spazierfahrten vornimt, in den lezten Tagen vorgegangen.«[20] Die Geste ist bezeichnend: Wo Heinse sich der Antike zuwendet, um dort das Vorbild für natürlichere Sitten zu finden, versucht Gleim, dessen Begeisterung für erotische Freizügigkeit behutsam in die Bahnen der voyeuristischen, tändelnden Rokokotradition zurückzulenken. Dankbar und freudig macht sich Heinse im Juni ans Werk.

In der Zwischenzeit hat sich der Hauptmann hoch verschuldet und kann seinen »Sekretär« nicht weiter unterhalten; Heinse muß sich von Erlangen aus erneut hilfesuchend an Gleim wenden. Verschiedene Pläne trägt er mit sich herum: Riedel nach Wien zu folgen – dagegen sprechen aber die Nachrichten von der Feindseligkeit, mit der dort die »Abergläubigen«, das heißt die orthodoxen Kräfte, den Schriften Wielands und der Person Riedels begegnen; oder er erwägt eine Reise nach Italien. Gleim rät ihm davon ab: »Es ist zuviel

Gefahr seines Lebens dabey. Italien ist nur für den reichen Mann ein Paradieß.«[21] Es werden noch Jahre vergehen, bis Gleim einsieht, welche existentielle Qualität Heinses Italiensehnsucht hat, bis er ihn in diesem Unternehmen unterstützt.

Vorerst bleibt Heinse nichts anderes übrig, als in seine Thüringer Heimatstadt Langewiesen zurückzukehren. Unterwegs stattet er noch in Ansbach dem engen Freund und anakreontischen Mitstreiter Gleims, Johann Peter Uz, einen Besuch ab. Der Eindruck hiervon verblaßt allerdings schnell vor dem, was ihn in seinem Geburtsort erwartet: »Das Hauß meines Vaters mit allem, was darinnen war, sammt den schönen Bäumen in seinem Garten, das Hauß meiner Schwester, eines gutherzigen Mädchens, und noch einige meiner Verwandten sind gänzlich von der Flamme verzehret worden ... Nichts hat mein Vater gerettet, als sein Clavier und einige von seinen liebsten Büchern. Alles ist über diesen Verlust untröstlich, ausser mein Vater bedarf keines Trostes, einer von den besten Menschen, die ich kenne; immer ruft er den armen abgebrannten Erdenkindern zu: Kummer im Herzen ist schlimmer, als alle abgebrannten Häußer der Welt! ... und nur noch der Verlust von seinen Bäumen ist ihm empfindlich, die er alle mit eigner Hand gepflanzt hatte.«[22] Heinse versucht, so gut zu helfen, wie er kann. Aber unter der Eiche, wo er jene Worte an Gleim schreibt, verschmelzen ihm der Gedanke an die verlorene Freiheit seiner Vorfahren, der »alten wilden Teutonen«, und die Freiheit der alten Griechen zur Utopie, auch hier ist die Antwort auf Not und Elend eine Flucht in großspurige Rettungsphantasien: »Unmöglich kann ich lange in dieser Gegend bleiben; der Schmerz über das Elend meiner Nebenmenschen wird mir täglich unausstehlicher, da ich ihnen mit nichts, als Trost und Rath helfen kann. Alles ist Verzweiflung. – Wenn ich Neigung hätte, ein kleiner Theseus zu werden, dürft' ich mich nur an die Spitze einer Colonie von tausend Jünglingen und Männern stellen, und sie nach Ungarn führen, wo wir willkommen seyn und von Josephen Land und Wohnung bekommen würden. Die mehrsten darunter verstehen die Musik und können auf ein Haar mit ihrem Schießgewehre treffen. Beynahe glaub ich auch, daß ich ihnen eine beßere Religion und ein feineres Gefühl in's Herz lehren wollte. Sie folgten mir bis ans schwarze Meer, wenn ich ihr Anführer zu werden mich entschlöße. Sie fangen an, bey den zu entsetzlichen Drangsalen das Recht der Menschheit zu fühlen. Ich brauchte kein Orpheus zu seyn, um den ganzen Thüringer Wald nach mir zu ziehen.«[23] Fast glaubt man, hier schon Züge des seeräubernden Romanhelden Ardinghello wahrzunehmen. Aber wie bei allen seinen utopischen Entwürfen ist Heinse kein Revolutionär; er denkt nur im Traum daran, die Welt zu verbessern. Hinter der Imagination des Ideals verbirgt sich noch der theatralische Geist des Rokoko als unerschütterlich-pessimistisches Bewußtsein von Inszenierung. Trost für sich und seine Mitmenschen findet er in der Kunst: »am Feyerabende setz' ich mich denn zu ihnen, und erzähle allerley Geschichtchen aus der alten und neuen Welt, und dann müßen sie ihre Geigen und Flöten holen und sich die Grillen und den – Hunger verspielen.«[24]

Gleim gewährt, von diesem Brief gerührt, nicht nur Heinses Familie seine Unterstützung, sondern stellt seinem Schützling auch endlich die lang ersehnte Hauslehrerstelle in Aussicht. Heinse soll sich sofort auf den Weg nach Halberstadt machen, allerdings unter fremdem Namen, eine Vorsichtsmaßnahme, die sich durch den Sturm der Entrüstung rechtfertigen wird, den die Petronius-Übersetzung bei ihrer Veröffentlichung im Frühjahr 1773 auslöst. Heinse wählt für die nun folgende Zeit, Ernst und Scherz vermischend, ausgerechnet den Namen Rost: Johann Christoph Rost war 1765 verstorben und zählte mit seinen *Schäfererzählungen* zu den Autoren des Rokoko, deren erotische Dichtungen voller »Scherz« im Zeigen und Verstecken mit der Vorstellungsgabe der Leserschaft spielen – ein Pseudonym also, das dem Eingeweihten mehr zeigt, als es versteckt.

Mit der Ankunft in Halberstadt Mitte September 1772 beginnt für Heinse eine glücklichere Lebensphase. Als Hauslehrer des jungen Valentin von Massow kann er am geselligen Leben des Gleim-Kreises teilnehmen, kann die große Bibliothek seines Gönners nutzen und erfährt schließlich durch die Neigung zur gleichaltrigen Mutter seines Schützlings das, was er selbst im Brief an Wieland als eine Läuterung seines Charakters beschreibt: Mit dieser Dame, die »von Jugend an in den besten Gesellschaften gelebt und an den geschmackvollsten Höfen erzogen worden ist«, liest er Ariost, Tasso und Petrarca, studiert die Opernlibretti des Metastasio und bekennt darauf: »Ich habe in dem täglichen Umgange mit ihr mein Herz, meinen Geist und meine Sitten so sehr gebildet, daß ich es ihr nie genug werde verdanken können. Sie hat alle das rohe, wilde meines Genius mit der holdseeligsten, weiblichen Güte, Feuer und Sanftmuth, mit den bezauberndsten Grazien ihres Geschlechts, als ob ich ihr Bruder wäre, gemildert.«[25] – Wie weit das Verhältnis ging, läßt sich wieder nur vermuten. Sie ist für ihn »meine Grazie von Massow«, die »Kalokagathia von Massow«, und selbst eine nur zweimonatige räumliche Trennung kann ihn in einsame Verzweiflung stürzen. Einiges aus dieser Zeit wird in den Roman *Hildegard von Hohenthal* eingegangen sein, den er zwei Jahrzehnte später verfaßt.

Als Hinweis auf ein wirkliches Liebesverhältnis Heinses mit Elisabeth von Massow könnten die im Dezember 1773 entstandenen »Stanzen« gelesen werden. Sie sind die detaillierte Erinnerung des eingekerkerten Sängers Kleon an seine gewaltsame Verführung der Almina, die er zuvor beim Bad belauscht hat. Was die entscheidende Szene von vergleichbaren Szenen der Rokoko-Lyrik unterscheidet, ist das Moment des Kampfes und die blinde Naturgewalt, mit der die körperlichen Abläufe beschrieben sind: Wo sonst vielleicht mit einer Anrede an die Leserinnen »ausgeblendet« wurde, ein Rosenbusch aus dem Boden wuchs, um das Geschehen der Phantasie der Leserschaft zu überlassen, beruft sich Heinse auf seinen »Feuergenius« und will diese schon von den frömmsten Dichtern beschriebene Szene »einmahl mit den feurigsten Strahlen der Phantasie« beleuchten – obwohl er sie angeblich selbst noch nicht erlebt hat[26]:

Jetzt hascht' ich sie, hielt fest, und überwand –
Auf Blumen hin in weiches Moos gefallen –
Die Thränen, die die Tauben wiederhallen

Der Venus, in den schlanken, zarten Myrthen,
Worinn die Schaar der Amorn sich versteckt.
Sie kämpfte noch, und meine Seelen irrten,
Von diesem Kampf zum höchsten Sturm geschreckt,
Voll Wuth herum, daß alle Nerven girrten,
Verwundet schon, mit süßem Blut befleckt –
Und endlich brach, nach hundert Donnerschlägen,
Im Sturm hervor entzückend süßer Regen.

Gleich Blitzen flammen um die Lippen Küße –
Auf jede Stille folgt ein Donnerschlag –
Es spritzt das Blut der tollen Liebesbiße –[27]

Bei aller Deutlichkeit bleibt das Geschehen durch die Schilderung des »Sängers« aber im Bereich poetischer Bilder: Es ist der dichterisch überhöhte Wunschtraum eines von der Außenwelt Abgeschlossenen, der seinen einzigen Trost in der Kunst findet. So heißt es, noch bevor er schließlich durch den »Gott des Schlafs« ins ersehnte paradiesische Traumland geführt wird:

Und Kleon schwieg, und seiner süßen Laute
Wollüstige, betrübte Harmonie;
Die noch allein die zärtliche Vertraute
Des Busens war, wann in Melancholie
Sein Herz zerfloß – die Hoffnung auf es thaute,
Und Balsam gab der kranken Phantasie –
Die zauberte den Kerker ihm zu Haynen,
Wo Rosen blühn und Paphos Sonnen scheinen.

O glücklicher, der Erato Gesänge
Terpsichore die Laute hat gelehrt!
Und wenn sich ganz der Orkus um ihn dränge;
Die Furien mit Schlangenblut genährt –
Wenn Cerberus nach seinem Herzen spränge –
Die Laute tönt, er singt, und wird verehrt.
Und hätt' er selbst der Venus Reiz verlohren,
So wird dadurch sie schöner ihm gebohren.

O Jüngling du, dem aus dem Himmel Feuer
Die gnädige Natur zum Geiste stahl –
Ergreife früh der Arioste Leyer,
Und laß das Gold den Seelen, die schon schaal
Gebohren sind. Du fesselst Ungeheuer
Und Engel dann, und linderst deine Quaal,
Und zechest bey der Erde Donnerwettern
Stolz im Olymp den Nektar mit den Göttern. –[28]

Im Bild des isolierten, melancholischen Dichters, dessen »wollüstige, betrübte Harmonie« die durch das Übertreten eines höheren Gebots verlorene Geliebte im eigenen Gesang wiedererstehen läßt, klingt deutlich der Mythos des Orpheus an – jenes Ur-Dichters, dessen Haupt und Leier auch nach seinem gewaltsamen Tod weitertönend die Unsterblichkeit der Poesie verbürgen. Isolation und Melancholie bezeichnen hier aber auch die grundsätzlich problematische Stellung des Dichter-Künstlers zur ihn umgebenden Außenwelt. Bei Goethe wird die Frage als »Disproportion des Talents mit dem Leben« gut fünfzehn Jahre nach Heinses Stanzen zum Gegenstand seines Schauspiels *Torquato Tasso* erhoben – und gewinnt in den folgenden Jahrzehnten zunehmend Bedeutung als eines der großen Themen romantischer Dichtung.

Vielleicht hat Heinse in Quedlinburg wirklich einmal »genossen«, vielleicht ist der Traum der Stanzen ein Spiel der Erinnerung, die an wirklich Erlebtes gebunden ist (man denke an die berühmte Definition von Kunst als »Erinnerung an verflossenen Genuß«, die grundlegend ist für Heinses Kunstanschauung). Was man weiß, ist, daß das baldige Ende seiner Hauslehrerzeit bei den Massows bereits beschlossen ist, als die Stanzen entstehen: »Noch diesen Monat bin ich Hofmeister bey dem Herrn von Massow, und dann bin ich wieder frey, aber wider die heißen Wünsche meines Herzens frey. Die ganze Familie, in deren Schooß ich ein Jahr lang das schönste Glück meines Lebens genoß, wo ich als der beste Freund geliebet wurde, wird nun auf einmal zerstreut.«[29] – Heinse sieht sich wieder gezwungen, nach einer neuen Einkommensquelle Ausschau zu halten, und verfällt darauf, sich an den »alten Sokrates« Wieland zu wenden, in der Hoffnung, daß dieser einige seiner Schriften in der von ihm herausgegebenen Literaturzeitschrift *Teutscher Merkur* unterbringen oder ihn sonst mit einer Anstellung versorgen kann. Mehrmals erwähnt Heinse hierbei den dringenden Wunsch, nach Italien zu reisen – »und sollt ich auch bey Wasser und Brod, und zu Fuße nach Rom wandern, und bey dem Anblicke des Winkelmannischen Apollo ... sterben.«[30] Ohne eine Antwort abzuwarten, schickt er zwei Tage später in Verkennung seiner Stellung bei Wieland, der inzwischen Prinzenerzieher am Weimarer Hof ist, »ganz heiß aus der Seele« noch vierzig Stanzen hinterher, versehen mit einer selbstgefälligen Glosse zur Stanzenform. Wielands empörte Reaktion sollte lange prägend sein für das Urteil über Heinse. Sein alter Schüler ist ihm keine Antwort wert, dafür schickt er alle Texte mit einem erbosten Brief an Gleim: »Es ist viel schöne Poesie in diesen Stanzen; der Mensch hat eine glühende Phantasie; er ... denkt und schreibt, wie nur ein Mensch schreiben kann, in welchem die Wut der ausgelassendsten Geilheit alles sittliche Gefühl erstickt hat. Seine Seele ist mit einem unglücklichen *Priapismus* behaftet, der, wie es scheint, bereits zum unheilbaren Übel geworden ist. Denn was für Hoffnung soll ich mir von einem Menschen machen, der mit Schwärmerei von *sokratischer Philosophie* und von *Grazien* spricht und ... fähig ist, ein Gedicht in 20 Büchern schreiben zu wollen, das sich gleich mit einer Jouissance anfängt und mit einer Jouissance, die so unzüchtig beschrieben ist, dass der Poet nur von Hurenwirten und Bordellnymphen mit Beifall gelesen zu werden hoffen kann?« Daß Wieland hier die französische Formulierung »Jouissance« für den von Heinse zu anschaulich geschilderten Vorgang des körperlichen Sinnengenusses wählt, ist bezeichnend für das, was die beiden Dichter trennt. Auch später, als Heinse doch noch zur Mitarbeit am *Merkur* eingeladen wird, hat sich an Wielands Meinung nicht viel geändert. Gleim versucht zu vermitteln, Heinse ist zutiefst getroffen, fühlt sich von seinem ehemals so verehrten Lehrer aufs übelste verraten und verstoßen und versucht, die verlorene Achtung mit weiteren, teils sehr selbstbewußt, teils übertrieben selbstanklägerisch gehaltenen Briefen wiederzugewinnen – ohne Erfolg.

Von Wieland fallengelassen, ohne Anstellung, die geliebte Frau von Massow im fernen Westfalen, der beste Freund und Vertraute der letzten beiden Jahre, Klamer Schmidt, bei seiner Minna in Lauchstädt und Gleim auf Reisen in Magdeburg, dazu eine instabile Gesundheit mit vielen schlaflosen Nächten: eine Situation, bei der verständlich ist, daß Heinse wieder nach dem ersten Strohhalm greift, der Sicherheit zu bieten scheint. Die Gelegenheit ist das Angebot Georg Jacobis, des älteren Bruders des Philosophen Friedrich Heinrich Jacobi, mit ihm nach Düsseldorf zu gehen, um dort an der geplanten Damenzeitschrift »Iris« hauptverantwortlich mitzuwirken. Das Vorhaben war zwar mit Gleim zusammen für Halberstadt entworfen worden, aber Jacobi ergreift selbst die Initiative und »entführt« Gleims liebstes »Kind der Natur«. Heinse schreibt kurz vor seiner Abreise an Gleim, daß er nicht anders gekonnt habe, um seinem eigentlichen Ziel näher zu kommen: »Ich gehe so ungern von Halberstadt – aber einmahl muß es geschehen; ich sehe ietzt keinen andern Weg nach Rom und Neapel und dem Aetna, als über Düsseldorf.«[31] Die Sehnsucht nach Realisierung der Phantasien und Tagträume ist stärker als alle Skrupel der Freundschaft. Die Reise geht über Celle, Hannover und Braunschweig, er begegnet dort flüchtig Lessing und fährt weiter nach Düsseldorf, wo er im Pempelforter Anwesen der Familie Jacobi unterkommt.

Bei den Brüdern Jacobi in Düsseldorf (1774-1780)

Bei Georg und Friedrich Jacobi findet Heinse wieder ein anregendes Umfeld, das ihm die Gelegenheit gibt, den Verfasser der *Leiden des jungen Werther*, der noch vor deren Erscheinen im Herbst 1774 in literarischen Kreisen für Aufsehen sorgt, persönlich kennenzulernen. Einen Eindruck von der Atmosphäre, in der die Begegnung stattfindet, vermittelt Goethes Erinnerung an Pempelfort: »Ein freistehendes geräumiges Haus, in der Nachbarschaft von weitläufigen wohlgehaltenen Gärten ... Jeder Sonnenblick ward in reinlicher, freier Umgebung genossen; Abends oder bei ungünstigem Wetter zog man sich gern in die schönen großen Zimmer zurück, die behaglich, ohne Prunk ausgestattet, eine würdige Szene jeder geistreichen Unterhaltung darboten. ... Heinze, mit zur Familie gehörig, verstand Scherze jeder Art zu erwidern; es gab Abende, wo man nicht aus dem Lachen kam.«[32]

Heinses erster Roman *Laidion* war im Frühjahr 1774 herausgekommen, und das Zusammentreffen der beiden Dichter ist ein begeistertes Sich-Erkennen verwandter Naturen. »Das ist mein Mann!« hatte Goethe nach der Lektüre der *Laidion* an seine Frankfurter Vertraute Johanna Fahlmer, eine Tante der Jacobis, geschrieben, – »er hat Hunderten das Wort vorm Maule weggenommen. Eine solche Fülle hat sich mir so leicht nicht dargestellt. Ich halte dafür, daß sich nichts über ihn sagen läßt. Man muß ihn bewundern oder mit ihm wetteifern. Wer was anderes tut, oder sagt so! und so! ist eine Canaille.«[33] Und zu Heinse selbst: »Es wird schon eingreifen, so wie die Vorrede zum Petron, ob's gleich was ganz anders ist; laßt die Kerls räsonieren, was sie wollen. ... – Und was die Stanzen betrift, so was hab ich für unmöglich gehalten. Es ist weiter doch nichts als eine Jouissance, aber der Teufel mach dir 50 solche Stanzen darüber nach – Kurz; ich darf nichts darüber sagen; es ist so vieles darinn, das nicht anders ist, als ob ich's selbst geschrieben hätte.«[34]

Goethes Erscheinung beschreibt Heinse im September 1774: »ein schöner Junge von 25 Jahren, der vom Wirbel bis zur Zehe Genie und Kraft und Stärke ist; ein Herz voll Gefühl, ein Geist voll Feuer mit Adlerflügeln, qui ruit immensus ore profundo.«[35] Und einen Monat später heißt es an Gleim: »Ich kenne keinen Menschen in der ganzen Gelehrten Geschichte, der in solcher Jugend so rund und voll von eignem Genie gewesen wäre, wie er. Da ist kein Widerstand; er reißt alles mit sich fort.« Selbst in ihrem zwiespältigen Verhältnis zum Übervater Wieland finden sie Gemeinsames: »sein *Götter, Helden und Wieland*, ein Werk von herkulischer Stärke, wenn man's recht und Zeile vor Zeile durchdenkt und durchfühlt, und wofür Wieland immer seine Musarion geben würde, wenn er's vernichten könnte – kömmt in keine große Betrachtung, wenn man ihn persönlich reden hört.«[36]

Friedrich Jacobi

Mit dem Abschied von der scherzenden »Philosophie der Grazien« beginnt eine neue Phase: Das Portrait, das er für die Leserinnen der *Iris* vom Dichtergenie des Torquato Tasso entwirft, trägt einen neuen, kraftvolleren Ton. Auch verwirft er seinen lange gehegten Plan, einen Roman über das Leben des griechischen Malers Apelles zu schreiben. Die Phantasiewelt Griechenland, mit der sich Wieland und Gleim zufrieden umgeben, kann dem neuen Drang nach Erfahrung und Realisierung nicht mehr genügen. Gegenüber Gleim, der ihn immer zu diesem Projekt gedrängt hatte, rechtfertigt er sich: »Lassen wir es; wir haben Genuß genug davon gehabt in jenen seligen Augenblicken, wo wir ganz in der Phantasie unter den Griechen lebten, voll der Helden Plutarchs; im Tempe[-tal] herumwandelten, den Ossa und Pelion bestiegen, und den Olymp ... Jetzt aber bin ich ein wenig älter geworden und streiche, fern vom Parnaß, in den Labyrinthen des sündlichen Lebens der argen bösen Welt herum. Ich weiß nicht mehr so viel von Griechenland, als ich damals fühlte ... Kurz, mein Dämon und meine Phantasie sind einander in die Haare geraten, und jener will sich nicht mehr an dem heiligen mitternächtlichen Gefühl begnügen und Gesicht und Tag und Wort haben; und der Himmel weiß, wie die Balgerei ablaufen wird.«[37]

Johann Wolfgang Goethe

Wie läßt sich ein solcher Sinneswandel verstehen? Er erklärt sich im Fortgang des Briefs als die plötzliche Einsicht in die Unwiederbringlichkeit des verlorenen Ideals. »Verlohren ist verlohren« – da man keine Gemälde des Apelles hat, und ihn nur aus den verstreuten Berichten der einschlägigen antiken Quellen kennt, ist der Versuch, seine Malerei wiederzubeleben, müßig. Im gleichen Atemzug beklagt Heinse die Grenzen der Kunst, die Unübersetzbarkeit von Malerei, bildender Kunst oder Musik in Sprache: »Werde dieß Eigenthum jeder Kunst itzt immer mehr gewahr durch die Erfahrung, da ich meine Nachmittage, während der Abwesenheit meiner Jacobi, meist auf unsrer Gallerie zubringe.«[38] Die Begegnung mit den Werken der Düsseldorfer Gemäldegalerie ist der entscheidende Impuls für sein ganzes weiteres Schaffen: von nun an wird er immer wieder um das Problem der Vermittlung zwischen den Künsten kreisen, wie Pygmalion verzweifeln vor der Unbelebbarkeit des toten Materials oder sich in feurigen Sprachgemälden aufschwingen zu neuen Höhen der Kunstbeschreibung, deren Ziel es doch immer wieder ist, das Unmögliche zu versuchen und das Kunstwerk selbst in der Sprache zu überwinden.

Die erste Frucht dieses neugewonnenen Interesses, die *Düsseldorfer Gemäldebriefe*, erscheint zwischen Herbst 1776 und Sommer 1777 in Wielands *Teutschem Merkur*. Obwohl sie von Anfang an zur Veröffentlichung geschrieben werden, sind sie in der Fiktion von Briefen an »Vater Gleim« gehalten. Zum ersten Mal begibt Heinse sich hier auf das Gebiet der Kunstkritik, zu dem ihm das Lehrbuch Riedels den ersten Zugang ermöglicht hatte. Während Riedel die Quellen für seine Studenten zusammengestellt und erläutert hatte, kleidet Heinse selbst nun komplexe ästhetische und kunsttheoretische Fragen für die Leserschaft des *Merkur* in eine leichtfüßige, bisweilen sehr persönlich gehaltene Diktion. So steht zu Beginn der *Gemäldebriefe* die Vorstellung, er befinde sich in der Galerie in Begleitung eines taubstummen Malers, dessen Gebärdensprache Heinse in ihrer Ausdrucksstärke über die Unzulänglichkeiten der eigenen Sprache stellt: während der »Wilde«, unverdorben durch jegliche Schulung, alles »so originalnaiv wahr« zum Ausdruck bringen kann, erscheint Heinse sein eigenes »Gesprächsel mit Worten« als »schalste Prose« – ein Bekenntnis, das sich als roter Faden durch alle Briefe hinzieht.

Früh zeigt sich hier allerdings eine Spannung, die als ewig unlösbarer Widerspruch sein gesamtes Werk kennzeichnet: einerseits der Abschied von einem der Phantasie entsprungenen griechischen Ideal und der Aufbruch hin zu einem Ideal gegenwärtiger Natürlichkeit, andererseits doch die

Sehnsucht nach der griechischen Schönheit, die durch Statuen wie der mediceischen Venus und des Apoll von Belvedere den zeitgenössischen klassizistischen Geschmack Winckelmanns und seines Freundes Anton Raphael Mengs bestimmt; allerdings begehrt Heinse gegen deren Nachahmungsgebot auf: »Jeder arbeite für das Volk, worunter ihn sein Schicksal geworfen, und er die Jugend verlebt; suche dessen Herzen zu erschüttern, und mit Wollust und Entzükken zu schwellen; suche dessen Lust und Wohl zu erhalten, zu verstärken und zu veredeln, und helf' ihm weinen, wenn es weint. Was geht uns Vorwelt und Nachwelt an?«[39]

Bevor er jedoch Rubens als den größten Vertreter dieser Malerei nach der Natur gegen alle Ablehnung seitens der Klassizisten rehabilitiert, wendet er sich den kanonisierten Künstlern zu: Bilder von Raffael, Michelangelo, Carlo Dolce, van Dyck, Guido Reni werden ausführlich beschrieben, Dominichino und Annibale Carracci erwähnt – eine Reihe, die durchaus dem Zeitgeschmack verpflichtet ist. Dennoch nimmt er Umwertungen vor: Wie auch später im *Ardinghello* werden religiöse Bildgegenstände säkularisiert zugunsten eines unbefangenen Blicks auf das dargestellte Geschehen; dauernd ist das Bestreben zu spüren, jeden Bildungsballast abzuwerfen und zu einer genuinen, sinnlichen Erfahrung durchzudringen.

Seine Beschreibung der Rubens-Bilder ist schließlich Hauptstück und Schlußakkord dieser sich aus den Fesseln eines veraltenden Geschmacks lösenden antiklassizistischen Ästhetik. Der Abschnitt über Rubens beginnt im Ton eines Märchens: »Es war einmal ein Mann, welcher unter den glücklichsten Einflüssen von Sonn und Mond und Wind und Wetter aus dem Chaos ins Dasein den wundervollen und unbegreiflichen Sprung getan.« Es ist die Heiligenlegende eines Genies, eines Künstlers, der nicht eklektizistisch aus Vorbil-

Pieter Paul Rubens, Rubens und Isabella Brant in der Geißblattlaube

dern zusammensetzt, sondern aus sich selbst eine zweite Natur schafft.

Rubens' Lebensbeschreibung unter dem Eindruck der Originale hat für Heinse eine trockene Rekonstruktion des Lebens des Apelles aus mageren Quellen ersetzt. Der Künstler will seine Liebe zur Natur seinen Mitmenschen mitteilen und wählt dazu die »Sprache« der Malerei, um »jedes Ding durch eine zauberische Täuschung so eigen wie möglich wieder zu geben, als es ihm geworden.« Wenn Heinse die Malerei als ein System von Sprachen beschreibt, von Grammatik und Zeichen, ist es naheliegend, daß er bei seinen Beschreibungen die Bilder »liest« wie einen Text. Der Nachvollzug des Dargestellten soll für den Leser der Bildbeschreibungen erlebbar machen, was der Betrachter des Bildes im Zwiegespräch mit dem Kunstwerk deutend und verstehend erfährt.

Die Dramaturgie der Reihe von Rubens-Bildbeschreibungen erscheint trotz ihrer konventionellen Abfolge als Antiklimax zur klassizistischen Gattungshierarchie: Auf die beiden Schlachtengemälde *Die Amazonenschlacht* und *Die Niederlage Sanheribs*, welche heroisch-idealische Schönheit im Schrecklichen des Kampfes, in Wut und Untergang aufleben lassen, folgt der *Raub der Töchter des Leukippos*, wo Heinse den Mythos durch die erotisch-psychologisierende Beschreibung ins Individuell-Menschliche verlagert; die *Landschaft mit Regenbogen* und das Portrait des Künstlers mit seiner Frau (*Rubens und Isabella Brant in der Geißblattlaube*) schließlich lösen diese beiden traditionell »niederen« Genres aus dem Bereich des Beschaulichen und steigern sie zu einem neuartigen Ideal des unverstellt Naturhaften und Menschlichen.

Heinse beginnt, sich Notizhefte anzulegen, »Gedanken-Hecken«, hinter denen der zunehmend verschlossene Dichter sich vor dem allzu kritischen Blick seiner Umwelt verbergen kann, »Augenblickliche Empfindungen und Gedanken, zuweilen zu oberflächig, zur weitern Ueberlegung«[40], also eine zweite, eigene Welt, in der er zunächst nur für sich selbst schreibt, ohne auf Verleger und Publikum Rücksicht nehmen zu müssen. Denn trotz seiner freundlichen Aufnahme bei den Brüdern Jacobi bleibt er auch in Düsseldorf fremd. Sich seiner isolierten Position bewußt, schwankt er zwischen Verzweiflung und der überheblichen Manier eines unverstandenen Genies. Im Brief an Gleim charakterisiert er sich noch im Juli 1774 als einsamen Weltbürger: er sei geboren, »die Dinge dieser Welt aus allen möglichen Gesichtspunkten zu betrachten, um das glücklichste und unglücklichste unter allen Geschöpfen der Mutter Erde zu seyn, um von jedem *priesterlichen* Bürger für wahnsinnig gehalten und von guten und weisen Menschen als eine Art von Märtyrer zum Wohl des menschlichen Geschlechts geliebt zu werden. Kurz; mein bester Gleim, mein Genius entführte mich Ihnen, um fortzufahren, mich zu einem ächten wahren Kosmopoliten, zu einem der ersten unter allen, die in der Natur der Dinge gewesen sind, auszubilden.«[41] Mit dem »weisen Menschen« könnte durchaus Gleim selbst gemeint sein, der »priesterliche Bürger« scheint in Richtung Fritz Jacobi und Wieland zu zielen. Das Gefühl, mißverstanden zu sein, erstreckt sich also auch auf sein persönlichstes Umfeld.

In den Notizheften, als »Tagebücher« aufgefaßt und wegen ihrer meist unverbundenen Diktion unter dem Titel »Aphorismen« gedruckt, finden sich aus dieser Düsseldorfer Zeit bezeichnende Einträge: »Gieb nichts auf eines Menschen Wort; das ist die höchste Freyheit.«[42] Und: »Des Menschen erste Kunst, die er unentwegt täglich und stündlich braucht, ist doch die Verstellung. … Jeder große Mensch muß auch diese Kunst vollkommen verstehen: sonst wird er augenblicklich hintergangen und betrogen.«[43] Dagegen steht der Rückzug auf sich selbst: »Der Mensch repräsentiert im Grunde doch nur die Welt im kleinen; was du bey ihm suchst, kannst du bey der Natur weit besser und größer, und zwar lebendig finden. Seine eigne Natur ist alles, was du bey ihm finden darffst, und das bist du selbst.«[44] Hatte die Halberstädter Zeit im Zeichen des »Freundschaftstempels« und der Kultur der »freundschaftlichen Briefe« gestanden, vernimmt man jetzt andere Töne: »Wer einen andern noch nicht völlig auskennt, kann noch nicht sicher sein Freund seyn. Er muß sein täglich Brod werden, ohne das er nicht leben kann; ob er gleich dann und wann und oft ihm vieles andre vorzieht.«[45] Derartige Bemerkungen stehen unvermittelt zwischen Gedanken zur Kunst, zu Fragen nach der Existenz Gottes und der Seele, zwischen Exzerpten und sonstigen Gedanken zu Gelesenem und Gehörtem. Die »Außenseite« dieser inneren Verschlossenheit ist die rege Teilnahme an Tischgesprächen, an gesellschaftlichen Belustigungen wie Schachspiel, Billard und im Winter Eislauf, die in den Notizheften ebenso ihren Niederschlag finden.

Die Beiträge zur Damenzeitschrift *Iris*, deren Herausgabe ja der offizielle Grund für seine Übersiedlung gewesen war, die Beiträge zum *Teutschen Merkur* und andere Übersetzungen scheinen Pflichtübungen zum Broterwerb gewesen zu sein, wie auch über weite Strecken die Prosaübersetzung des *Orlando Furioso* des Ariost. Diese Arbeit und eine offenbar sehr instabile Gesundheit verhindern auch Heinses für das Frühjahr 1779 geplante Abreise ins Sehnsuchtsland Italien. Inzwischen hatte nämlich Gleim eingelenkt und dem »Kind der Natur« die Unterstützung für seine Reise zugesagt. Im Frühsommer des nächsten Jahres kann Heinse endlich aufbrechen.

Die zweiten »Wanderjahre« in Italien (1780-1783)

Als Zielland der »Grand Tour« junger Kavaliere steht seit dem sechzehnten Jahrhundert Italien mit seinem Reichtum an Kunstschätzen und seinem milden Klima stellvertretend für den gesamten Raum antiker Kultur. Die Ruinen Roms sind dabei für die meisten Reisenden der Hintergrund, vor dem die Goldene Zeit der Alten heraufbeschworen wird, auch ohne daß sie je Griechenland und die westliche Türkei mit eigenen Augen gesehen haben. Es entsteht so ein klassizistisches Griechenlandbild, das den Ausschnitt als repräsentativ für das Ganze nimmt, das den »schönen Styl« der hellenistischen Spätzeit als das Griechische schlechthin auffaßt. Der Anblick der monumentalen Reste griechischer Antike um Neapel und in Sizilien kann daher – wie bei Goethe – eine empfindliche Korrektur dieses Griechenbildes bewirken. Auf seiner Suche nach Griechenland ist also auch Heinses Ziel zunächst Italien.

Seine Route folgt Johann Jakob Volkmanns Italienbeschreibung, den *Historisch-kritischen Nachrichten von Italien* in der zweiten verbesserten Auflage von 1777. »Der Volkmann« ist das von den Reisenden des späten achtzehnten Jahrhunderts meistgelesene Werk. Es enthält laut Titel »eine genaue Beschreibung dieses Landes, der Sitten und Gebräuche, der Regierungsform, Handlung, Ökonomie, des Zustands der Wissenschaften und insonderheit der Werke der Kunst nebst einer Beurteilung derselben« und ist »aus den neuesten französischen und englischen Reisebeschreibungen und aus eigenen Anmerkungen zusammengetragen.« Heinse setzt sich nicht selten kritisch mit dem mehrbändigen Werk auseinander – auch das gehört schon fast zur Pflicht eines Reisenden, und nicht nur von Heinse wird Volkmann als trockener Kompilator verspottet. Ungewöhnlich dagegen ist, daß Heinse nicht, wie sonst für Männer in seiner Position üblich, als Begleiter eines jungen Adligen in der Kutsche reist, sondern alleine und meist zu Fuß.

Ausgestattet mit dem allernötigsten Gepäck, knapp bemessenem Geld sowie den notwendigen Empfehlungsschreiben von Gleim und Jacobi beginnt er im Juni 1780 seine große Wanderung, die ihn am Rhein entlang über Mainz, Heidelberg, Mannheim und Straßburg nach Colmar führt. Von dort geht er nicht direkt nach Süden weiter oder auf dem kürzesten Weg über die Alpen, sondern macht eine längere Rundreise durch die Schweiz. Seit Albrecht von Haller in seinem langen Gedicht *Die Alpen* (1732) und Salomon Gessner in den Schweizer *Idyllen* (1756-1772) das Land und seine Bewohner für die Literatur aufgewertet hatten, war auch die Reise durch die Eidgenossenschaft von einem notwendigen Übel, das man so schnell wie möglich und bei zugezogenen Kutschenvorhängen hinter sich brachte, zu einem reizvollen Unternehmen geworden. Auch Heinse reist nun über Basel nach Schaffhausen, besucht Zürich, die Stadt Gessners und Johann Caspar Lavaters, befährt den Vierwaldstädter See, besteigt den Gotthard, geht weiter über Furka und Grimsel nach Bern und zum Geburtsort Rousseaus am Genfer See.

Auf seiner Wanderung durch Schluchten und Täler, bei gefahrvollen Bergbesteigungen erfährt Heinse neben der Freiheit und Ursprünglichkeit der Bevölkerung erstmals die ganze elementare Gewalt der Natur. Seit er vor dem Rheinfall von Schaffhausen, wie er berichtet, mit seinen Schilderungen in Wettstreit mit einem Schüler des Landschaftsmalers Claude-Joseph Vernet getreten war, entstehen auf der ganzen Reise eindrucksvolle sprachliche Gemälde: Schilderungen des Hochgebirges, wunderbare Sonnenauf- und -untergänge, stürmische Seestücke von der Überfahrt nach Italien, Sprachbilder der idyllischen toskanischen Landschaft und der elegisch-majestätischen Ruinenlandschaften in Rom. Oft verfährt er dabei tatsächlich wie ein Maler: Wieder und wieder besucht er die Aussichtspunkte und macht sich immer neue literarische Skizzen, um dann die ausgeführten Beschreibungen in seine Briefe an Jacobi und Gleim und die späteren Romane aufzunehmen.

Von der Schweiz führt ihn sein Weg nicht direkt über Mailand nach Italien, sondern auf einem Umweg durch die Provence. An der idyllischen Fontaine de Vaucluse bei Avignon läßt er noch einmal die Sphäre Petrarcas in seiner Phantasie aufleben, um sich dann in Marseille nach Italien einzuschiffen. Nach einer abenteuerlichen und stürmischen Überfahrt reist er von Genua wegen des schlechten Wetters sehr eilig über Parma und Modena nach Venedig. Was er in der Emilia gesehen und möglicherweise im Notizheft beschrieben hat, ist nicht erhalten. Ein Brief an Jacobi deutet nur flüchtig auf den »unendlichen Reichthum von neu erworbenen Geistesschätzen«, der ihm die Niederschrift für seinen Freund schier unmöglich mache: »Zu Parma, Reggio, und Modena wurd es mir immer unmöglicher; wie hätte ichs da anfangen sollen, um von Correggio und Ariosten zu schweigen, die in sichtbarer Himmelsgestalt immer um mich schwebten, und mir hohen Muth einstrahlten, meine Laufbahn weiter zu verfolgen?«[46]

Am 21. November 1780 erreicht Heinse Venedig, und es beginnt der wohl unerfreulichste Abschnitt seiner Reise: Ohne Geld, denn der versprochene Wechsel aus Deutschland bleibt bis zum Frühjahr aus, und ohne eine Nachricht von Jacobi verbringt er die meiste Zeit im Bett, dem wärmsten Ort in einem ungeheizten Zimmer – und übersetzt. Von Genf aus hatte Heinse den Auftrag übernommen, für einen Mannheimer Verleger Torquato Tassos *Gerusalemme Liberata* ins Deutsche zu übertragen. Erst zum Frühling hin scheint sich die Lage zu bessern: das Geld trifft ein, die Tasso-Übersetzung kommt voran, und Heinse hat die Gelegenheit, die »Sirenenstimmen« der venezianischen Oper zu genießen. Begeistert berichtet er Jacobi von seinen Entdeckungen, läßt Partituren für den Freund abschreiben, plant ein eigenes Journal. Da er die italienische Musik bis dahin fast nur als Instrumentalmusik kennt, sind ihm die Stimmen der Sängerinnen und Kastraten in den Opern und die der Nonnenchöre in den Kirchen eine Offenbarung: immer auf der Suche nach dem Ursprünglichen, Unverdorbenen, Menschlichen, wird für Heinse diese italienische Musik zum eigentlichen Maßstab für Musik. Die Vokalmusik erkennt er als das, »was in den bildenden Künsten das Nackende ist«[47] – eine Analogie, die sich fortpflanzt in seiner Suche nach dem freien Nackten, rein Menschlichen, die auch seinen Blick auf Werke der bildenden Kunst bestimmen wird.

Nach sechsmonatigem Aufenthalt in Venedig bricht er wieder auf, durchstreift zunächst kreuz und quer die Toskana, besucht Padua und Bologna, bleibt zwei Monate in Florenz, zwei Wochen in Siena, um schließlich am 15. September in Rom anzukommen. Er betritt die Ewige Stadt in der untergehenden Sonne und verbringt die erste Nacht damit, die erhabenen Monumente und melancholischen Ruinen zu durchwandern und mit seiner Phantasie zu beleben. Seinen ersten Eindruck beschreibt er in einem Brief an Jacobi: »Nichts aber hat einen so starken Eindruck auf mich gemacht als Rom. Es war mir, als ob ich mich der eigentlichen Herrschungssphäre näherte. Die triumphierende Lage, ungeheuer lang und breit, um den wilden Tyberstrom herum, mit den gebietrischen Hügeln voll stolzer Palläste in babylonischen Gärten, und despotischer Tempel mit himmelhohen Kuppeln, an dem prächtigen Amphitheater der Gebürge von Frescati und Tivoli; die Brückengewölbe, Thürmenden Thore, flammenden Obelisken, bemoosten und mit Grün überzogenen Ruinen alter Herrlichkeit, und das kühle Rauschen von Schritt zu Schritt von tausend und aber tausend lebendigen Springbrunnen wie in den quellenreichen Alpen drinn, und manche männliche und weibliche antike Gestalt mit heißem Blick und warmen Gebehrden in Helden und Siegerinnengang auf den weiten Plätzen und in den unabsehlichen Straßen erweckten eine Wunderempfindung von einer neuen Natur in mir, die ich noch nicht gehabt hatte.«[48] Dieser neuen Natur, die hier in der begeisterten Aufzählung ihren ersten Ausdruck findet, begegnet er in jenem

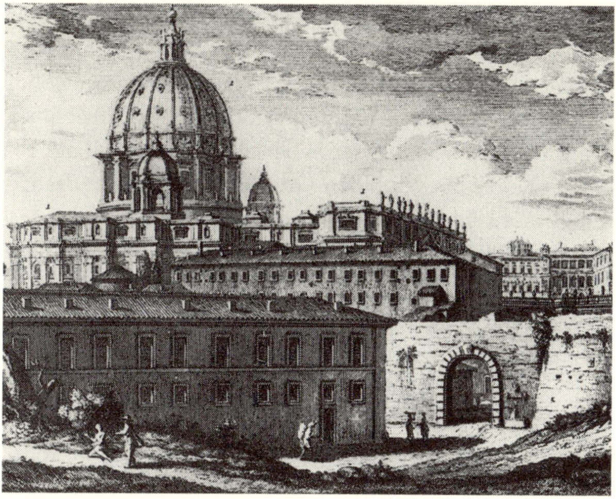

Rom, Porta Cavalleggeri mit Petersdom

glücklichen Augenblick, wo sich Vergangenheit und Gegenwart, Ruinen und pittoreske Überwucherung zu einem zauberhaften Bild all dessen vereinigen, was Heinse sich bei der Lektüre der alten Bücher erträumt hat: Er sieht in den Bewohnern Roms die lebendige Antike wieder auferstanden, kann sich selbst als Teil einer glücklicheren Zeit empfinden.

In Rom verbringt er die folgenden zwei Jahre, mit Ausnahme eines zweimonatigen Aufenthalts in Neapel im Sommer 1782. Er taucht hier weiter ein in die Welt der Malerei und entdeckt durch die Begegnung mit – vermeintlich griechischen – Original-Skulpturen sein Interesse für Bildhauerei. In regem Austausch mit den in Rom ansässigen deutschen Künstlern, besonders Friedrich »Mahler« Müller und dem Landschaftsmaler Franz Kobell, erschließt er sich einerseits die bildende Kunst von der Gegenwart her und kann andererseits als zunehmend archäologisch bewanderter Kenner der Antiken bald selbst Fremde in die griechisch-römische Vergangenheit entführen. Er beweist dabei einen ungewöhnlich scharfen Blick, wenn es um eigenständige Urteile über die zeitliche Zuordnung der Skulpturen wie im Fall der römischen Kopie der Niobiden-Gruppe geht oder um das Erkennen einer fehlerhaften Ergänzung wie beim Arm des Laokoon. Er schult sein Auge in unzähligen Beschreibungen, und ähnlich wie das große Vorbild Winckelmann setzt er immer wieder neu an, betrachtend sich die geliebten Denkmale einer idealen griechischen Natur anzueignen. Wo aber der von Heinse oft als trockener »Antiquar« verspottete Winckelmann die sinnlichen Erfahrungen, die auch bei dessen Skulpturen-Beschreibungen durchklingen, zum Ideal der edlen Einfalt und stillen Größe erhöht, sieht Heinse bei der Betrachtung der griechischen Statuen die nackte, freie menschliche Natur: mit ihren »schönen Nackenden« werden sie ihm zu lebendigen Idolen einer freieren Sinnlichkeit, die ihren Ausdruck in bisweilen ans Pornographische grenzenden Beschreibungen findet. Im sprachlichen Nachvollzug des Gesehenen und Empfundenen will er, wieder wie Pygmalion, die Grenzen zwischen Leben und Kunst für einen ewig-seligen Augenblick der Vereinigung mit dem Kunstwerk aufheben.

Der gleiche Blick, auf die Malerei gerichtet, läßt ihn fortsetzen, was er in Düsseldorf begonnen hatte: die Umwertung des klassizistischen Kanons weg vom Ideal der Umrißzeichnung hin zum Ideal der sinnlichen Farbigkeit, die es ihm ermöglicht, auch hier wie in der Skulptur »täuschendes« Leben zu finden. So kann er in einer Madonna Raffaels »eine der frischesten weiblichen Gestalten, voll Matronenreiz« sehen, und in Christus einen »Sonnenverbrannte[n] Enthusiast[en] aus Kalabrien«[49]. In solchen Beschreibungen werden die Bildgegenstände durch den Einbezug ihrer »Geschichte«, also des seelischen und physischen Vorher und Nachher in erzählbare Bewegung gebracht. Der im Bildwerk gleichsam eingefrorene Moment wird sprachlich dynamisiert und in Leben zurückverwandelt.

Nach knapp einem Jahr in Rom ist vom ursprünglichen Plan, nach Griechenland weiterzureisen, nicht mehr die Rede. Weder die politische Situation noch Heinses finanzielle Lage scheinen eine solche Fahrt zuzulassen. Trotzdem macht er sich auf den Weg nach Neapel, mit dem Wunsch, von dort mit dem Schiff wenigstens nach Sizilien weiterzufahren und den Ätna zu besteigen – auch das schließlich nur ein Traum: »Aus meiner Reise nach Sicilien wird leider für dießmal nichts«, schreibt er Ende August 1782 an Jacobi, »ich kann kein Schiff mit freyer Flagge auftreiben, und ein Neapolitanisches ist gar zu gefährlich, weil dort alles von Seeräubern wimmelt. Mit einer Speronara kostete mich die Hinreise bis nach Syrakus allein an die zwanzig Ducaten, und so viel kann mein Beutel nicht vertragen. Neapel ist ein heiß Pflaster für einen, der hier noch nicht eingerichtet ist: ich eile also übermorgen wieder nach Rom.«[50]

Bei Heinse, sonst voller Abenteuerlust, ist diese Ängstlichkeit erstaunlich; es ließe sich fragen, ob nicht auch er zu den vielen Griechenlandverehrern gehört, die sich scheuen, ihr Idealbild mit der Wirklichkeit zu konfrontieren. Die »glückseligen Inseln« des Archipelagus bleiben ihm jedenfalls als seliger Wunschtraum und Sehnsuchtsland erhalten, sie können weiterhin Idealzustand sein. Was er dort verwirklicht vermutet, nämlich eine Existenz des Menschen in »nackter« Natürlichkeit, wo den »großen Menschen« keine gesetzlichen Schranken und moralischen Fesseln beengen, das kann er jetzt auch in der Blütezeit der italienischen Malerei entdecken. Vorbereitet durch die Lektüre der Düsseldorfer Zeit, durch Machiavelli, durch seine Übersetzungen des Ariost und Tasso, taucht er nicht nur so gut in die fremde Sprache ein, daß er zeitweilig als »italienischer Maler« reisen kann, sondern kann auch in den beschriebenen Kunstwerken und durch das Studium von Künstlerviten, Chroniken und unveröffentlichten Handschriften das Italien der Hochrenaissance vor seinem inneren Auge erstehen lassen. Aus dem »uomo universale«, dem alle Lebensbereiche umgreifenden Künstler, wird nun das Ideal des »Kernmenschen«, und Heinse wird zum eigentlichen Entdecker dessen, was erst ein Jahrhundert später als die Epoche der Renaissance benannt werden sollte: einer Zeit des kraftvollen, immoralistischen und ästhetizistischen Lebensgefühls.

Wieder in Rom, entwirft Heinse Pläne für eine Monatsschrift, eine Art »italienischem Merkur«, zu der »Mahler« Müller über Kunst und er selbst über italienische Musik und Literatur Beiträge schreiben wollen.[51] Er erhofft sich dabei, unabhängig von der Unterstützung seiner Freunde weiter in Italien bleiben zu können. Als sich abzeichnet, daß daraus nichts werden kann, muß Heinse am frühen Morgen des 7. Juli 1783 in dichtem Nebel zur Rückreise nach Deutschland aufbrechen. Einen Tag verbringt er in Civita Castellana und mietet sich ein »mattes Eselchen«, das ihn nach »einer völlig schlaflosen Nacht«[52] durch die Sommerhitze nach Terni trägt. Nur mit einer Jagdtasche als Gepäck legt er ansonsten einen großen Teil der Strecke wieder auf die bevorzugte Weise zurück: »… ich halte das Reisen zu Fuß, oder wenn man schwach und steif ist, zu Pferd, für die einzige wahre Art zu Land zu reisen: im Wagen bleibts ein abentheuerlich Stubensitzen, und eine folternde wandernde Modekerkerey, wobey man von den abwechselnden Schönheiten der Natur gar keinen Genuß hat, höchstens alles nur im Schwindel lediglich von einer Seite, mit Klappen an den Augen wie scheue Mähren behängt, ansieht.«[53] Die »Flüchtigen Bemerkungen«, die er in seine Notizhefte als »Hieroglyphen zur Rückerinnerung«[54] einträgt, sind ein lebhaftes Zeugnis jener erfahrenen Unmittelbarkeit. So entstehen beispielsweise am 10. und 11. Juli 1783 die beiden Beschreibungen des großen Wasserfalls zu Terni[55], in ihrer Mischung aus Ergriffenheit und rationaler Distanz ein mitreißendes Dokument von Heinses Naturauffassung und Beschreibungsgabe. Anderen Einträgen über Kunstwerke merkt man die Eile an, in der sie entstanden sind.

Von Terni geht es zu Pferd nach Spoleto, dann zu Fuß weiter nach Foligno; auf dem Weg nach Assisi muß er sich vor Gewittergüssen in ein Franziskanerkloster flüchten, und am Abend des 15. Juli erreicht er Perugia, die Hauptstadt Umbriens und Wirkungsstätte des jungen Raffael und seines Lehrers Perugino. Der Weg nach Cortona führt den Wanderer am Trasimenischen See entlang. Er genießt die schönen Aussichten und läßt in seiner Phantasie die blutigen Schlachten wiederauferstehen, die sich Hannibal und die Römer dort geliefert hatten. Die Strecke von Arezzo nach Florenz legt er fahrend, vermutlich in einer sogenannten Sedia zurück, einem einspännigen, zweirädrigen Wägelchen mit Halbverdeck, das von einem »Vetturino«, dem legendären Mietkutscher, gelenkt wird; jeder Tag ist nun kostbar. In den neun Tagen, die er in der toskanischen Hauptstadt verbringt, hat er wie schon zwei Jahre zuvor, vermittelt durch die Bekanntschaft eines Grafen und dessen Beziehungen zum Großherzog, die Möglichkeit, Galerien und Bibliotheken uneingeschränkt zu nutzen. Mehrmals besucht er die Uffizien, den Palazzo Pitti, und wie bei seinen Landschaftsskizzen setzt er auch hier bei den Beschreibungen der wichtigsten Kunstwerke immer wieder neu an. Ist von der Hinreise kaum etwas an Aufzeichnungen aus Florenz erhalten, sei es, weil die

Hefte verloren gingen oder er vor lauter Anschauen nicht geschrieben hat, so füllt er diesmal sein Notizheft eilig mit Eindrücken. Dabei beschreibt er vieles mit prägnanter Genauigkeit, anderes hat eher aufzählenden Charakter. In den Bibliotheken vertieft er seine Studien der italienischen Renaissance; besonders notiert er sich Anekdoten aus dem wilden Sittenleben der Medici[56], denen er für seinen Roman *Ardinghello* später Namen und abenteuerliche Verstrickungen entnimmt.

In der Nacht vom 28. auf den 29. Juli verläßt Heinse Florenz wieder in der Kutsche, will keine Zeit verlieren auf einer Strecke, die er schon von der Hinreise kennt. Er erreicht Bologna am Morgen des 30. Juli. An nur einem Tag sucht er auch hier die wichtigsten Kunstwerke auf. Die Fahrt durch die oberitalienische Ebene empfindet er als »sehr langweilig«[57]. Ferrara ist enttäuschend, die Luft ist schlecht, die Leute sehen »betrübt und ärmlich aus«, nichts zeugt mehr vom alten Glanz der Zeit Ariosts und Tassos. Über Rovigo und Monsélice fährt er nach Padua, von dort mit dem Boot auf der Brenta nach Venedig. Was er hier wegen der widrigen Umstände bei seinem ersten Aufenthalt versäumt hatte, holt er in wenigen Tagen nach. Durch den Reichtum an Eindrükken aus Rom, Neapel und Florenz ist sein Blick nunmehr geschult und reif für die Lebendigkeit und Farbenpracht der venezianischen Malerei. Wie in Florenz entstehen auch hier Gemäldebeschreibungen, die später im *Ardinghello* grundlegend werden für die Diskussion um den klassizistischen Primat der Zeichnung gegenüber der Farbe.

Bei sternenklarem Himmel fährt er am 7. August nachts die Brenta wieder flußaufwärts bis Padua, von dort aber nicht direkt nach Norden, sondern auf einen Abstecher in westliche Richtung. In Vicenza, der Stadt des großen Renaissance-Architekten Palladio, dessen Kirchenbauten er schon aus Venedig kennt, kann er sich wieder nur vergleichsweise kurze Notizen machen, bevor er zur Weiterreise aufbricht. Durch fruchtbare Landschaften führt ihn sein Weg jetzt nach Verona. Er sieht hier die berühmten alten Tore, besucht Paläste und den Dom. Das Amphitheater, heute rekonstruiert und als »Arena« berühmter Ort für Opernaufführungen, erscheint ihm jedoch, nachdem er das römische Colosseum gesehen hat, wenig beeindruckend.

Zwei Tage später ist Heinse in Peschiera am Gardasee, wo er sich einen Tag Zeit nimmt, um auf einer Wanderung am Ufer des Sees und auf der Halbinsel Sirmione die herrlichen Aussichten zu genießen.[58] Vom nächsten Ort seiner Route, dem heiteren Brescia, bricht er am 11. August widerwillig wieder auf, um über Soncino, Crema, Lodi und Melegnano nach Mailand weiterzureisen. Hier hat er vier Tage, um den Dom, die Gemälde in den Kirchen, die Paläste zu sehen. Dann wendet sich Heinse am Abend des 16. August noch einmal südwärts, nach Cremona. Weltberühmte Violinen, eine Stegreifkomödie, der Dom und wieder Gemälde sind die Eindrücke, die er sich notiert. Allerdings trüben auch hier, wie so oft auf der Reise durch Oberitalien, die schlechte Luft und das schlechte Wasser den reinen Kunstgenuß.

Die nächste und letzte Station ist Mantua, die Stadt der Künstler Andrea Mantegna und Giulio Romano. In Giulio, dem Architekten und Schüler Raffaels, sieht Heinse eine seinem eigenen Wesen verwandte Natur: »... ein junger Römer... der zu viel Feuer und Leben und Ungeduld hatte, um ein vollkommner Mahler zu seyn.«[59] Seine Bauten und Gemälde, besonders der Palazzo del Te, reißen Heinse wieder zu feurigen Beschreibungen hin, die einen krönenden Abschluß der Reisenotizen bilden. Trotz der schlechten Luft, die ihm Denken und Schreiben verdirbt, ergreift ihn auf den letzten Meilen schließlich Wehmut, und er schreibt an Fritz Jacobi: »O daß ich auf der Grenze mit Ihnen selbst wieder umkehren könnte, und von neuem an alle die bezaubernden Schönheiten der Natur und Kunst wallfahrten!«[60] Die schnellere Postkutsche bringt ihn am folgenden Tag über Verona und Rovereto nach Trient, Bozen, Brixen, und am 22. August verläßt er Italien am Brennerpaß für immer. Die Rückreise geht über Innsbruck und Füssen, er besucht noch Gemäldegalerien in Augsburg und München und kommt am 18. September 1783 wieder in Düsseldorf an.

Düsseldorf und Niederschrift des ›Ardinghello‹ (1783-1786)

Obwohl unter Freunden angekommen, kann er hier doch das Gefühl von Freiheit und Unbeschwertheit, mit dem er trotz aller Widrigkeiten die Zeit in Italien verbindet, schwer aufrechterhalten: »... eine Ruhestätte, wo ich ohne drükkende Nahrungssorgen mein Leben frey den Musen widmen könnte, wird sich in Deutschland so leicht nicht für mich finden; nicht einmal einer mit den Bedürfnißen eines Diogenes kann hier bestehen, ohne zu übersetzen, zu übersetzen, zu übersetzen, oder nach der Elle seine Weisheit zu verkaufen ... Ich habe große Lust wieder nach Rom ... es ist bey uns alles so kalt, so kalt, und kein edler Geist findet Unterstützung.«[61] Ohne Aussichten auf eine Anstellung bleibt er im Hause der Jacobis.

Friedrich Jacobi hatte Heinse bereits brieflich an einer literarisch-philosophischen Fehde teilhaben lassen, die erst nach dessen Rückkehr richtig entbrennt und als »Spinoza-Streit« in die Geistesgeschichte des späten achtzehnten Jahrhunderts eingeht. Heinse greift nun seine schon in der Studienzeit be-

Ardinghello
und die
glückseeligen Inseln.
Eine
Italiänische Geschichte
aus dem sechzehnten Jahrhundert.
Erster Band.
Lemgo,
im Verlage der Meyerschen Buchhandlung 1787.

gonnene Beschäftigung mit naturphilosophischen Fragen wieder auf, ohne aber – wohl im Bewußtsein seiner Abhängigkeit – je in Jacobis Auseinandersetzung mit dem aufklärerischen Berliner Philosophen Moses Mendelssohn eindeutig Stellung zu beziehen.

Vor diesem Hintergrund entsteht Heinses zweiter Roman *Ardinghello und die glückseeligen Inseln. Eine italiänische Geschichte aus dem sechzehnten Jahrhundert.* Was er sich auf der Reise notiert hatte, wird oft nur leicht verändert aufgenommen. In seiner Mischung aus historischer Realität und utopischen Zügen ist der Roman das Werk eines Autors, der seine Heimat weder der Zeit noch dem Ort nach gefunden hat. Viele Widersprüche sind hier vereinigt: die Sehnsucht eines mittellosen, abhängigen Deutschen des achtzehnten

Jahrhunderts nach dem großen freien Leben unter dem glücklicheren Himmel Italiens und Griechenlands, die Verherrlichung eines »schrankenlosen Kernmenschen« der Renaissance – und die Einsicht in die Vergeblichkeit derartiger Wunschträume.

Der Roman ist weder gedanklich stringent noch formal homogen – »ein wundervoller Torso«[62], dessen Einheit nicht in der Form oder einer Aussage liegt. Trotzdem empfindet Heinse es als quälend, aus finanziellen Gründen Teile des *Ardinghello* in der Zeitschrift *Deutsches Museum* im voraus abdrucken zu müssen; er schreibt an Gleim: »Jetzt muß ich von dem Ganzen einen Arm, ein Bein ablösen, oder Lunge und Leber herausreißen für das Museum, weil ich die Ducaten dafür nöthig habe.«[63] Diese Fragmente (*Künstlerbacchanal*, *Ueber Raphael* und *Ueber Antiken vom ersten Range*), die zwischen Juni 1785 und Februar 1786 erscheinen, sind noch bestimmt von der Auseinandersetzung mit der klassizistischen Kunstdoktrin: Heinse hatte das, was er von Winckelmann und Mengs gelesen hatte, an Ort und Stelle überprüft. Dabei hatte sich in der eigenen Anschauung seine Ablehnung der klassizistischen Nachahmungslehre bestätigt. Und so führt Heinse im letzten der Fragmente das Paradoxon der klassizistischen Griechennachahmung zu einem radikalen Schluß: Wo die Klassizisten versuchen, das Vergangene zum zeitlosen Ideal zu erheben und den als historisch erkannten Zustand der griechischen »Natur« durch Nachahmung in der Kunst für die Gegenwart wieder einzuholen, läßt Heinse den Helden des ersten Künstlerromans der deutschen Literatur Abschied nehmen von der Kunst: »Ach, scheiden von der Kunst überhaupt! Sie ist meine Bestimmung nicht; ich habe mich nur jugendlich getäuscht. Nach dem geheimen Gefühl, daß der Endzweck aller Existenz ist, gut zu sein und Schönheit zu genießen, und daß Gott selbst keine andre Glückseligkeit habe, wähnt' ich, am ersten meine Beruhigung in der Malerei zu finden, und arbeitete mich herum mit Traum und Schatten. Mein Herz und Geist trachtet nach einer kräftigern Nahrung und findet diese allein in der lebendigen Natur und Gesellschaft der Menschen, in wirklichem Kampf und Krieg und Liebe und Friede mit denselben.«[64]

Entsprechend schließt dieses letzte der drei Fragmente, indem es die Vergeblichkeit und Lächerlichkeit der Versuche der klassizistischen Künstler entlarvt: »Wer ist außerdem so frech eitel, daß er sich einbilden kann, einen bessern Apollo als den Vatikanischen, einen bessern Herkules als den Torso und Farnesischen, eine schönere Juno, Venus und so weiter zu erkünsteln als die Alten? Und wird es nicht ekelhaft, sie oder auch nur einzelne Formen davon *immer und ewig* zu kopieren, mit den angewiesnen Plätzen zu schänden?«[65] Dem »erfahrenen« Auge muß die »Verkleidung« einer antiken Skulptur in einer christlichen Szenerie als abstoßendes Komödienspiel erscheinen, als Verstoß gegen das Gebot der Täuschung, das für Heinse allein die Wirkung der Kunst garantiert und damit Kunst als Ersatz für die abwesende Natur in ihrer Existenz erst rechtfertigt.

Eingebettet in den Kontext des Romans erfahren die in den Fragmenten behandelten Positionen allerdings eine Umwertung: Schon die Aufteilung der Italiennotizen auf wenigstens zwei Hauptpersonen, den Florentiner Ardinghello und seinen griechischstämmigen Mentor Demetri, legt die Möglichkeit des »Pro und Contra« nahe. Wenn man die Fragmente mit dem Rest des Romans vergleicht, setzt sich die Dynamik ihrer Gespräche fort, und es entsteht das Bild der Sehnsucht nach dem verlorenen griechischen Ideal, dem in der Konsequenz des Romans schließlich eine im Pathos der Utopie sich entwickelnde Vision des neuen Griechenlands entgegengestellt wird. In mehreren Schritten legt Ardinghello, der vielseitige Künstler und Kunstkritiker, Edelmann, Krieger und Seefahrer, der belesene Philosoph und Abenteurer aller Leidenschaften, seinen griechischen »Kern« frei, um zum Schluß mit der Idealfrau Fiordimona, dem Mentor Demetri, den verflossenen Geliebten Ardinghellos und allen anderen Freunden auf den »glückseligen Inseln« von Naxos und Paros die Kolonie der »Todesleugner« zu begründen, als der Roman plötzlich endet.

Der Schluß wirkt unvermittelt und wirft ein zweideutiges Licht auf alles Vorangegangene. Denn nach mehreren hundert Seiten eines über Strecken in seiner Feurigkeit und Farbigkeit schwer zu übertreffenden Sittengemäldes der ausgehenden Renaissance, nach langen Seiten philosophischen Gesprächs, in dem der Selbstgenuß des großen Individuums in der Vereinigung mit der Natur gefeiert wird, heißt es prosaisch-hölzern: »Was das ganze menschliche Geschlecht betrifft, durch Meere und Gebirge und Klima, durch Sitten und Sprachen abgesondert, welcher Kopf will es in Ordnung bringen? Die Natur scheint ewig wie ein Kind in das Mannigfaltige verliebt und will zu jeder Zeit deswegen rund um die Erdkugel Skythen, Perser, Athen und Sparta. – Das besondere Geheimnis unserer Staatsverfassung ... bestand darin: der ganzen Regierung der Türken in diesem Klima ein Ende zu machen und die Menschheit wieder zu ihrer Würde zu erheben. Doch vereitelte dies nach seligem Zeitraum das unerbittliche Schicksal.«[66] Der in Eile nach verschiedenen literarischen und philosophischen Mustern konstruierte Idealstaat kann also geradezu als Karikatur aller Bemühungen, das Griechische für die Gegenwart wiederzubeleben, gelesen werden.

Warum aber arbeitet der ganze Roman auf ein Ziel hin, das dann wieder verworfen wird? Offenbar ist es nicht Heinses Absicht, mit der Insel-Utopie ein statisches Ideal zur Nachahmung vorzulegen, einen utopischen Entwurf mit revolutionären Implikationen. Heinse war nach Italien gegangen, um sich zum »ächten Kosmopoliten« zu bilden, dessen Weltsicht in der Lage ist, das Widersprüchlichste zu vereinen. Im *Ardinghello* stehen sich so der große, emphatische Optimismus, mit dem der Idealstaat des freien Individuums durch den ganzen Roman hin vorbereitet und schließlich begründet wird, und ein zutiefst pessimistischer Zug anscheinend unvereinbar gegenüber – am Ende erscheint der Versuch, die Würde der Menschheit künstlich wiederherzustellen, als vergeblich und wird durch das allgewaltige Schicksal vereitelt. Was bleibt, ist die implizite Forderung nach dem Recht des Einzelnen auf den freien, beweglichen Gedanken, das Recht auf ursprüngliche Menschlichkeit.

In der Zeit, in der Heinse seine Italienerfahrungen zum Roman verarbeitet, begleitet er den Grafen Nesselrode auf eine Reise nach Holland. Verglichen mit den italienischen Gemälden können die Niederländer den Dichter nicht mehr begeistern: »Alle diese Künstler haben [ein] herrlich Auge und viel Practik im Mahlen gehabt«, notiert er, »aber das Wesentliche der bildenden Kunst, Schönheit des Menschlichen Körpers haben sie nicht gekannt, weder sie noch ihr Zeitalter. Es ist da keine wahre Freude an der Schönheit der Natur, sondern nur ein gefällig oder groteskes Wesen von Wirthsmoral ... Ein Grieche würde sich von dem Unsinn wegwenden und bedauren, daß so schöne Farbtalente sind mißbraucht worden. Was liegt mir an einem simplen Holländerkopf auch noch so gut getroffen? ich mag die Kerle in der Natur nicht sehen.«[67]

Heinses Wertschätzung der Landschaftsmalerei als der Repräsentantin von Schönheiten, die er auch nördlich der Alpen genießen kann, bleibt ihm dagegen erhalten. Bereits gegen Ende der Italienreise hatte er ein verstärktes Interesse an diesem Genre entwickelt – man könne darin die Griechen übertreffen, das Eigene, Natürliche finden. Entsprechend begeistert er sich auch wieder für die Schauspiele der Natur: »Den 12. das Meer gesehen«, notiert er im Oktober 1784 ins Tagebuch, »Wild und größer als alles in der Welt rauschen die Wogen fern, liegen da die ungeheuren Wasser; und Luft und Himmel selbst gewinnt hier erst wieder seine Unermeßlichkeit.«

Beim Kurfürsten in Mainz (1786-1794)

Ardinghello erscheint im Herbst 1786 und Frühjahr 1787 in zwei Bänden bei Lemgo in Leipzig. Fast zur gleichen Zeit erfüllt sich endlich auch der sehnliche Wunsch des inzwischen vierzigjährigen Heinse nach einer Stellung, in der er seinen Lebensunterhalt selbst bestreiten kann: er wird Vorleser, ab 1787 Bibliothekar des Kurfürsten und Erzbischofs von Mainz. Sein Roman sorgt bei den Zeitgenossen für Aufsehen: Man ist empört, man ist begeistert – die Damen lesen ihn, die Herren sind darüber besorgt, können aber nicht umhin, die mitreißende Sprachgewalt als genial zu würdigen. Zwölf Jahre nachdem Goethes *Werther* wie ein Blitz in die literarische Landschaft eingeschlagen hat, spürt man hier wieder die existentielle Bedingungslosigkeit des freien, individuellen Willens, eine weitere feurige Blüte der Sturm-und-Drang-Zeit.

Von Heinses Roman gehen weitreichende Wirkungen auf die nächste Dichtergeneration aus, die heutigen Lesern kaum noch bewußt sind: Tieck orientiert sich für seinen *William Lovell* besonders an der Gestaltung unabhängiger Weiblichkeit, für *Franz Sternbald* am Bild der italienischen Renaissance; Schlegels *Lucinde*, Brentanos *Godwi*, Arnims *Dolores*, die dämonischen Frauen in Eichendorffs Romanen sind ohne *Ardinghello* nicht vorstellbar; Hölderlins *Hyperion* ist ihm zutiefst verpflichtet in der Wahl des neugriechischen Schauplatzes und durch das Motiv des *'Εν και Παν*, des Strebens, die Individualität im glücklichen Moment der Vereinigung mit dem allumfassenden Kosmos zu erlösen.

Die Wirkung nach außen geht jedoch einher mit einem Rückzug nach innen: Zwar lebt Heinse in Mainz im Umkreis bedeutender Persönlichkeiten, doch für den freidenkerischen, reisefreudigen und vom unabhängigen »großen« Dasein träumenden Dichter muß mit der Anstellung bei Hofe alle Hoffnung auf das ersehnte »andere« Leben begraben werden. Er wahrt daher nach außen den Schein von Geselligkeit, läßt sich aber nur noch einmal auf ein wirkliches Freundschaftsverhältnis ein: mit dem berühmten Arzt und Mainzer Professor für Anatomie Samuel Thomas Sömmerring.

Die biographischen Zeugnisse, Briefe und für ein Lebensbild verwertbaren Tagebuchaufzeichnungen der folgenden Zeit sind spärlich: Überliefert ist ein Brief an Jacobi von 1787, einer an Gleim 1788, einer an »Mahler« Müller 1789, dann nichts mehr bis 1794. Möglicherweise erklärt sich dies durch eine Vernichtung von Briefen in den Jahren der Französischen Revolution. Das Bild, das man aus den vorhandenen Dokumenten gewinnt, aus den Exzerpten und Selbstgesprächen, die einen großen Teil seiner als »Aphorismen« gedruckten Aufzeichnungen ausmachen, ist aber auch das eines inneren Rückzugs. Ein Eindruck, der durch die Reaktionen seiner Zeitgenossen bestätigt wird: »Zuweilen misanthrop und gewöhnlich immer misogyn« – mit diesen Worten skizziert Johann Georg Forster, der Weltumsegler und leidenschaftliche Mainzer Republikaner, den Dichter, der aber, »wenn er bei Laune ist … herrliche Dinge«[68] sagen könne, ein Urteil, das Forster auch nach mehrjährigem Umgang mit Heinse bekräftigt: »So gern ich ihn liebhätte, so unmöglich macht er mir's doch, an ihn zu kommen. Das Futteral, das er anhat, ist nicht von Holz, sondern von Leder, und das zieh ihm der Teufel ab! Ich fürchte auch sehr, wenn's endlich herunter wäre, würde er einen eher jammern als an-

Blick auf Mainz

ziehen, denn ich glaube, das Leder hat sich mit seiner eigenen Substanz ziemlich identifiziert. In der Tat, sein Egoismus ist bewundernswert, weil er sich wohl und glücklich dabei befindet; aber er desesperiert alles um sich her, was nicht geradezu gemacht ist, einem solchen Egoismus zu frönen.«[69]

Auch Fritz Jacobi äußert Befremden angesichts einer offenbar undurchdringlichen Schale, in der Heinse sein Inneres schützen zu müssen glaubt. Jacobi, in seinen eigenen Schriften der Verfechter eines empfindsamen Bekenntnisstils, spricht von einer »gänzlichen Verschiedenheit« ihrer »Sinnes- und Denkungsart«, die das Zusammenleben mit dem Freund schwer erträglich gemacht habe. Der Mainzer Gesandtschaftssekretär Ludwig Ferdinand Huber urteilt ähnlich, wenn auch tieferblickend, wenn er an seinen Freund Friedrich Schiller schreibt: »Man hat sich wohl in seiner Gesellschaft, aber von keinem Menschen wäre mir's schwerer, eine deutliche Idee zu geben; seine Individualitäten scheinen so tief zu liegen, daß jahrelanger Umgang und vielfältiges Anschlagen sie nicht herauslockt. Vielleicht liegt der Grund seiner Verschlossenheit in seiner jetzigen Lage. Er ist der Protegé von den Menschen, die am meisten Kredit hier haben; diese Rolle scheint er aus Konsequenz durchzuspielen und sein eigenes Selbst unterdessen in dem verborgensten Fache einzuschließen, um sich in der Rolle nicht stören zu lassen.«[70]

Schiller, dessen »edler Verbrecher« Karl Moor in den achtziger Jahren die Freiheitsideale des Sturm und Drang auf den deutschen Bühnen verkörpert, steht im Jahre 1788 dem Dichter des *Ardinghello* noch wohlwollend gegenüber; aber auch er urteilt ambivalent: »Heinses Bekanntschaft mag schon interessant sein«, schreibt er an Huber zurück. »Es ist einer von diesen Köpfen, die nichts so Merkwürdiges schreiben können, als sie selbst sind, und seine Augenblicke vor dem Schreibtisch sind gewiß nicht die schönsten seines Geists. Von dieser Art, glaube ich, ist auch Goethe.«[71] Noch vor seiner eigenen Begegnung und engen Verbindung mit Goethe spürt Schiller instinktiv eine gewisse Wesensverwandtschaft der beiden anderen Dichter, zu der sich der junge Goethe ja selbst bekannt hat. Auch die Erfahrung der isolierten Existenz des Italienheimkehrers an einem deutschen Fürstenhof wird von beiden geteilt, nur daß Goethe bestrebt ist, alles Überschäumende und Wilde aus seinem Charakter und seiner Kunst zu verbannen und zum Ideal einer würdigen Klassizität zu läutern: »Nach meiner Rückkehr aus Italien, wo ich mich zu größerer Bestimmtheit und Reinheit in allen Kunstfächern auszubilden gesucht hatte, unbekümmert, was während der Zeit in Deutschland vorgegangen, fand ich neuere Dichterwerke in größtem Ansehen …, die mich äußerst anwiderten. Ich nenne nur Heinses Ardinghello und Schillers Räuber.« Heinse ist ihm »verhasst, weil er Sinnlichkeit und abstruse Denkweisen durch bildende Kunst zu veredeln und aufzustutzen unternahm«, und er ruft aus: »Man denke sich meinen Zustand! Die reinsten Anschauungen suchte ich zu nähren und mitzuteilen und nun fand ich mich zwischen Ardinghello und Franz Moor eingeklemmt.«[72] Goethe hat sein Urteil aber nie zu Lebzeiten Heinses öffentlich gemacht. Schiller hingegen, inzwischen Goethes Bundesgenosse im Kampf um eine neue Klassizität der deutschen Literatur, artikuliert seine Kritik später in der Abhandlung *Über naive und sentimentalische Dichtung* von 1795. Er wirft Heinse vor, gegen den neuen »Maßstab« in der Literatur zu verstoßen, »dem wir jeden Dichter, der sich etwas gegen den Anstand herausnimmt und seine Freiheit in Darstellung der Natur bis zu dieser Grenze treibt, mit Sicherheit unterwerfen können. Sein Produkt ist gemein, niedrig, ohne alle Ausnahme verwerflich, sobald es *kalt* und sobald es *leer* ist … Daher bleibt Ardinghello bei aller sinnlichen Energie und allem Feuer des Kolorits immer nur eine sinnliche Karikatur ohne Wahrheit und ohne ästhetische Würde. Doch wird diese seltsame Produktion immer als ein Beispiel des beinahe poetischen Schwungs, den die *bloße Begier* zu nehmen fähig war, merkwürdig bleiben.«[73]

Heinse läßt sich durch derartige Anwürfe nicht zum öffentlichen Schlagabtausch provozieren. Seit Januar 1796 studiert er die *Ethik* des Aristoteles und entdeckt »manchen [s]einer liebsten Gedanken hier bey dem Fürsten der Philosophen«[74] wieder. In Aristoteles' »Megalopsychos«, dem Ideal des »Mannes von großer Seele«, kann er den Begriff für eine Haltung finden, die ihm verwandt erscheint und sein

Inneres gegen Angriffe der zeitgenössischen Kritik wappnet. Heinse notiert sich: »Er freut sich mäßig bei den größten Ehrenbezeugungen auch von Vortreflichen; ... Eben so wenig bekümmert er sich um ihre Verachtung; denn er verdient sie nicht. Macht und Reichthümer achtet er natürlich noch weniger als die Ehre; denn jene sucht man nur dieser wegen. Deßwegen scheint er etwas Verachtendes in seinem Wesen zu haben... Er spricht wenig über Menschen, weder über sich noch einen andern. Denn es kümmert ihn nicht, daß er gelobt werde, noch wie ihn andre tadeln, aber er lobt auch nicht, sagt auch nichts böses, nicht einmal von Feinden, sie müßten ihn denn eben insultieren... Er ist sich selbst genug.«[75]

Entsprechend läßt er auch die Kritik des Komponisten Johann Friedrich Reichardt an seinem Roman *Hildegard von Hohenthal* nach dem Erscheinen der ersten beiden Bände 1795/96 scheinbar an sich abgleiten: »Einige Stellen, sowohl im ersten als zweyten Bande, haben einen ohnehin schon eingebildeten Narren und Fantasten vollends zum Don Quichotten gemacht, der mit Gewalt eine Lanze mit mir brechen will. Ich werde dem Rath der μεγαλοψυχια folgen.«[76] Eine im ersten Ärger über Reichardts Rezension abgefaßte Antwort gibt er nicht zum Druck. Wenig später liest er Schillers Abhandlung und schreibt an Sömmerring: »Es ist mir eine wahre Lust zu sehen, wie die großen Raubvögel noch um den Ardinghello, und nun *von fern* um die Hildegard herumstreichen... Ohne Wahrheit und ohne Würde soll so viel sagen: ich sey noch kein Schiller. Ist das nicht zum Lachen!«[77] In einem anderen Brief vermutet er eines der üblichen literarischen Mißverständnisse als »natürliche« Ursache und Erklärung der Angriffe. Er stellt Schiller hoch in Rechnung, daß er sich bei seinen »Einbildungen in der ersten Hitze« noch »glimpflich« und gerecht ausgedrückt habe, und vermutet das »alte Kind« Wieland wieder gegen ihn am Werk, der mit Goethe und Schiller die Szene in Weimar beherrscht. – »Die Herren meinen, *man müsse überall nur an sie denken*... Man muß dieses alles aufnehmen, wie einen kleinen Gewitterguß, der einen unvermuthet überfällt, wenn man im Frühling spazieren geht. Wenn man nur sonst gesund ist, eine gute Natur hat, und etwas vertragen kann.«[78]

Obwohl Goethe und Schiller ihn in den *Xenien* herabsetzen, nimmt er ihre Werke weiterhin mit großem Interesse auf und unterzieht sie in seinen Aufzeichnungen eingehender Kritik. So schreibt er 1797 an Sömmerring über Goethes – als kritische Stellungnahme zur Französischen Revolution lesbare – Dichtung *Herrmann und Dorothea*, sie sei »ein Meisterstück«, und: »Schreiben Sie mir doch ferner von Göthe. Ich sagte gestern zu dem Erzkanzler: Kaiser und Reich sollten ihm öffentlich Ehre erzeigen.«[79] Ein euphorisches Urteil, das auf den ersten Blick als Widerspruch zum politisch-utopischen Pathos des *Ardinghello* erscheint, das sich jedoch beim näheren Hinsehen als Konsequenz seiner Überzeugungen herausstellt: Selbst integriert in ein aufgeklärt-höfisches Leben, sieht er bei Goethe Parallelen zur eigenen Situation und kann in dessen modernem »idyllischen Epos« die eigene revolutionsskeptische Haltung ausgesprochen finden.

In Mainz ist Heinse tatsächlich persönlich von den Auswirkungen der revolutionären Umwälzungen im Nachbarland Frankreich betroffen: Als am 21. Oktober 1792 französische Truppen unter der Führung des Generals Custine die Stadt besetzen und die Mainzer ihrerseits die Republik ausrufen, muß der ganze kurfürstliche Hof fliehen. Trotz einer anonymen Denunziationsschrift beim preußischen Hof, die den kurfürstlichen Bibliothekar als Zentrum einer präjakobinischen Konspiration darstellen will, ist mangels anderer Belege anzunehmen, daß Heinse sich nicht den »Klubisten«

um seinen republikanisch gesinnten Freund Georg Forster anschließt. Vielmehr hatte es schon vorher Differenzen im Freundeskreis um Sömmerring gegeben, als man nämlich gemeinsam an einer literarisch-kritischen Zeitschrift gearbeitet hatte, die ein Gegengewicht zur strengen Jenaischen *Allgemeinen Literaturzeitung* bilden sollte. Das Projekt war gescheitert und Forster und Huber standen als ausgesprochene Demokraten auf der einen, Heinse und Sömmerring auf der anderen Seite.

Als der Hof nach Aschaffenburg flieht, zieht sich Heinse nach Düsseldorf zurück, wo er bis zum Sommer 1793 bleibt. Mit Zugang zu Jacobis Sammlung von Partituren kann er nunmehr seine schon in Mainz begonnenen intensiven Studien der italienischen Oper fortsetzen – *Hildegard von Hohenthal* entsteht. Er macht sich unter anderem Aufzeichnungen zu Kompositionen von Traetta, Majo, Jommelli, Pergolesi, dem großen Librettisten Metastasio, zu Händel, verfaßt lange Beschreibungen von Aufführungen und Partituren Glucks und studiert die französische Musiktheorie des frühen achtzehnten Jahrhunderts. Die Beschäftigung mit Fragen der menschlichen Stimme weckt sein Interesse auch an Gegenständen der Anatomie. Dabei bewegt sich sein Urteil immer im Schnittpunkt zweier Ebenen: des Problems der Wirkung von Musik auf das Gefühl einerseits und der Frage nach dem musikalischen Schaffensprozeß andererseits. Wie schon bei seinen Bemühungen um die sprachliche Erfassung von Werken der bildenden Kunst stehen auch hier in den Notizheften Enthusiasmus und kritische Analyse reizvoll in einem typischen Wechselverhältnis nebeneinander.

Zwar ist mit dem Ende der elfmonatigen »Mainzerfreyheitsfarce«[80] die Bedrohung durch französische Truppen keineswegs vorbei, aber immerhin hat sich nach der preußischen Rückeroberung der Stadt die Lage so stabilisiert, daß

Heinse im September 1793 in das zerstörte Mainz zurückkehren kann. Goethe beschreibt seinen Eindruck in der *Belagerung von Maynz*: »In Schutt und Trümmer war zusammengestürzt, was Jahrhunderten aufzubauen gelang ... Die Verwirrung, die den Geist ergriff, war höchst schmerzlich, viel trauriger, als wäre man in eine durch Zufall eingeäscherte Stadt geraten.«[81] Das am Rhein gelegene Schloß ist stark beschädigt, und der Kurfürst beschließt, seinen Sitz auf die Sommerresidenz Schloß Johannisburg in Aschaffenburg zu verlegen. Heinse bleibt die Aufgabe, die Bibliothek wieder zu ordnen und für den Umzug vorzubereiten, der dann Ende 1794 erfolgt. Von der kulturellen Blüte, die Mainz in den frühen neunziger Jahren durch die Förderung des Kurfürsten erlebt hatte, ist nun kaum mehr etwas zu spüren: die hochkarätigen Künstler des Nationaltheaters sind in alle Winde zerstreut, mit ihnen eine Opernbühne, die für kurze Zeit als eine der bedeutendsten Deutschlands hatte gelten können.

Auf die Bitte der Gräfin Sophie von Coudenhoven, Nichte und Vertraute des Kurfürsten, literarisch dem revolutionären Irrglauben entgegenzutreten, verfaßt Heinse seinen einzigen zusammenhängenden Text zu den revolutionären Ereignissen in Frankreich: *Ueber einige Grundsätze der Französischen Drakonen*, datiert vom »Jenner 1794«. Der Aufsatz bleibt jedoch ungedruckt und ist nur im Nachlaß überliefert. Im Umkreis des Kurfürsten wird man also keine Zweifel an seiner antirevolutionären Gesinnung oder zumindest nicht an seiner Loyalität gegenüber dem vergleichsweise liberalen Fürsten gehabt haben. Da Heinse jedoch peinlichst darauf geachtet hat, seinen Notizheften keine irgendwie kompromittierenden Äußerungen über Vorgänge und Persönlichkeiten des höfischen Umfelds anzuvertrauen, ist seine wahre Gesinnung nie ganz zweifelsfrei zu klären. Der *Drakonen-*

Aufsatz jedenfalls zeigt Heinse in einer Position, die zwar soziale Veränderung bejaht – und oft sogar fordert –, jedoch in wichtigen Grundgedanken in Opposition zu den Idealen der Revolutionäre steht. Für Heinse muß Politik immer den Gesetzen der Natur folgen, darf nicht auf widernatürlichen Konstrukten beruhen, sei dies das feudale Recht des Erstgeborenen oder die revolutionäre Forderung nach Gleichheit aller. Er träumt letztendlich, wie im *Ardinghello*, von einer Aristokratie des Genies, kann aber das Dilemma der freien Entwicklung des Einzelnen in einer Gemeinschaft, deren notwendige Regeln ihn beschränken müssen, nicht zu einer befriedigenden Lösung bringen. Sympathie mit den Sansculotten zeigt er einzig bei ihrem Umgang mit der Kirche und der christlichen Religion – ein Widerspruch zur eigenen Situation am Hof des Erzbischofs, der sich schwer auflösen läßt. Liest man den Aufsatz aber als Kritik an den Vorgängen in Mainz, so wird diese Haltung bestätigt durch den Spott, den er für Georg Forster übrig hat, wenn er im März 1794 an Gleim schreibt: »Forster, der Weltumsegler, hat sich wieder nach Stürmen gesehnt, und ist von der Revoluzion verschlungen worden; sein Staatsschiff war kein Englisches Kriegsschiff; sondern eine in der Eil elend zusammen geflickte Barke; und sein Cüstine kein Cook.«[82]

Die letzten Jahre in Aschaffenburg (1795-1803)

Zwischen Juni und Dezember 1794 bringt Heinse seinen lange in den Aufzeichnungen vorbereiteten Roman *Hildegard von Hohenthal* zu Papier. Er schreibt an Gleim nicht ohne Stolz: »Ich habe es äußerst schnell ausgearbeitet; im Junius fing ich es zu Mainz mitten unter dem Kriegsgetümmel an, und im Dezember desselben Jahres schrieb ich zu Aschaffenburg davon die letzten Blätter und die Vorrede; und packte und flüchtete während der Zeit die ganze kurfürstliche Bibliothek. Meine Muse hat ihre sonderbare Launen.«[83] Ähnlich wie beim *Ardinghello* greift er auch hier ausgiebig auf seine Notizhefte zurück. Heute ist dieser Roman kaum mehr außerhalb der Nische bekannt, die er in musikwissenschaftlichen Kreisen gefunden hat. Der Grund ist nach den ersten Seiten Lektüre schnell einsehbar: Nachdem der Roman mit einem sprachlich subtil gemalten Sonnenaufgang eingesetzt hat, nachdem ein Blick durch das Fernrohr des Helden eine unbekannte Schöne beim Bade gezeigt hat, findet der Leser seine Erwartungen enttäuscht, wenn der Jüngling zunächst eine Abhandlung über das *Miserere* Allegris einschiebt und dann sein zartes Liebesverhältnis zu der Dame mit langen musik- und operntheoretischen Monologen voranzutreiben sucht. Hatte die Vorrede des *Ardinghello* dem Leser noch geraten, das, was möglicherweise zu »dunkel und zu gelehrt« erscheine, »bequem zu überschlagen und sich an den Faden der Begebenheiten« zu halten, so ist sich Heinse auch bei der *Hildegard* bewußt, daß große Teile des Publikums von einem Roman anderes erwarten. Dem setzt er aber in einem Brief an seinen Verleger nach Erscheinen der ersten beiden Bände entgegen: »Ich hoffe daß Hildegard mit der Zeit an Interesse gewinnen werde. Sie ist keine Lectüre zum bloßen Zeitvertreib; und erfordert Studium, und musikalische Vorkenntnisse.«[84] Verstärkt wird diese eingestandene Tendenz zur wissenschaftlichen Belehrung durch die beigegebenen Stiche Thomas Sömmerrings: anatomische Zeichnungen des menschlichen Gehörs und Kehlkopfs, die innerhalb des Romans durch einige ausführliche Zitate aus den Schriften des Anatomen in Fußnoten ergänzt werden. Wendet sich der Roman also an ein Fachpublikum? Dieses könnte aber doch mit dem gleichen Vergnügen die behandelten Themen in der gewohnten Form von Abhandlungen lesen und auf die Einkleidung in eine bisweilen schlüpfrige Romanhandlung verzichten. Tatsächlich war der Roman von Heinse nicht so intendiert, wie er seit dem Erstdruck in drei Bänden vorliegt. Wie aus der Vorrede und zahlreichen Briefen hervorgeht, war er vielmehr als erklärendes und unterhaltendes Seitenstück zu einer Anthologie von Partituren geplant, welche die im Roman besprochenen Schätze der italienischen Oper und Kirchenmusik dem deutschen Publikum zugänglich machen sollte. Heinse zielt damit auf eine wohl auch für damalige Verhältnisse ungewöhnliche Lektüresituation ab: das immer noch gängige Vorlesen, das ja ohnehin schon mehr Gesprächscharakter hat als das erst seit der zweiten Hälfte des achtzehnten Jahrhunderts aufgekommene »einsame« Lesen, soll ergänzt werden durch die »Aufführung« der besprochenen Musikstücke. Unterstellt man diese ideale Lesesituation, so ist das Buch nicht mehr ein mißlungener Roman, sondern ein aufschlußreiches Experiment: einerseits der praktische Versuch, die Grenzen der Poesie dort zu überschreiten, wo sie nicht hinreicht, nämlich in der rein sprachlichen Bewältigung von musikalischer Erfahrung, andererseits ein Versuch, auch die Grenzen zur Wissenschaft zu durchbrechen und die theoretischen Aspekte in ihrer Schönheit und Bedeutung unmittelbar sinnlich erfahrbar zu machen.

Heinse ist es nicht vergönnt, diesen Plan verwirklicht zu sehen: Durch die Kriegswirren war die Düsseldorfer Partiturensammlung Jacobis in »aller Herren Lande zerstreut«[85], aber auch das allgemeine Interesse an dem Roman hatte nach dem Erscheinen der ersten beiden Bände bereits nachgelassen, so daß wohl schon deswegen jener wichtige Noten-Teil der *Hildegard* nicht gedruckt werden kann. Ohne diesen »praktischen« Teil aber bleibt der Roman nicht nur für Heinses Zeitgenossen ein schwer lesbares Buch, dessen reduziertes Handlungsgerüst um die unerfüllte Liebe des bürgerlichen Musikers Lockmann zu seiner adligen Schülerin Hildegard kaum ausreicht, das Ganze noch als Roman im herkömmlichen Sinne aufzufassen.

In den Jahren 1795 und 1796 beginnt Heinse, aus der nicht systematisch geordneten kurfürstlichen Privatsammlung von teilweise äußerst wertvollen Erstdrucken eine wissenschaftlich nutzbare Bibliothek zu machen – und damit den Grundstock für die noch heute bestehende Hofbibliothek im Aschaffenburger Schloß zu legen. Heinses Notizhefte aus dieser Zeit zeigen daneben eine weitgefächerte Beschäftigung mit literarischen und philosophischen Texten: Neben einer Rezension der wichtigsten Komödien Molières finden sich unter anderem nunmehr abschätzige Bemerkungen zu Wielands *Agathon* und *Oberon* sowie die langen, kommentierenden Exzerpte aus Aristoteles' *Ethik*.

Die ersten beiden Exemplare der *Hildegard* sendet Heinse druckfrisch nach Frankfurt an Sömmerring und die seiner Familie befreundete Susette Gontard, Friedrich Hölderlins Diotima, die »Dame Gondard in dem reinen schönen Tizianischen Teint«[86], wie Heinse sie liebevoll nennt. Bei seinen Besuchen in Frankfurt hatten sie oft gemeinsam gelesen, und es heißt, daß Heinse ihr Brentanos Roman *Godwi* sehr schön vorgetragen haben soll.

Als im Juli 1796 französische Truppen auf Aschaffenburg zu rücken, flieht Heinse über Würzburg ins hessische Kassel, das dank seiner Neutralität Ziel breiter Flüchtlingsströme aus den von den Revolutionsarmeen verheerten rechtsrheinischen Gegenden ist. Auch Susette Gontard hatte mit ihren Kindern und dem Hofmeister Hölderlin das von den Franzosen bedrohte Frankfurt verlassen müssen und ist bereits in Kassel, als Heinse ankommt. Dies ist für alle eine glückliche Fügung, und die Gesellschaft beschließt, gemeinsam ins westfälische Bad Driburg aufzubrechen, um den Sommer fern von Kriegsgewirr zu verbringen. Zwischen Heinse und Hölderlin entwickelt sich auf dieser Reise eine kurze, tief empfundene Freundschaft. Hölderlin, der schon vor der Begegnung mit Heinse den *Ardinghello* bewundert hatte, erlebt den Dichter in diesen freieren, vom Gefühl der Freundschaft getragenen Momenten von einer Seite, die dessen Mainzer und Aschaffenburger Bekannten offenbar verborgen geblieben ist: »Er ist ein herrlicher alter Mann. Ich habe noch nie so eine grenzenlose Geistesbildung bei soviel Kindereinfalt gefunden.« Später macht Hölderlin die Widmung an Heinse für seine Elegie *Brod und Wein* zum Zeichen und Denkmal ihrer geistigen Verwandtschaft.

Friedrich Hölderlin

Bevor Heinse über Kassel und das inzwischen wieder befreite Frankfurt nach Aschaffenburg zurückkehrt, macht er noch einen kurzen Abstecher nach Göttingen. Was er sich in der dortigen Universitätsbibliothek über Ordnung und Katalogisierung der Bestände notiert, nutzt er bei seiner Rückkehr nach Aschaffenburg als Ausgangspunkt für den »Realkatalog«, mit dem er sich bis ein Jahr vor seinem Tode beschäftigen wird. Aus dieser Arbeit, die er mit zunehmender Fachkenntnis und Leidenschaft betreibt, geht schließlich seine streitlustige, erst 1966 entdeckte und publizierte Abhandlung *Zur Erfindung der Buchdruckerkunst in Mainz* hervor.

Über Heinses innere Verfassung am Aschaffenburger Hof ist viel spekuliert worden: der Vorstellung von Isolation und dichterischem Verstummen Heinses steht die rege Beschäftigung mit dem Bücherwesen und die mit Sömmerring betriebene Arbeit an Fragen der Anatomie, besonders des Gehirns, gegenüber. Letzteres ist für das Bild des Dichters insofern von Interesse, als sie etwas abzurunden scheint, was Heinse von frühester Jugend an beschäftigt hatte: nämlich

Aufmarsch des Mainzer Landsturms und der Spessarter Freiwilligen vor dem Aschaffenburger Schloß, Kupferstich von 1799

die Frage nach dem Organ der Seele, nach einer materiellen Erklärung der menschlichen Existenz. Schon in seinen ersten Gedichten hatte er jede metaphysische Spekulation über einen Fortbestand der Seele nach dem Tode und die damit verbundene christliche Lehre von der Sündenbestrafung radikal zurückgewiesen. In dem Frankfurter Anatomen trifft Heinse, was solche Fragen angeht, einen Geistesverwandten; und Sömmerring seinerseits sieht vieles im philosophischen Gespräch des *Ardinghello* so formuliert, daß er sich in seinen wissenschaftlichen Publikationen darauf berufen kann. Aus diesem Dialog von Wissenschaft und dichterisch-philosophischer Spekulation gehen Schriften wie

Sömmerrings Abhandlung *Über die Wirkungen der Schnürbrüste* hervor, die ein von Rousseau schon im *Émile* bekämpftes Zivilisationsübel behandelt und in der – deutliches Echo des »schönen Nackenden« des Romans – die Idealgestalt der mediceischen Venus gegen die pathologischen Verformungen durch die zeitgenössische Kleidung gesetzt wird.

Zu Sömmerrings 1799 veröffentlichter Untersuchung zum »Seelenorgan«, *Tabula baseos encephali*, verfaßt Heinse im Dezember 1799 eine kleine »Epistel« als »kleine Inauguraldissertation zur Doctorwürde«[87], wie er selbst scherzhaft meint. Bei seiner Lektüre von Aristoteles' Naturgeschichte der Tiere war er auf Einwände gegen und Bestätigungen für Sömmerrings Ergebnisse gestoßen: »...wir beide haben zu meiner Meinung, ich im Ardinghello, und Sie in Ihrer Schrift über das Seelenorgan, sehr gut vorgearbeitet; und ich werde noch einen Meister anführen, für welchen alle guten Köpfe seit zwey tausend Jahren den tieffsten Respect haben.«[88] Damit ist es ihm nicht nur gelungen, einen Bogen zu schlagen zwischen antikem Denken und modernster zeitgenössischer Naturwissenschaft, sondern darüber hinaus all dies auch in seinen poetischen Kosmos zu integrieren.

Im Gegensatz zu seinem regen gesellschaftlichen Umgang in Halberstadt, Düsseldorf und Mainz oder den Abwechslungen und Erfahrungen der Italienreise erscheint ihm seine Existenz in Aschaffenburg oft »öd und freudeleer«[89]. Ohne Gelegenheit, seiner musikalischen Neigung nachzugehen, ohne Zugriff auf bedeutende Museen oder Sammlungen, sogar ohne ein befriedigendes Angebot an Buchhandlungen muß er sich abgeschnitten fühlen von all dem, was sein Leben bis dahin ausgemacht hatte. Darüber hinaus ist das Jahr 1802 von Verlusten geprägt: Im Sommer ereilt in kurzen Abständen Susette Gontard und Sömmerrings Frau der Tod. »O wären auch wir in unsrer Blüthe wieder frei in das ewig göttliche verschwunden!«, schreibt er zutiefst bewegt an Sömmerring. »Nur die Ceremonien der Hinterlaßnen machen den Moment, wo es geschehen ist, traurig. Gewiß, o gewiß! wen die Götter lieben, der stirbt jung; wenn er die Schönheiten des irdischen Lebens und dessen Freuden erlangt hat – ich mag nicht in den Roman der Leiden hinein denken, der gewöhnlich darauf folgt.«[90] Der Brief bricht übrigens kurz darauf ab, und eine fremde Hand notiert: »Gleich darauf überfiel ihn eine Paralysis. Er konnte nicht sprechen; die Zunge, der rechte Arm, und das rechte Bein waren ihm gelähmt.«[91] Zwar war der »Blitz vom Himmel herab auf [s]einen Scheitel noch gnädig«[92], und er erholt sich schnell von diesem ersten Schlaganfall; jedoch werden seine Lebenskräfte nur wenige Wochen darauf durch den Tod des Kurfürsten wieder stark angegriffen.

In dieser düsteren, von Tod und Einsamkeit bestimmten Zeit entsteht Heinses dritter Roman, ein Werk, dem die Gattungsbezeichnung noch mehr als den vorangegangenen abgesprochen wird: *Anastasia und das Schachspiel. Briefe aus Italien vom Verfasser des Ardinghello.* Wie bei den beiden vorangegangenen Romanen liegen auch hier Aufzeichnungen von der Italienreise zugrunde, besonders die Begegnung mit einem begnadet Schach spielenden Theatinermönch in Padua. Nach der spekulativen *Laidion* in der aufklärerischen Tradition der Totengespräche, nach dem kosmopolitischen Reiseroman *Ardinghello* und dem Versuch der Vereinigung von Wissenschaftlichkeit und Enthusiasmus im Musikroman der *Hildegard* erscheint diese Schrift als Dokument des Rückzugs. Standen die anderen Romane im Zeichen der unterschiedlichen Entgrenzungen des Lebens, bleibt hier das Dasein auf die bestimmte Zahl der Schachbrettfelder beschränkt. *Anastasia* ist noch weniger als der Musikroman ein lesbares Buch: zwar könnten die eingeschobenen Abhandlungen und Regeln für den versierten Schachspieler einleuchtend sein, aber ohne eine direkte praktische Umsetzung der sich über lange Seiten erstreckenden Partien wird das Ganze geradezu absurd. Was hat Heinse also mit der *Anastasia* gewollt?

Im März 1803 schreibt Heinse aus Frankfurt, wo er sich bei Sömmerring erholt, an seinen Aschaffenburger Arzt und Freund Theodor Pauli über die Ausarbeitung des Romans. Er berichtet von »Materialien zu einem Manuscript«, von dem er nur noch den Schluß zu schreiben habe: »Es heißt: ›Freundschaftliche Briefe über die Stärke der Italiäner im Schachspiel; in welchen Hauptfehler in Philidors *Analyse des Echecs* deutlich gezeigt und verbessert werden.‹ – Ich brachte das Ganze, zu einem Zeitvertreib in Ordnung ... – Die Materie ist nicht für Jedermann, und folglich kein anlockender Handelsartikel ... Mein Wille war, es noch nicht herauszugeben, aber Sömmerring hat mich mit seinem beharrlichen Eifer dazu angetrieben.«[93] Mit Blick auf die politischen Ereignisse, die Gemeinsamkeit im Denken der beiden Freunde und die in der Vorrede des Romans formulierten Lesehinweise ließe sich vermuten, daß Sömmerring Heinse gedrängt hat, seine Einsichten endlich zugänglich zu machen, weil sie für die aktuelle Lage von Bedeutung sein könnten. Ganz klar erscheint Napoleon in der Vorrede als Schachspieler: »Augenzeugen sagen, daß Buonaparte und Massena Meister im Schachspiel sind, und oft darin, bei dem ersten Feldzug in Italien, Erhohlung, vielleicht neue Plane schöpften. Ein Spiel, worin man sich dazu vorbereiten, lernen, sich angewöhnen kann, was über die Schicksale von

Samuel Thomas Sömmerring

Nazionen entscheidet, ist wohl der Mühe werth, studiert zu werden.«[94] Gegen Ende der Vorrede betont Heinse nochmals die enge Verbindung, die er zwischen Spiel und Leben wahrnimmt: »Es ist wie mit dem Apfel Newtons; nur ist bei dem Spiel schon sinnlich die Anwendung, die sich leicht überträgt auf die Wirklichkeit; so wie noch erfreulicher für einen Helden aus der Wirklichkeit ins Spiel.« Und dann folgt ein Satz, der wie eine Warnung klingt: »Wer keine Lust daran hat, soll es nicht lernen. Vielleicht kommt sie ihm zu spät, wenn er es nicht mehr kann. Frankfurt am Main, den 15. Februar 1803«.[95] Während Napoleon also seine Armeen siegreich durch Europa führt, gibt Heinse dieses Buch zum Druck, ausgestattet mit der Vignette einer Sphinx, die sich über ein Schachbrett beugt, ein Buch, das sich im Arbeitstitel ausdrücklich gegen Philidor, den berühmtesten französischen Schachtheoretiker wendet. Ist dieser rätselhafte Roman eine verschlüsselte Stellungnahme Heinses zum aktuellen politischen Geschehen? Oder ist *Anastasia* nur der leicht verschrobene Versuch eines gesellschaftlich weitgehend isolierten Dichters, in einer Zeit andauernder Kriegserfahrungen die Schlachten zum abstrakten Spiel mit berechenbarem Ausgang gerinnen zu lassen, einem Spiel, das immer wieder von neuem begonnen werden kann?

Neben der Arbeit an dem Schachroman setzt Heinse in seinen letzten Lebensjahren seine Aufzeichnungen zur Literatur und Philosophie fort. Es entstehen unter anderem eine Rezension zu Goethes *Wilhelm Meisters Lehrjahren* sowie Exzerpte aus literarischen Sammelwerken und Stellungnahmen zu Kant und Fichte. Einige dieser Schriften sind so weit ausgearbeitet, daß man annehmen kann, daß Heinse sich auf sie bezieht, als er dem neuen Kurfürsten Karl Theodor von Dalberg im März 1803 die Herausgabe von »etlichen Bändchen vermischter Schriften«[96] ankündigt, von denen er einige »für das beste und auch am besten geschriebene« halte.

Am 15. Juni 1803 schreibt er an Sömmerring von seinem Plan, ihn in Frankfurt zu besuchen. Er will mit dem Freund über ein Angebot Goethes sprechen, der den berühmten Arzt und Forscher nach Jena holen möchte. Heinses Rat spricht Bände: »Zwischen Jena und Frankfurt ist für Sie kein Vergleich. Auch was geistiges Leben betrifft, haben Sie, Samuel Thomas Sömmerring, weiter Niemand dort, so viel ich weiß, als Wolfgang Göthe, und Niemand weiter, als Wolfgang Göthe. An dem alten Wieland, und dem Hof von Weimar werden *Sie* kein großes Gaudium finden ... Sie sind in einer Lage, wo Sie nicht nöthig haben, auf gerade Wohl zu handeln. Ich bin so nach Mainz gegangen, und treibe mich noch in dem Labyrinth herum, und werde wild, wenn man einen andern vortrefflichen Menschen auch so hineinführen will; zumal meinen liebsten Freund. Leben Sie wohl! Heinse«[97]. Sömmerring wird den Brief noch nicht erhalten haben, als Heinse am 17. Juni einen zweiten Schlaganfall erleidet, von dem er sich nicht mehr erholt. Am Morgen des 22. Juni 1803, »drei viertel nach zehen«[98], ist Heinse tot. Man bestattet den Protestanten zwei Tage darauf mit kleinstem Geleit und ohne Gebet frühmorgens auf dem Aschaffenburger St.-Agatha-Friedhof.

Anmerkungen

1 Heinses Werke werden, wenn nicht anders vermerkt, zitiert nach Wilhelm Heinse. *Sämmtliche Werke*. Hrsg. von Carl Schüddekopf (Bd. VIII von Albert Leitzmann), 10 Bde., Leipzig 1902-1925. Bd. VII, S. 222. (Im folgenden abgekürzt als SW Bd., S.), siehe auch unten, S. 213. **2** SW I, 304. **3** SW I, 327 f. **4** SW I, 11. **5** SW I, 314 f. **6** SW I, 326. **7** SW I, 307. **8** SW IX, 4 f. **9** SW I, 11. **10** SW I, 48. **11** SW IX, 6. **12** SW I, 10. **13** SW I, 3 ff. **14** *Briefwechsel zwischen Gleim und Heinse*. Hrsg. v. Karl Schüddekopf, Erste Hälfte, Weimar 1894, S. 211. (Zweite Hälfte 1896. Im folgenden abgekürzt: Gleim – Heinse, Bd., S.) **15** Gleim – Heinse I, 167. **16** SW IX, 22. **17** SW IX, 23. **18** SW IX, 37. Wegen Blasphemie zu lebenslanger Haft verurteilt sitzt der Abbé du Laurens damals schon mehrere Jahre im Mainzer Gefängnis. **19** SW IX, 41 f. **20** Gleim – Heinse I, 55. **21** Ebd 71. **22** SW IX, 79 (an Gleim, 7. August 1772). **23** SW IX, 80 f. **24** SW IX, 81. **25** SW IX, 152 (an Wieland, 8. Dezember 1773). **26** SW IX, 180 (an Wieland, 2. Januar 1774). **27** SW IX, 162 f., vgl. auch die für den Druck im Anhang der *Laidion* zensierte Fassung SW III, 1, 205. **28** SW IX, 167 f., vgl. SW III, 1, 209 f. **29** SW IX, 153. **30** SW IX, 154. **31** SW IX, 194. **32** Campagne in Frankreich 1792. J.W. Goethe: *Sämtliche Werke nach Epochen seines Schaffens*. Münchner Ausgabe, hrsg. von Karl Richter. München/Wien 1985 ff. Bd. 14, S. 470. Im folgenden abgekürzt: MA Bd., S. **33** SW IX, 222. **34** SW IX, 228. **35** An Gleim und Klamer Schmidt, 13. September 1774; SW IX, 225. Heinse greift hier frei zitierend die Lobpreisung des Horaz für den antiken Odendichter Pindar auf. »Fervet immensusque ruit profundo / Pindarus ore« (Horaz, Carmina, 4,2,7). **36** SW IX, 233. **37** August 1776, SW IX, 281 ff. **38** SW IX, 283. **39** SW IX, 300. **40** SW VIII,1, 92. **41** SW IX, 216 ff. (aus Elberfeld am 5. Juli 1774 an Gleim). **42** SW VIII, 1, 125. **43** SW VIII, 1, 127. **44** Ebd. **45** SW VIII, 1, 154. **46** SW X, 111 (Venedig, 21. Februar 1781). **47** SW VIII, 2, 540 und SW V, 13. **48** SW X, 139. **49** SW VII, 130 f., s. unten, S. 154. **50** SW X, 200. **51** Vgl. SW X, 214 ff. (an Jacobi, 18. Dezember 1782). **52** SW VII,

100, s. unten, S. 122. **53** SW X, 229 (an Jacobi, 3. Mai 1783). **54** SW VII, 89. **55** SW VI, 102 ff., 108 ff., s. unten, S. 123 ff. und S. 130 ff. **56** SW VII, 172 ff. **57** SW VII, 182, s. unten, S. 172. **58** SW VII, 222ff., s. unten, S. 213 ff. **59** SW VII, 249, s. unten, S. 240. **60** SW X, 233 (»Mantua, den 21. August 1783«). **61** SW X, 258 f. (30. Januar 1784). **62** Arthur Schurig: *Der junge Heinse und seine Entwicklung bis 1774.* München und Leipzig 1910, S. 81. **63** SW X, 260 f. (15. März 1785). **64** Wilhelm Heinse: *Ardinghello und die glückseeligen Inseln. Eine italiänische Geschichte aus dem 16. Jahrhundert.* Hrsg. von Max L. Baeumer. Stuttgart 1975, S. 230 f. **65** Ebd., S. 253. **66** Ebd., S. 375 f. **67** SW VIII, 2, 129. **68** *Wilhelm Heinse in Zeugnissen seiner Zeitgenossen.* Zusammengestellt und erläutert von Albert Leitzmann. Jena 1938, S. 30 (Forster an seine Frau, 13. April 1788). Im folgenden abgekürzt »Zeugnisse«. **69** Ebd., S. 34 f. (Brief an Jacobi 14. Februar 1792). **70** Ebd., S. 32 (Brief vom 9. Juli 1788). **71** Ebd., S. 34. **72** MA 12, 86 f. **73** *Schillers Werke.* Nationalausgabe. Bd. 20: Philosophische Schriften. 1. Teil, hrsg. von Benno v. Wiese. Weimar 1962, S. 464. **74** SW VIII, 3, 126. **75** SW VIII, 3, 173 f. **76** SW X, 294 (an Sömmerring, 21. Februar 1796). **77** SW X, 294 f. (an Sömmerring, 13. März 1796). **78** SW X, 298 f. (an Sömmerring, 16. April 1796). **79** SW X, 329 (an Sömmerring, 24. Oktober 1797). **80** SW X, 268 (an Gleim, 28. März 1794). **81** MA 14, 549. **82** SW X, 268 (28. März 1794). **83** SW X, 308 (2. Juni 1796). **84** SW X, 307 (16. Mai 1796). **85** SW X, 307. **86** SW X, 324. **87** SW X, 334 (an Sömmerring 28. Februar 1800). **88** SW X, 333 (an Sömmerring, 12. November 1799). **89** SW X, 334 (an Sömmerring, 12. November 1799). **90** SW X, 336 (27. Juni 1802). **91** SW X, 337. **92** SW X, 337 (an Sömmerring, 4. Juli 1802). **93** SW X, 338. **94** SW VI, 172. **95** SW VI, 173. **96** SW X, 340 (an Dalberg, März 1803). **97** SW X, 345 f. (15. Juni 1803). **98** Molitor an Sömmerring, 22. Juni 1803, »Zeugnisse«, S. 40.

Wilhelm Heinse an Friedrich Jacobi

Lucern, den 29 August 80.

Ich fühle jetzt die Zeit in ihrer ganzen Geschwindigkeit, und wie das Leben vorbey rauscht. Nichts ist mir mehr einerley, und die Scenen wechseln zu einem unendlichen Schauspiel. Ich werde mir selber zum Abgrund und kann mich nicht faßen, etwas wieder zu geben. Ich bin glückseelig, wie wenige Menschen es seyn können; gesund und hell und frisch, nimmer ermüdet und immer neu gestärkt an allen Sinnen. Es geht doch nichts über einen Reisenden zu Fuß mit fröhlichem Muth und heitrer Seele, und Stärke und Munterkeit in den Gelenken, der seinen Reisebündel selbst trägt wie Pythagoras und Plato.

Soeben lang ich von dem angenehmsten Spaziergang hier an, den ich mein Lebenlang gemacht habe; nehmlich einem Spaziergang von Baden durch den Canton Zürch, durch die Freyämter, durch den Canton Zug, durch den Canton Schwyz, durch den Canton Ober und Unterwalden. Mit einem Wort, ich bin durch den Mittelpunkt, durch den Kern der Schweiz gereist. Ihnen wieder zu sagen, was für entzükkende Gefühle all mein Wesen durchschauert, ist mir jetzt nicht möglich; ich bin erst in die wahre große lebendige Natur hinein gekommen, und das meiste, was ich vorher gesehen habe, war klein, verfälscht und verzerrt. In den Demokratien, die ich durchwandert bin, hat sich mein Herz zuerst recht an der Menschheit gelabt. Ich war wie in Athen zu den Zeiten des Themistokles. Nur einige abgerißene Blätter aus einem dicken Folianten von Empfindungen.

Den 25 August von Zug über den See nach dem Riegenberg; Morgens von 9 bis 12 Uhr beym schönsten Wetter.

Für himmlischer Freude bin ich fast vergangen; so etwas schönes von Natur hab ich noch nie gesehen. Der spiegelreine leicht und zart gekräuselte grünlichte See, die Rebengeländer an den Ufern hinein mit Pfählen im Wasser aufgestützt, die vielen hohen Nuß und Fruchtbäume auf den grünrasichten reinen Anhöhen, die lieblichen Formen den Berg hinan mit Buchen und Fichten und Tannen besetzt, schroff und

Die Aussicht vom Rigi gegen Luzern

schräg hinein hier und da, und hier und da wandweise, hier buschicht wie Bergsammt, dort hochwaldicht mit mannichfaltigen Schattierungen süßen Lichts, und in der Tiefe hinten der hohe Riegenberg graulicht und dunkel vor der Sonne liegend. Alle Maßen rein und groß und ungekünstelt hingeworfen. Und weiter hin rechter Hand die hohen Schneegebürge, die über den Streifwolken ihre Häupter gen Himmel empor strecken. Und wie sich das alles tief in den See unten hinein spiegelt sanfter und milder. Man ist so recht seelenvoll in stiller lebendiger Natur, so recht im Heiligthum empfindungsvoller Herzen. Ich kanns nicht aussprechen; Gottes Schönheit dringt in all mein Wesen, ruhig und warm und rein; ich bin von allen Banden gelöst, und walle Himmel über mir

Himmel unter mir im Element der Geister wie ein Fisch im Quelle, Seeligkeit einathmend und ausathmend. Alles ist still und schwebt im Genuß; nichts regt sich als die plätschernden Floßfedern von meinem Nachen, der unmerkliche Taktschlag zu dem wollüstigen geistigen Concerte. Immer stärker läuft mir das Entzücken wie ein Felsenquell durch alle Gewebe meines Rückgrats.

Nah am Riegenberge stehen die schlanken hochstämmigen Buchen immer erfreulicher die schroffen Ufer herunter zwischen Felsenmassen; und in der Tiefe hinten liegt das kleine *Arth* wie ein Lustörtchen, ein Ruheplätzchen der Liebe, ein sichrer Port vom Gebürg beschirmt vor Stürmen. Die ganze linke Seite stehen im Grünen einzelne Schweizerhäuserchen, mit ihren drey bis vier Wetterdächern meistens in Weinlaub steckend; und oben weidet das schöne Vieh.

Morgens 5 Uhr den 26 August, auf dem höchsten Joche des Riegenbergs, eines der berühmtesten in der ganzen Schweiz wegen seiner Aussichten.

Hier sitz ich oben in den glänzenden Strahlen der neuen Sonne, die über die Glarner Gebürge jugendlich hervorspringt, und Jubel und Wonne mir in die Seele leuchtet: erschrecklich tief unter mir, die schroffen und senkelrechten Felsen herab, liegt die braune Nacht auf den stillen Seen, wo keine Welle ans Ufer schlägt. Weit und breit über die Erde her ziehen Heere von Nebelwolken weißgraulicht chaotisch und unförmlich, wie die tausendköpfige Mutter Nacht in Person, schwanger von unendlichem unreifen Leben. Darüber blitzen hervor die Schneegipfel von Schwyz und Unterwalden wie ungeheure Brillantenblöcke. Und fernerhin schimmern und leuchten und funkeln rosenrothe Streifwölkchen im himmelreinen Aether. Jetzt vermischt sich gegen Westen Himmel und Erde, und die Welt ist lauter Nebel. Gegen Osten bekämpfen ihn die Strahlen der Sonne; und er sinkt und fällt. Die Hügel stehn in Tau, und in den Alpen herum weiden die Kühe. Die Erde zeigt ihr holdseelig Antlitz, und eine Menge freundlicher Seen lächeln um mich herum, und Flüße gehen stolz und strahlend ihren Schlangengang die Wesen zu erquicken.

Der Riegen ist der erste hohe Berg, den ich bestiegen habe. Um 2 Uhr Nachmittags den 25 ging ich von Arth allein ohne Wegweiser aus und stieg die waldichte Anhöhe hinan. Verfehlte aber gleich den Pfad, und kam so ins Steile, daß ich weder zurück noch vor mir konnte; und wurde gewahr, daß ich mit keinem Grafenberg zu thun hatte. Ich ließ meinen Büchsenranzen zuerst hinab ins Gesträuch rollen und spähte dann am Felsen hangend meinen Rückzug aus. Und das Glück war mir so günstig, daß ich noch mit einigen gefährlichen Sprüngen wieder auf den alten und rechten Weg kam. Nun stieg ich um den Berg herum zwey Stunden lang, mit einem Bettler, der hinauf zu den Kapuzinern wollte, und welchen ich auf dem Weg eingehohlt hatte; (es ist oben ein Kapuzinerklösterli nur mit vier Mönchen besetzt und einem Bruder und darum herum drey Wirthshäuser für die Fremden, die im Sommer aus der ganzen Schweiz hieher kommen;) und befand mich endlich auf der ersten Anhöhe. Der Schweiß lief mir über den ganzen Leib herab; ich schwitzte von außen und innen: und kam auf die Entdeckung, daß die Schweizer vom Schwitzen ihren Namen her hätten; Zuerst die Einwohner von der Schwitz [Schwyz], hernach alle, weil die Benennung doch wirklich auf die meisten so unvergleichlich paßt, und sie alle in der That Schwitzer der eine mehr als der andre sind.

Was ich den ganzen Weg und insonderheit hier sah und hörte, hab ich noch nie erfahren, und es läßt sich keinem davon eine Vorstellung machen. Rundum und überall rauscht der ganze Berg, der in einer Menge von Riesengipfeln gen Himmel emporragt, von herabschießenden Bächen; und Quellen rieseln aus dunkeln Schatten unter Felsen hervor und Katarakten hallen und brausen dazwischen. Das freundliche Leben, denn anders kann ich oft lechzender Wandrer mir das Wasser nicht denken, scheint zu zürnen, daß es nur todte Felsen findet, die es zu keinem neuen Wachsthum beseelen kann. Auf dieser ersten Höhe steht schon ein Wirthshaus, und hier stärkt ich mich und meinen Bettler mit einer Flasche rotem Welschen Wein und einem guten Stück Schweizerkäse. Die zweyte Höhe kömmt man an einem Einschnitt linker Hand zwischen zwey hohen Gebürgen durch und hat über den Abgrund, wodurch ein Bach stürzt, gegen über eine halbe Stunde lang eine gähe oft senkelrecht herabsteigende Felsenwand voller kleiner hoch herab in die Tiefe stürzenden Katarakten, mit Fichten überall bewachsen, wo nur ein Strauch hat Wurzel faßen können; weswegen sie auch vom Wind hier und dort wie Halmen niedergeschlagen oder entwurzelt liegen und hangen und verfaulen, weil Niemand hinzukann. Voran steigt ein Felsenjoch in die Höhe in einer ungeheuren Reihe gothischer Kolonnaden. Der Bach, der in unzähligen Fällen hinab rauscht, ist hier und da unten und oben mit Erlen eingefaßt und Buchen und Fichten. Der Berg überhaupt ist sehr fruchtbar, hat unten und oben sehr fette Alpen, unten starke Buchen und oben viel Fichtenholz. Das herrlichste Vieh weidet überall herum. Die Wege oder der Pfad hinan ist äußerst beschwerlich, oft so enge und klein an Abgründen, daß man kaum darüber wegkann. Die Kapuziner und die Melker haben ihn mit unsäglicher Mühe noch so herausgebracht, sonst wär er gar nicht zu besteigen. An vielen Orten liegen dabey große Felsenstücke mit Moos überzogen und mancherley Kräutern, woraus meistens ziemlich hohe Buchen in der Tiefe und oben Fichten und Gesträuch wachsen. – So hab ich überhaupt noch wenig Thäler zwischen den hohen Bergen angetroffen, wo nicht solche große Felsenstücke liegen, die fast alle mit Bäumen bewachsen sind, welches der Gegend erst so recht das Schweizerische giebt.

Noch denselben Abend stieg ich hinauf auf den höchsten Gipfel, und sah die Sonne gar schön untergehen, indes die Seen unten schon ganz dunkel waren und die Nacht, nicht nur Dämmerung, wirklich drauf lag, welches einen entzükkenden Kontrast macht. Ich orientierte mich hier in der ganzen Gegend. Man sieht zuerst unten den ganzen Zuger See, dann den größten Theil von dem vielwinkelichten Vierwaldstädtersee, den Lowerzer See, den Sursee und weit in der Ferne den Zürchersee, und noch einige andre, und eine große Strecke den Lauf der Ruß und eine Menge Ortschaften, als Lucern, Küßnacht, Zug, Arth, Schwyz pp auf den untern Alpen sehen die meistens schwarzen Kühe aus wie große Maulwürfe, die sich aus der Erde hervorgemacht haben. Darum her liegt der herrliche Kranz von Schneegebürgen, die der Natur und unserm Herrn Gott über den Kopf gewachsen zu seyn scheinen.

Den 26 gegen Mittag stieg ich den Riegen herab und über Goldau den Lowerzer See vorbey am Gebürg nach Schwyz. Der Riegenberg besteht fast durchaus aus zusammen gekitteten Kieselsteinen, die meistens so glatt aussehen, als ob sie ein Fluß zusammen geführt und abgeschliffen hätte. Versteinerungen sind gar nicht anzutreffen. Am Lowerzer See sind die Felsen hingegen ganz massiv, und bestehen aus lauter kolossalischen Massen, die am Weg, der am See hart vorbeyläuft, senkelrecht in die Höhe gehen, und einem fürchterlich über den Kopf hangen. Stürze von ihnen liegen an einigen Orten unten in der See.

Die mit hohen Gebürgen umschloßne Gegend des Lowerzer Sees, an deßen Ende Schwyz liegt, füllt Herz und Sinnen mit lauter Größe und Kühnheit und Reinheit; und unbegreiflich wirds einem auf der Stelle, wie die Bewohner derselben noch so lange vom Herrscher Julius Caesar an das Joch der Knechtschaft haben tragen können. Wenn man darin auch an den größten Monarchen der Welt denkt, an einen Alexander, an einen Karl den großen: so kann man ihn doch wahrlich nie anders in der Einbildung sehen als einen kleinen Zwerg.

Von meiner Reise durch Schwyz, und über den Vierwaldstädter See durch beyde Unterwalden kann ich nichts herausgeben; meine heiligen Gefühle wollen nichts mit der Metze, der Sprache, zu schaffen haben. *Schwyz* und *Brunnen*, und *Buchs* und *Stans* und *Sachseln* haben mich entzückt als ob sie das erste Paradies der Welt wären. Oben auf den fruchtbaren Alpen der hohen Gebürge weidet das schöne Vieh, und unten in den reinen Grastriften wohnt das Volk der Unschuld und der Freude; jeder in seiner von dem andern funfzig Schritt wenigstens weit entfernten Hütte Hausvater, und Unterthan und König. Die Menschen sind lauter Kraft und Stärke, und ihre Nerven scheinen Stahlgelenke zu seyn. Keine Falte im Gesicht, alles so straff und festfleischig. Ihre Mienen und Gebärden und ihr Blick ist langsames Metallfeuer, Unbiegsamkeit und trotziger Enthusiasmus. Ich rede von den Kernleuten. In der Schwyz ist der Wuchs hoch und schlank, in Unterwalden starkstämmicht. Beide Cantone sind eine wahre Fabrik von Menschen, es wimmelt aus jedem Hause gesund und frisch hervor. Bey ihrer Nahrung von Milch und Käse und dem besten Rindfleisch kann dies nicht anders seyn unter dem gesundesten Himmelsstriche. In ganz Unterwalden trift man fast kein Kornfeld an; alles ist Wiese, vollgrünend von den saftigsten Milchkräutern, mit Nußbäumen und Obstbäumen bepflanzt. Sie dürfen keine

Kornfelder machen, um im Winter für ihr Vieh Futter zu haben.

Sie haben gar wenig Arbeit und leben sehr bequem. Sie thun weiter nichts, als daß sie ihr Vieh melken und Käse machen, und das Heu mähen und einsammeln; und Korn und Wein für ihren Ueberfluß eintauschen. Die übrige Zeit bringen sie mit Schießen nach der Scheibe und Singen und Tanzen zu. Das junge Volk von zwanzig bis 30 dient meistens in der Fremde, um sich in der Welt ein wenig umzusehen.

Von Stans bis Kerns bin ich mit einer der schlankesten und kräftigsten und schönsten Schweizerdirnen und ihrem Bruder in der Freude der Auserwählten fortgezogen; sie haben mir freundlich vielerley erzählt und eine Menge Schweizerlieder vorgesungen, die alle viel Sinn hatten. Die Melodie war meistens zum Tanz eingerichtet. Nur eins zum Exempel.

Sit i ghyrathet hab isch mir nie wohl;
Und wann mich nit schamen thät: so kyt (das ist lief) *i darvo.*
Sit i ghyrathet hab muß i viel leide
Und wann mich nit schamen thät, so ließ mich noch scheide.

Wir haben uns oft in die Schatten hineingelagert, und mir ist nie so wohl gewesen. –

Die schönste Gegend aber, die mich so recht mit Lust wie ein Regen durchgossen, war von Kerns bis zu Bruder Klausens Einsiedeley. Ich weiß nicht ob Sie diesen Bruder Klaus kennen. Er war Einsiedler um das Jahr 1480; nachdem er schon verschiedenen Feldzügen beygewohnt und als Held sich berühmt gemacht und hernach zehn Kinder gezeugt hatte; und stiftete durch seine Einsicht und klugen Rath Frieden zwischen den Städten und den Ländern noch als Einsiedler; und wurde allgemein geliebt und verehrt. Nur ein paar Sprüche von ihm, und Sie werden ihn hochschätzen:

»Liebe ist die Mutter aller Tugenden im Himmel und auf Erden: sie äußerst sich an allen ihren Jüngern sichtbarlich; an dem Unterthan zum Exempel durch Gehorsam, an seinem Obern durch Gerechtigkeit. – Man ehre die Priesterschaft; auch die unwürdige: es ist gleich, ob lebendiges Quellwasser durch Gold oder Bley rinnt.« Er wohnte als Hausvater in dem Dorfe Flüe, das entzückend auf einer Anhöhe vor seiner Klause liegt. Man nennt es den Ranft, wo sie ist; eine Tiefe hinten zwischen zwey hohen Gebürgen, dem Brandshorn linker Hand, und rechter Hand dem Sachseler Berge. Die Hügel voran sind alle mit Bäumen bewachsen und Häuserchen, und hier und da einer schönen Kapelle besetzt. Die Bäche und Quellen, die überall herunter stürzen, lassen den Verstand über die Empfindung gar nicht Herr werden.

Den 27 August bey Bruder Klausens Kapell.

Die Welt weiß nicht, welche Seeligkeit einen da umpfängt, und was für Ruhe, Freude und Entzücken in alle Sinnen da hineinquillt: sonst würde jeder Naturmensch seine Wallfahrt dahin thun wie ein frommer Pilgrim in den alten Zeiten nach dem gelobten Lande. Von himmelhohen Bergen umringt sitzt man da an der herniederrauschenden Melch im kühlen Schatten dickbelaubter Bäume auf dem frischgrünendsten Rasen, und der Wind treibt oben mit den Wolken sein Spiel. Heiliger Bruder Klaus, du hattest Recht, hier ist ein wahrer Brennpunkt von Gottheit. Deine frischen schlanken Buchen die Anhöhen herab weht lauter lebendiger Geist; und die Liebe, ewig da zu seyn, durchschauert einen ganz. Ach! deine Kapelle war groß genug für dich, du hattest alles von innen. Und was brauchtest du weitläuftiger Zimmerund-mauerwerk! Du wandeltest in einem Tempel, wogegen Roms Peterskirche ein zusammengerechnetes Ding der Langenweile seyn muß.

Im letzten Haus von Unterwalden ob dem Kernwald kam ich nach zu einem Schweizertanze, der mich zwey Stunden lang inniglich ergetzt hat. Ihr Tanz ist das ernsthafteste feierlichste Zittern der Lust in allem Wesen, das bis zur Angst

Luzern

geht, besonders bei den Mannsleuten. Alle ihre Bewegungen und Tritte und Schwenkungen sind sehr freiwillig und hängen viel von jedem ab. Das Jauchzen dazwischen, das einem wiehernden Gegirre gleicht, macht es vollkommen zu einem erlaubten öffentlichen Vorspiel von Hochzeit. –

Das erste, was aus der *Aristokratie Lucern* mir entgegen kam, war eine Kutsche mit vieren, und vorn und hinten mit einem rothen Affen von Bedienten – und gleich drauf schrie hinter drein ein Kerl dem andern zu: Wart du *Gchetzer!* – Sonst liegt Lucern wunderschön an dem Ausfluß der See in die Ruß vor dem Riegen und Pilati Gebürgen und dem Brandshorn in der Ferne; und die Menschen scheinen sehr gutartig.

Noch einiges komische.

Als ich auf dem Wege nach *Zug* in einer Schenke einkehrte, wo ein Haufen junger Bursche saß, und ich dem kernhaftesten darunter auf seine Frage, wo ich hin wollte, antwortete: nach Schwyz und Unterwalden: so sagte er darauf »Want'rr os Limmel aach si?« – das ist: Wollt ihr uns Lümmel auch sehn?

Als ich über den Vierwaldstädter See fuhr, war mein Schiffer ein gar flinker kräftiger, stämmiger und gut aussehender junger Kerl von 30 Jahren, der schon 10 Jahr in Frankreich gedient hatte. Nach mancherley kurzweiligen und drollichten Gesprächen fragt ich ihn nach etwas aus seiner Heymath; und als er mirs nicht recht zu sagen wußte, so schlug ich es in einem Büchelchen über die Schweiz nach, das ich bey mir hatte, und erzählt es ihm. »Ja, wenn ich lesen könnte, sagte er, ich wollte es zwanzigmal theurer bezahlen als es ist.« So! könnt ihr nicht lesen? – »Ach, nein! ich bin zwar drey Jahre in die Schule gegangen, aber ich hab einen gar harten Kopf – (hierbey griff er sich voll naiver Redlichkeit an die Stirn –) ich konnts nie begreifen.« –

Ein Rekrute aus dem Luzernischen, der noch nie eine Flinte losgedrückt hatte, war zum ersten Mal beim Feuern. Und als er eine Patrone nach der andern bis auf sechs in sein Gewehr geladen hatte, ohne daß es vorher losgegangen war: so fing es Feuer, und alles ging auf einmal fort; und der Schlag war so heftig, daß er nieder stürzte. Der Hauptmann lief nach der Flinte; und er sprang von der Erde auf, und bat um Goteswillen, daß er sie liegen lassen sollte: *»es wären noch fünf* Schüße drinnen;« – und dergleichen eine Menge, wenn ich dazu die Zeit hätte.

Morgen reis ich von hier ab und Altdorf, und von hier nach dem Gotthardt, darauf; und über die Furka ins Walliser Land; und zurück über Scheidegg, Grindelwald, Lauterbrunn, den Thunersee, durch die Gletscher, bis nach Bern. Da werd ich noch ganz andre Berge zu besteigen haben, wogegen die jetzigen noch gar nicht groß sind. Wenn ich nur mit meinem Geld hinreiche, wofür ich sehr bange bin! Ich lebe so sparsam als ich kann. Da ich einmal auf dem Wege bin und das beste Wetter habe: so wär es Thorheit, nicht weiter zu wollen. Das schlimmste ist, daß man mich überall für einen versteckten vornehmen Herrn hält, und ich hier und da mehr bezahlen muß, als ich sollte; ob ich gleich mein Bördchen von meinem Hut schon längst abgemacht habe, und meine Westen bis an den Hals zuknöpfe. – Der guten Betty[1] hab ich schon von Baden aus meine Adreße nach Bern geschrieben, welches mein bloßer Name mit *homme de lettres* ist, und *poste restante.* Ich gedenke um den 10 und zwölften des Septembers herum dort einzutreffen, und die Briefe müssen also den vierten bis sechsten an mich abgehen. Ich hoffe, daß Sie einen Wechsel für mich auf Genf stellen können; denn bis Lyon oder gar Marseille werd ich gewiss nicht aushalten. [...]

Nun nur noch meinen *letzten* Besuch unter vielen beym Rheinsturz zu Neuhausen bey Schaffhausen auf der Zürcherseite.

Den 15 August Nachmittags um fünf Uhr.

Es ist, als ob eine Wasserwelt in den Abgrund aus den Gesetzen der Natur hinausrollte. Die Gewölbe der Schaumwogen im wüthenden Schuß flammt ein glühender Regenbogen wie ein Geist des Zorns schräg herab. Keine Erinnerung, der stärkste Schwung der Phantasie kanns der gegenwärtigen Empfindung nachsagen. Die Natur zeigt sich ganz in ihrer Größe. Die Allmacht ihrer Kräfte zieht donnernd die ko-

1 Betty Jacobi, die Frau Friedrich Jacobis

chenden Fluthen herab, und giebt den ungeheuern Wassermassen die Eile des Blitzes. Es ist die allerhöchste Stärke, der wüthendste Sturm des größten Lebens, das menschliche Sinnen faßen können. Der Mensch steht klein wie ein Nichts davor da und kann nur bis ins Innerste gerührt den Aufruhr

Der Rheinfall bei Schaffhausen

betrachten. Selbst der schlaffste muß des Wassergebürggetümmels nicht satt werden können. Der kälteste Philosoph muß sagen, es ist eine von den ungeheuersten Wirkungen der anziehenden Kraft, die in die Sinne fallen. Und wenn man es das hundertste Mal sieht: so ergreifts einen wieder vom neuen, als ob man es noch nicht gesehen hätte. Es ist ein Riesensturm, und man wird endlich ungeduldig, daß man ein so kleines festes mechanisches zerbrechliches Ding ist, und nicht mit hinein kann. Der Perlenstaub, der überall wie von einem großen wütenden Feuer herumdampft, und wie von einem Wirbelwind herumgejagt wird, und allen den großen Massen einen Schatten ertheilt, oder sie gewitterwolkicht macht, bildet ein so fürchterliches Ganzes mit dem Flug und

Schuß und Drang, und An und Abprallen, und Wirbeln und Sieden und Schäumen in der Tiefe, und dem Brausen und dem majestätischen erdbebenartigen Krachen dazwischen, daß alle Tiziane, Rubense, und Vernets vor der Natur müssen zu kleinen Kindern und lächerlichen Affen werden. O Gott, welche Musik, welches Donnerbrausen, welch ein Sturm durch all mein Wesen! heilig! heilig! heilig! brüllt es in Mark und Gebein. Kommt, und laßt euch die Natur eine andre Oper vorstellen, mit andrer Architektur, und andrer Fernmahlerey, und andrer Harmonie und Melodie als die von jämmerlicher Verschneidung mit einem winzigen Messer euch entzückt. Es ist mir, als ob ich in der geheimsten Werkstatt der Schöpfung mich befände, wo das Element von fürchterlicher Allgewalt gezwungen sich zeigen muß, wie es ist, in zerstürmten ungeheuern großen Massen. Und doch läßt das ihm eigenthümliche Leben sich nicht ganz bändigen, und schäumt und wüthet und brüllt, daß die Felsen und die Berge nebenan erzittern und erklingen, und der Himmel davor sein klares Antlitz verhüllt, und die flammende Sommersonne mit mildern Strahlen drein schaut.

Es ist der Rheinstrom: und man steht davor wie vor dem Inbegriff aller Quellen, so aufgelöst ist er; und doch sind die Massen so stark, daß sie das Gefühl statt des Auges ergreifen, und die Bewegung so trümmernd heftig, daß dieser Sinn ihr nicht nach kann, und die Empfindung immer neu bleibt, und ewig schauervoll und entzückend.

Man hört und fühlt sich selbst nicht mehr, das Auge sieht nicht mehr und läßt nur Eindruck auf sich machen; so wird man ergriffen und von nie empfundnen Regungen durchdrungen. Oben und unten sind kochende Staubwolken; und in der Mitte wälzt sich blitzschnell die dicke Fluth wie grünlichtes Metall mit Silberschaum im Fluß; unten stürzt es mit allmächtiger Gewalt durch den kochenden Schaum in Abgrund, daß er wie von einer heftigen Feuersbrunst sich in Dampf und Rauch auflöst und sich über das weite Becken wirbelt und kräuselt. An der linken Seite, wo sein Strom am stärksten sich herein wälzt, fliegt der Schuß wie Ballen zerstäubter Kanonenkugeln weit ins Becken und giebt Stöße an die Felsenwand wie ein Erdbeben. Rundum weiterhin ist alles Toben und Wüthen, und das Herz und die Pulse schlagen dem Wassergotte, wie einem Alexander nach gewonnener Schlacht.

Freude die Fülle und lieblich Wesen Ihnen, bester, und allen Ihren lieben! Vergessen Sie mich nicht ganz in den Sphären, wo Sie leuchten. Was macht Vater Gleim? Nächstens schreib ich ihm vom Gotthardt. Die Zürcher beklagten sich sehr über sein Stillschweigen.

Heinse.

Die folgenden Aufzeichnungen Wilhelm Heinses von seinem Italienaufenthalt im Jahre 1783 werden hier erstmals auf Grundlage der vollständigen Ausgabe seines Nachlasses veröffentlicht. Ein Team von Wissenschaftlern hat diese Edition, die von der Gerda-Henkel-Stiftung finanziert und 2003 erscheinen wird, nach den Autographen erarbeitet, die in der Stadt- und Universitätsbibliothek Frankfurt am Main aufbewahrt werden. Die Auswahl erfolgte aus drei verschiedenen Heften[1] *(Textredaktion: Antje Wittstock), wobei die ausführlichen Beschreibungen von Rom und Florenz, die eigene Komplexe bilden, ausgeklammert wurden. – Die Orthographie wurde bei Wahrung des Lautstands und Heinses Spracheigenheiten für die vorliegende Leseausgabe behutsam modernisiert. – In der zu Beginn des 20. Jahrhunderts im Insel-Verlag erschienenen Ausgabe der* »Sämmtlichen Werke« *Heinses durch Carl Schüddekopf und Albert Leitzmann, der der vorangestellte Brief von der Hinreise über die Schweiz entnommen wurde, sind diese Texte nur gekürzt und nicht in authentischem Zusammenhang enthalten.*

Die besprochenen Kunstwerke können hier nicht im einzelnen nachgewiesen werden. Vor allem durch die Napoleonische Besetzung 1797 und die Säkularisierung um 1871 ging vieles aus kirchlichem Besitz verloren; ebenso ist über das weitere Schicksal der Werke aus Privatsammlungen und den von Heinse besuchten Kunsthandlungen fast nichts bekannt. Bei herausragenden Werken, die nicht mehr dort sind, wo Heinse sie gesehen hat, ist der heutige Standort als Fußnote angegeben. Weitere Einzelheiten sind aus dem kunsthistorischen Kommentar von Markus Bernauer und Gisela Bungarten in der obengenannten Edition zu erfahren.

Der Herausgeber

1 N19, N26½ und N20

19.
1
STADT-BIBLIOTHEK FRANKFURT A.M.

Flüchtige Bemerkungen
auf einer Reise von Rom nach Florenz
über Terni und Perugia,
wie
Hieroglyphen zur Rückerinnerung.

Heinse 1783.
vom 7ten Jul bis 17ten

Den 7 Julius 1783 Nachts um 3 Uhr, welsch 7 bei einem starken Nebel, der vier bis fünf Stunden dauerte; *von Rom* zu Fuße mit meiner schweren Jagdtasche *abgereist.* Bis nach Ponte molle über das aufgerissne Pflaster schnell weggestolpert. Großer Effekt des Nebels an derselben und dem Tiberstrom, ein Bild der Unendlichkeit; wo sich jeder Sinn verliert, und majestätisch und furchtbar rauschen die Wasser unten.

Von Ponte molle durch eine Reihe von Lava und Peperin Hügel. Die Wirkungen des Feuers sind wunderbar anzusehen; gewiss ist dies Element mehr in unserm Planeten verstreut, als man glaubt, und wahrscheinlich gibt's allen Dingen Bewegung und Leben.

Schöne Allee von kleinen Eichen bis an das Wirtshaus von Castelnuovo drei Miglien; erfreulicher Blick in das weite bewachsne Tal und die bewachsnen Hügel. Große Reste der Via Flaminia. Verirrung; sehr peinigend bei der ungeheuren Juliushitze um Mittag am ehernen Himmel, in einem Land ohne Quell und Wasser und Baum in Vulkanischer Asche von steilen dürren Bergen eingeschlossen. Dergleichen Verirrungen geschehen auch im moralischen Leben bei der Jugend. Wie die Welschen die Hitze und den Sonnenbrand vertragen, ist erstaunlich; und welche Kraft die Bursche zum Marschieren haben, sah ich an einem Venezianer, welchem die Benedetto Giuseppen nach der Messe von Sinigàglia 2tausend Stück voraus er hinter drein. Erzguter Charakter, kein Fleckchen Falsch an ihm. Mit welcher erstaunlichen Güte er mir seinen Sonnenschirm lieh! Schöner Kopf, helle reine hervor gehende lange Nase gerad von der Stirn herab in scharfen Konturen. Der Römische Bube eben so ein guter Kerl, doch schon viel schlauer und falsch; Güte auf den Moment. Die Welschen sind aufs höchste interessiert, wenn sies brauchen, sonst aber geben sie kein gut Wort; besonders die Römer. Wenn einer nur halb zu leben hat, so pflegt er die Gemächlichkeit und sucht nichts mehr zu verdienen. Sie sind höchst interessiert, aber nicht geizig.

Rignano liegt schön, zwischen Vertiefungen, die vermutlich zur bösen Luft herum beitragen. Ich glaube daß die böse Luft in Italien noch außer den Sümpfen von den öden Aschenfeldern herkömt, wo sie ihre Elastizität und ihr Lebendiges verliert; gerad so mag der Scirocco aus Lybien entstehen.

Der Berg S. Oreste oder Sorakte ist das herrlichste auf der ganzen Reise. Er steht da wie der Tyrann der weiten Gegend und beherrscht alles, ewig fest auf sich selbst gegründet. Die scharfen Einschnitte, das schroffe des ganzen Konturs der Länge und der Breite nach machen ihn zu einem bezaubernden Bild furchtbarer Majestät. Das Kloster, ob es gleich darauf wie auf einem Adler ein Zaunkönig sitzt, bekömt doch gleichfalls davon einen erhabnen Anstrich. Nicht weit von Civita Castellana gewinnt er eine entzückende Farbe, einen wahren feierlichen Es-Ton durch die grünen Eichen bei heitern Abenden. Civita Castellana überrascht ergötzend, wenn man es in der herrlichen tiefen Allee erblickt und den Fluß von weitem rauschen hört, nachdem man schmachtend, heiß und lechzend die trocknen öden Aschenfelder durchgewandert ist. Es gibt einen der allerpittoreskesten Anblicke, völlig wie eine Oper der Natur.

Den 8 Julius. Geblieben in Civita Castellana.

Civita Castellana[1] liegt auf einem Lavafelsen und Vulkanischer Asche zu Peperin geworden. Die ganze Gegend um

1 Die hier beschriebenen Sehenswürdigkeiten sind mit Ausnahme von S. Francesco und des Doms nicht mehr erhalten.

Rom herum muß einmal ein höllischer Feuerofen gewesen sein; denn wo man 20, dreißig, vierzig Meilen weit in der Runde hinkömt, findet man lauter Hügel, und Gebirge von verloschnen Vulkanen. Der Ort ist von Natur zu einer Fe-

Cività Castellana

stung gemacht und liegt zauberisch schön mit Grün bekleidet, und das viele Wasser gibt ihm Labsal und Leben und ewigen Frühling.

Il ponte alto verbindet die Stadt mit der andern Hälfte des Vulkanischen Bergs, der einmal durch ein Erdbeben entzwei barst; die Brücke ist turmshoch und ruht auf sieben starken Pfeilern mit kleinen Bogen verbunden. Clemens der elfte ließ sie im Jahr 1712 erbauen. Das Tal dazwischen ist ganz romantisch, mit den Felsen voll grünem Gesträuch und dem klaren Bach, der unten vorbei rauscht, und den scharfwinklichten Felsenrissen, die von der entsetzlichen Gewalt zeugen.

La Fortezza ist hauptsächlich wegen der Aussicht von allen Seiten. Sie macht den höchsten Punkt der Stadt aus.

Julius II. ließ das schöne Rondell oben mit dem Brunnen von Aqua pievana noch anlegen. Clemens der elfte hat daran auch restauriert. Jetzt 8 Staatsgefangne. Einer von Benevent, ohngefehr von 40 Jahren; er machte als Kadett einem Kammerfräulein der Königin von Neapel ein Kind; wurde darauf fort geschickt und wollte sich mit einer Hökerin gegen seinen Stand verheiraten; weswegen ihn sein Vater, ein Mann von 40 t[ausend] Dukaten Einkünften, hieher tat. Verschiedne Herrn und Grafen von Rom meist wegen Ermordungen; z.B. einer, der Frau mit allen Kindern umbringen wollte. Sie haben ein jeder sein Zimmer und außen einen Gang mit Säulen, wo sie des Tages herumspazieren können. Des Nachts werden sie in ihre Zimmer eingeschlossen.

Das unterirdische uralte Gefängnis ist verzweifelt; wegen der *aria grossa* kann keiner lang darin leben und muß geschwind umkommen. Man läßt das Essen zu einem Loch hinunter.

Der Commendant hat 30 Scudi Einkünfte monatlich, außer den incertis. Jetzt liegen 40 Mann darin.

Die Aussicht ist schön nach den Sabinergebürgen, dem Berg von Viterbo, Caprarolo liegt reizend auf einer Anhöhe, mit einem Corps de Logis und zwei Seitenflügeln wie's scheint. Den Berg Oreste sieht man schräg, und er verliert etwas von seiner Größe, doch ragt er immer mitten aus der Ebne wie ein Sultan hervor. Die Girandola kann man von Rom sehen. Des Abends ists hier lieblich frisch. Die Stadt ist auf allen Seiten abgeschnitten durch den Riß, bis hier an der Festung, welche ein Stück Ebne vor sich hat und in der Weite erst einen Graben; vermutlich ist sie deswegen an diesem Punkt angelegt worden; oder ganz gewiß. Die Fundamente dazu machen Stücker Lavafelsen und Schlacken. Die Wasserleitung kommt nur von vier Meilen her, von der alten, zerstörten Stadt Falerium her.

Auf dem Sorakte liegen drei Klöster, oder vielmehr *romitorj*; denn sie haben nur ein paar Leute in sich; es ist kein Schloß da, wie Volkmann irgendwo ausgeschrieben hat.

Die ganze Stadt enthält an die fünftausend Seelen. Der Governatore wird von der Kammer hergeschickt und bleibt nach Befinden. Die Viehzucht ist in gutem Stande. Ihren Wein bekommen sie von Sabina. Das Öl ist nicht zum besten. Früchte gibts wenig; gar keine Limonen. Den Kaffee machen die Apotheker.

Der Thom ist eine hübsche Kirche von guter Form; ein wenig zu verziert, die Kränze mit zu viel Rosaliten. Sonst ganz natürlich angelegt; mit einem schmalen Kreuzgängelchen. Die Halle von Jonischen Säulen voran gibt ihr ein gut Ansehen. Der Fußboden besteht aus Mosaik von Porphyr und Marmor und Verde antico. Der Hauptaltar liegt hoch, über zwölf Stufen erhöht. Die Kuppel ist sehr wohl angebracht; nur sind die Verzierungen auch zu französisch geschnirkelt.

Die Gemälde sind Kopien; z. B. eins nach Domenichino Girolamo; oder Schülerarbeit.

Einige andere Kirchen von originaler Bauart, wies dem Künstler gut gedünkt hat, ohne Nachahmung; als *S. Cremente*, wo der Giebel des Dachs in der Mitte von zwei Säulen und zwei Pilastern getragen wird; und voran stehen zwei Altäre, mit Bildern von sehr guten Römischen Künstlern. Vorzüglich hat das große Altarblatt mit der Mutter Gottes und drei Heiligen und einer Nonne sehr viel Wahrheit in Gestalt und Kolorite. Die Mutter Gottes ist ein Porträt von einer sehr reizenden liebevollen Frau. Es sind zwei Päpste darunter. Mir dünkts von einem Schüler Raphaels. Die Mutter Gottes ist aber das beste im Ganzen; der Ausdruck bei den andern Personen, außer daß sie weit schlechter gemahlt sind, grenzt stark ans fade.

Das andre ist eine heilige Familie mit unserm Herrn Gott und dem heiligen Geist oben. Auch viel Natürliche Gestalt; man freut sich immer, wenn man so etwas findet, weil es auch bei guten Meistern selten ist.

S. Giovanni.

Das große Altarblatt, vermutlich vom Cavalier d'Arpin, hat viel schönes, es stellt die Enthauptung Johannis vor; der Henker und die Soldaten und die Wache stehen sehr brav; und das Mädchen in reizender Stellung, nur ist der Kopf in Profil und Schatten und macht schlechten Effekt. Der tote Kopf des Täufers ist die Hauptfigur samt dem Henker.

Rechts eine Madonna mit Heiligen, die das Christkindlein im Golde auf einem Schemel tragen, hat viel Gutes; besonders ist in der Madonna etwas erhabnes und ein großer freudiger Charakter. Die Kirche ist ein länglicht Viereck, mit einem Dach wie ein Heuboden.

Der Dunst von Sonnenbrand auf den Gegenden, *la caligine del Sole* benimmt im Sommer meistens die Aussicht, und der Himmel ist selten rein. Für die Mahler gibt dies mancherlei Lusteffekten; für den Philosophen aber, der bloß Klarheit sucht, ist er sehr verdrießlich.

Die Lücke des Bergs von Civita Castellana kann zum Teil auch durch die unendliche Reihe von Jahren vom Flüsschen gerissen worden sein, das durchschießt.

Die Häuser sind meistens sehr alt; und der Peperin überhaupt gibt ihnen ein verjährt Ansehen. Turm zu einem Häuschen gemacht, mit einer neuen Fassade. Daneben war noch ander Befestigungswerk, das jetzt zur Hälfte niedergerissen ist, und die Mauern von einem Gärtchen macht. Das Grün, und der hohe und kleine Birnbaum und die Weinlaube und die Olivenbäume machen dadurch ein malerisch Ansehn; und das Rauschen des Flüßchens dahinter im Bergriß ist äußerst anmutig.

Zu Mittag hat man eine immerwährende Musik von Grillen in diesen Gegenden; *Cicale*.

Ein Gärtchen mit einem hohen Ulmbaume rundum von Granatenbäumen mit roter schöner Blüte umgeben hinter einem Hause nicht weit von Ponte alto.

Wenn man sich ein Weilchen ins Gras legt, sieht man bald allerlei fremde Insekten um sich her, besondre Arten von Käfern, Mücken und Spinnen und Gewürmen.

Das Wasser wird durch einen besondern Bogen in die Stadt geleitet, der über den hier sehr niedern Riß der Felsen geht.

Die Kapuziner haben zu ihrem Kloster außer der Stadt eine der herrlichsten Lagen gewählt; ihre Kirche prangt aus einem weiten *Lusthayn* hervor, wie der Liebessitz eines Fürsten.

Wenn sie ihr Korn eingeärndet haben, so werfen sie es mitten auf irgend eine Straße und jagen ein halb Dutzend Pferde darauf herum. Alsdenn reinigen sies mit einem großen Siebe, das an einem Strick in der Mitte hängt.

Das Tal vor Civita Cast[ellana] ist ganz romantisch, und schlängelt sich jungfräulich mit einem Wiesengrund und allerlei Gesträuch und Eichen zwischen den wilden barstigen Felsen herum, und weit in die Ferne mit seinem hellen klaren Flusse, der unter der Brücke von einem Wehre sanft sich hinab stürzt. Die gegenüber stehenden Hügel sind alle mit kurzer Waldung angeflogen. Die Cremer selbst ist hier und da mit kleinen Hainen meistens von Pappeln eingefaßt, die äußerst hoch und schlank und stark belaubt sind. Ihr muntres frisches helles Grün, die leichte zarte weibliche Beweglichkeit bringt lauter süße Gefühle in die Seele; die Augen sind gänzlich zufrieden von der Schönheit und weiden sich mit Lust an ihr.

Aufschrift an der Brücke:

JNNOCENTIS XI. PO. M. AN. PONT. II.
VIATOR SISTE GRASSUM
RENOVATAM IN HOC MARMORE DE VEJENTANTIS
CONFLICTIS LEGE MEMORIAM RESTAURANTIBUS
M^MIS DD. ABBATE DE MITIS, GUBERNAT. JOSEPHO SACCO
ET JOHANNE FANTIBASSO COS.
VRBANUS VIII. P. M.
AD CREMERAM VEI NOSTRI FABIOS OLIM TRUCIDAVERE
VEJENTES PONTEM HUNC QUA VETUSTAS EXAEDERAT
INSTAURAVIT ANNO PONT. XII. CET.[1]

Den frappantesten Anblick macht Civita Castell[ana] wenn man von Rom aus einer schönen Allee her kömt. – Es erhebt sich da über dem Fluß senkelrecht ein ungeheurer Felsen, der Breite nach etwa dreihundert Schritt oder vierhundert und 300 Fuß hoch mit Gesträuch überall angeflogen, gerad wie ein Theater, und scheint an beiden Enden wie von einem Erdbeben abgerissen; weil sich andre ebenso hoch gegenüber erheben, aber nur etwa zehn Schritte links und rechts etliche und zwanzig fortgehen; eben so hoch nämlich; denn sonst gehen sie weit fort, wenigstens linker Hand aber niedrig.

Die Hügel, wo man herkömt, bestehn aus lauter kalkartigen Kieseln, mit Kalkerde zusammengehalten. Man sieht

1 Im zweiten Jahr des Pontifikats des Papstes Innozenz II (d. h. 1678) / Wanderer, halte den Schritt an! / Lies das in diesem Marmor erneuerte Andenken an die Kämpfe um Veji, wiederhergestellt durch die edlen Herren: Abate de Mitis, Gouverneur, und die Ratsherren Josephus Saccus und Johannes Fantibassus. / Urban VIII. Ponifex Maximus – an der Cremera hat einst unser Veji die vejentinischen Fabier niedergehauen – hat diese Brücke, die das Alter zerstört hatte, am Ende des 12. Jahres seines Ponifikats wiederhergestellt.

augenscheinlich, daß ein Fluß hier einmal sein Bett und seinen Ausfluß hatte. Überhaupt muß das Feuer und Erdbeben gräuliche Veränderungen hier angerichtet haben; denn alle Ordnung der Natur ist zerstört. Am Ufer des Flusses, ehe man darüber von Rom geht, sind viele Wallnußbäume gepflanzt. Wilde Feigen und Weinreben schlängeln und ziehen sich überall herum wie Gesträuch, und machen ein reizend Grün und Buchen und Hollunder.

Die Brücke besteht aus drei hohen Bogen, die zwei Drittel von einem halben Zirkel haben. Sie sind von dem Stein des Felsens hier gebaut, der von fern wie Travertin aussieht. Die Cremer ist ein klein Flüßchen, etwa dreißig Schritte breit und drei Fuß tief, und verbreitet sich natürlich hier und da, und engt sich; hat sehr klares Wasser.

Die beiden Täler sind entzückend, besonders aber das rechter Hand, wo die hohe Brücke nicht ist. Man [kann] nichts reizenders sehen, klarer Bach, schnell fortrieselnd, mit Pappeln und Buchen bepflanzt, und wilden Reben und Haselstauden, und dahinten steigt das Gebürg empor. Die Grillen zirpen, die Frösche quaken, die Nachtigallen singen und schlagen noch die letzten Liebesgefühle. Zarte Pflanzen in lieblicher Frische, und oben die kahlen schrecklichen Feuerfelsen. Der Grund hat Kiesel von Kalkstein und solche Erde, vermutlich vom Bache.

Ich konnte der Lust nicht widerstehn, mich zu baden. Aus Furcht vor den welschen Straßenräubern scheute ich mich zwar, doch packte ich endlich meine Barschaft zusammen und steckte sie in meine Unterhosen und legte diese, nachdem ich mich geschwind ausgezogen hatte, auf das zarte lange Gras am Bache. Welch Entzücken! Wahre eigentliche Begattung mit der schönsten zauberischen Gegend. Wie vom fernen Gebürg das Grün zu einer Liebesmelodie sich herwälzt, wie alles üppig froh vollkommen um mich her lebt!

Der herrliche wilde Rebenbusch, der seine schlanken Ranken ins Wasser sinken läßt! Die großen Blätter der Wasserpflanzen, die blühenden Wicken, Lavendel und Thymian herum duftend, die Ulmen, die Pappeln, das Nußgesträuch, Grasmücken, Nachtigallen, brennender Abendglanz an den Felsen; und wie der Bach herunter rauscht, mich kühl zu umpfangen; wie die kochende Glut aus meinen Adern lieblich zieht, und der heitre lichte Himmel über mir! Wie ich herum plätschere, den Kopf hinein stecke, mich auf den Rücken werfe, mit dem Leib herum wälze – ach daß ich keine süße Nymphe bei mir habe! wie würde im Wonnetaumel Himmel und Erde um mich herum vergehen und wieder neu geboren werden!

Es ist ein wahres Zaubertal, die Berge gehn immer weiter hinten fort, wie in einem Operntheater der Natur in ungeheurer Größe, und alle mit Waldung bewachsen. Der süße Ton Abends ist unbeschreiblich; die Stille und Einsamkeit mit dem Rauschen des Bachs und dem Gesang der Vögel. Wer auf einmal dahin versetzt würde, könnte denken, er wär im Himmel. Für einen Mahler ist eine Menge da zu verschiednen Landschaften; der größte Künstler würde sein, wer mit der schönsten Partie den Reiz des Ganzen zeigen könnte. Zu Bergen lassen sich seltenschöne Konturen hier abnehmen; sie haben alle etwas fürchterlich schönes, wilde Macht mit hohem Reiz; der Kontrast mit dem lieblichen Tal gibt ihnen das Zauberische. Entzückende Einsiedeleien, bei *Madonna di piaggie*, wie sie *piaghe* aussprechen, sieht man recht das Wilde. Im Tal wird meistens Hanf gepflanzt und dazwischen Wallnußbäume. Der letzte Berg in der Ferne prangt gar herrlich mit hohen Bäumen. Wenn man auf der Höhe zum andern Tore kömt, liegt der Sorakte wieder wie ein fürchterlicher Tyrann da in seiner ganz eigentümlichen Form. Ich habe noch nie in meinem Leben eine reizendere

Wildniß gesehen. La porta Anziana heißt diese, die andern porta Romana, porta del Castello, porta del ponte und verschiedene Schlupfwege.

Das größte Kunststück eines Redners, der zu etwas unsicherm bereden will, ist allerlei starke Empfindungen und Ideen zu erwecken, die auf seinen Endzweck Bezug haben. Der Geist geht leicht über, wegen angestammter Beweglichkeit, wenn man ihm einmal den Weg sanft und reizend gebahnt hat. So muß man es bei Mädchen machen.

Civita Castellana ist auf den drei abgerissnen Seiten reizend, und ein Wunder der Natur, das das Feuer und Erdbeben gemacht hat, und einzig in seiner Art. Die Einwohner leben von Viehzucht und Kornbau. Die Jugend hat einen frischen vollkomnen Wuchs, und die Weiber sind kräftig, stramm, ohne niederländischen Schwulst; die Römische Göttlichkeit haben sie nicht, aber wilde zärtliche Natur in der Physiognomie. Die Männer sind gut und aufgeweckt; und alles sehr gesprächig.

Androsilli, Marchese, ist der reichste; er gewann viel im Spiel zu Rom.

Sechs große Kirchen sind hier. Der Dom, Franziskanerkirche S. Giovanni, S. Cremente und ein Nonnenkloster und noch eine andre. Die Kapuziner wohnen außer der Stadt.

Die Flüsse sind la Cremera, la Treja, worüber Ponte alto geht, und der dritte ist ein torrente, der zuweilen entsetzlich anschwillt und alles fortreißt, Wagen und Menschen, auf der Seite nach Florenz zu, nahe dabei ist Nepi und Castello.

Der Berg S. Oreste hat wahrscheinlich seinen Namen von einem frommen Eremiten, der in den finstern Zeiten darauf wohnte. Es ist ein elender Einfall, daß er seinen Namen wegen eines Schreibfehlers verändert haben sollte.

Den 9ten Julius.

Nach einer völlig schlaflosen Nacht mit einem matten Eselchen abgereist; so klein, daß ich mit meinem Rohr auf der Erde mich stützte; der Sattel war aber so breit, daß ich mich Marcus Aurelius auf dem Kapitol dünken konnte. Alles außer der Stadt voll Eulen und allerlei Art von Nachtvögeln. Herrliches Kornfeld, immer mit hohen Eichen bepflanzt. Bei Borchetti fängt das fruchtbare Sabinerland an. Ein drei Stunden langes und zwei Stunden breites Tal, das die Tiber durchströmt, von zwei Gebürgen eingefaßt. *Il Capo della Sabina*, Magnana, hat einen Berg zum Sitz von einem der reizendsten Konture, die ich je gesehen habe; wahrhaftig atheniensisch, so mit Bäumen bepflanzt, und in seinen Linien abwechselnd, und die Häuser und Kirche und Türmchen stehen lieblich am Anfang. Bei Otricoli macht die Tiber ein völlig Hufeisen, so windet sie sich herum. Dann liegen Berge jeder immer reizender als der andre; ein ächtes Mahlermusäum. Die Konture sind äußerst geistig, und haben außerordentlich viel Gleichheit mit einer wohl gebildeten geistvollen Naturseele.

Die Stadt Ocrea lag schön in einem fruchtbaren Amphitheater und hatte das Spiel des Flußes vor sich; auf der ersten Anhöhe. Jetzt ist alles davon zugeworfen. Otricoli liegt ganz hoch darüber auf der Kuppe eines runden Bergs, und enthält ohngefehr 1200 Seelen. Was die Leute hier arm und doch voll Feuer und Schönheit und heroischer Physiognomie sind, ist zu bejammern. Für einen Paul nach Narni, und für einen nach Terni, und dies war wie ein vornehmer Herr bezahlt; man trug mir den Stuhl dazu her zum Aufsteigen und beide Örter liegen neun Miglien jeder davon. Herrliches Amphitheater von Gebürgen auf dem Wege, wovon man über den einen hohen Bogen wegfährt. Sonnenglut, daß das Blut in allen Adern siedet. Zwei Miglien von Narni das höchste Ideal von Wildnis und reizender Einsiedelei. Hohe schroffe Gebürge von allen Seiten breit in die entsetzliche Tiefe hinab mit lauter Elci auf der Nordseite, und der Mittagsseite mit Ölbäumen bewachsen. Gähe Abgründe hart am Wege um bis auf den letzten Knochen zu zerschmettern. Die Nera fließt grünschäumend schnell durch ein ganz romantisch enges Tal auf Viterbo zu, man kann sie sehr weit verfolgen. Der Kontur der Gebürge ist scharf aber doch gemäßigt und natürlich, nicht so abgerissen wie die Feuerfelsen von Civita Castellana. Die Einsiedelei la S. Annunziata steht auf einem herrlichen Fleck, das Ganze zu überschauen, und wie von aller Gesellschaft abgesondert.

Narni ein fein Städtchen mit einem Fortino; es liegt noch halb in der Wildnis, wie ein Schwalbennest am Felsen, und macht den Anfang von dem großen entzückenden Tale, das fast einen Zirkel ausmacht, dessen Diameter 9 Miglien von Narni bis Terni ist. Reizende Gebürge rund herum von allerlei fremden und höchst schönen Conturen. Der Boden unten ist lauter Fruchtfeld und Gartenwerk; lauter zugeschnitzte Ulmen dazwischen, wo sich Reben damit begatten; die Ulme muß natürlich sich nach der Rebe richten, die Stärke nach der reizenden nützlichen Schwäche; es ist eben kein anziehend Bild des Ehestandes für einen Mann.

Narni hat ohngefehr 3000 Einwohner oder Seelen. Abends an zu Terni.[1]

Den 10 Julius.

Früh Morgens um 7 Uhr nach der Kaskade ausgezogen. Weg voll reizender Aussichten dahin; die Berge wölben sich im-

1 Die meisten beschriebenen Kirchen wurden im 19. Jahrhundert aufgelassen, Terni erfuhr im 2. Weltkrieg schwere Zerstörungen.

Der Wasserfall von Terni

mer einer höher als der andre himmelhoch weiter fort, als ob sie dies Paradies ganz von der irdischen Welt absondern wollten. Die Sonne ging eben auf, als ich nach der Höhe zu stieg, gerade über dem Gebürg den Felsenriß hinein, worin eine herrliche See von Nebel und Dunst in der Mitte des Gebürgs schwamm.

Der Wasserfall ist eine entzückende Vollkommenheit in seiner Art, und es mangelt nichts, ihn höchst reizend zu machen. Ein starker Strom, der feindselig gegen ein unschuldiges Völkchen handelte, muß sich gebändigt durch einen tiefen Kanal stürmend in wilden Wogen wälzen, mit allerlei süßem lieblichen Gesträuch umpflanzt, als hohen grünen Eichen, Ahorn, Pappeln, Cypressen, Buchen, Eschen, Ulmen, Seekirschen, und in die gräuliche Tiefe senkelrecht über zwei hundert Fuß hoch hinab stürzen, daß der Wasserstaub darin noch höher von unten hinauf schlägt. Alsdenn tobt er schäumend über Felsen fort, breitet sich aus, rauscht zürnend um grüne Bauminseln und hastig schießt er weiter in den Grund von dannen, zwischen zauberischen Gärten von selbstgewachsenen Orangen und Frucht und Ölbäumen. Sein Fall dauert acht Sekunden oder gewöhnliche Pulsschläge von der Höhe zur Tiefe. Das Aufschlagen in den zurückspringenden Wasserstaub macht einen heroisch süßen Ton, und erquickt mit nie gehörter Musik und Veränderung von Ton und Bewegung die Ohren; und das Auge kann sich nicht müde sehen. Es ist ein Kunstwerk, so vollkommen in seiner Art, als irgend eins vom Homer oder Pindar oder Sophokles, wozu die Mutter Natur Stoff und Hand lieh. Er läßt sich mit keinem andern vergleichen und ist einzig in seiner Art; die große Natur der herrlichen Gebürge herum, der frische Reiz und die liebliche Zierde der ihn umfassenden Bäume oben vor seinem Fall, das simple Ganze, was das Aug so entzückt, auf einmal ohne alle Zerstreuung so wollüstig verziert und doch so ganz wie kunstlos, überblickt, nährt des Menschen Geist wie lauter kräftiger Kern. Die Mannichfaltigkeit des andern Stroms, des bald langsamen bald schnellern Laufs, und gerad immer recht, das reizende Bett überall, so weit man hinkömt, der See in seiner Rundung von einem Amphitheater sich nach einander verlierender höchster Gebürge eingefaßt, das fruchtbare Tal, wodurch er rinnt, der Streit der Nachbarn um ihn, alles macht ihn immer interessanter. Gemahlt bleibt er immer ein armseliges Fragment, weil kein Zuschauer des Gemäldes, der das Original nicht sah, sich das hinzudenken kann, da man es nicht andeuten kann. Und überhaupt ist es Frechheit von einem Mahler, das vorstellen zu wollen, dessen Wesentliches in Bewegung besteht. Poussin mahlte sehr klüglich die Wasserfälle meistens in der Ferne, wo ihre Bewegung sich verliert und sie stille zu stehn scheinen.

Terni selbst liegt äußerst angenehm zwischen lauter Gärten. An der Nordseite erhebt sich ein Bogen von Hügeln mit lustigen Landhäusern und meistens Ölbäumen besetzt, die einen kleinen Wald aus machen. Das beste gehört der Familie *Canali*, die die reichste hier ist. Hinter den Hügeln steigen alsdenn die Gebürge empor, auf dieser Seite meistens kahl, so wie sie ostwärts bei der Kaskade schön bewachsen sind, wenigstens verschiedne bis an den Gipfel. Die Nera fließt auf der Römischen oder südlichen Seite hart an dem Tor noch in der Stadt weg; und gleich darunter aus ihr. Von ihr werden verschiedene Kanäle abgeleitet, die die Stadt selbst und die Gärten außer ihr herum bewässern. Das Wasser, ob es gleich weißlicht aussieht, ist doch rein und trinkbar; und die gemeinen Leute sagen *è famosa* und zechen, als obs die ewige Jugend verlieh. An den Mauern der Stadt beim Dom und Römischen Tor geht ein herrlicher Spazierweg, wo man die schönsten Aussichten hat; es ist eine hohe Lust, da herum zu wandern Abends und der Kühle zu genießen. Der Palast Spada ist einer der besten. Simpel in Form und Verzierung und von reinem Geschmack. Er hat keine Säulen sondern lauter Pilaster. Die Fenster und Türen sind von guter Proportion, und einfach verziert. Sonst sind noch Häuser da von guter Bauart.

Terni hat fünf Nonnen[-] und neun Mannsklöster; worunter zwei Kapuzinerklöster sich befinden.

Der Adel divertiert sich mit Kartenspielen und Akademien von Musik.

Tivoli hatte einen so großen Reiz für die alten Römer weil es nahe an der Stadt lag, und wegen der Aussicht in die Römische Campagna bis zur See hin. Es hat etwas feierliches, was Terni nicht hat. Aber dies hat im Grunde größere Natur um sich her und mehr Abwechslung, und an Fruchtbarkeit läßt Tivoli gar keine Vergleichung zu, es ist ein dürres und ödes Land; da Terni lauter Mark ist. Die Römer verstunden zu leben, sie genossen den wahren Reiz von jedem; und wußten zu wählen aus tausenderlei Erfahrungen. Scipio der jüngere wählte Terni, der ältere Cajeta und Puzzuolo; welches freilich des Meers wegen über alles geht; denn nichts ist doch lebendiger als das Meer und hat mehr Mannichfaltigkeit in Bewegung. Was ist dagegen auch der vollkommenste Wasserfall, wie der zu Terni? Er bleibt endlich immer dasselbe. Es ist also leicht zu begreifen, warum Bajae den Römern über alles ging. Eine sehr gute Idee ists. Unsere Menschen durch eine Fabel, einen Roman zu diesem Genuß vorzubereiten, und ihnen zu fühlen zu geben im Traum was die Römer wirklich genossen. Sie hatten das wahre Leben und strichen herum, im Winter am Meer im Sommer auf dem Gebürg; und Italien gab ihnen beides in kurzen Tagreisen.

Den Römischen Architekt, der mit mir von Siena reiste, als Kaffeegesellen hier angetroffen.

Zu einer Zyther von einem Bettler *à la Furlana* geschwind in einem Hause tanzen sehn.

Ballon schlagen gesehn hinter dem Markt, mit einer Menge Zuschauern.

Unser Leben gleicht heutiges Tags einem toten See, *all' aqua morta*; denn nichts anders ist die Gewohnheit; wir kommen gar nicht recht in Gang.

Nicht weit vom Sturz des Velino ist ein Ponte regolatoro, damit nur eine bestimmte Quantität Wasser hervor kann, um den Torrosinern keinen Schaden zuzufügen. Am Ufer darüber ist eine Mauer gezogen, damit Niemand hinüber kann, mit folgender Aufschrift:

JUBENTE
EM^{MO} AC R.^{MO} PRINCIPE
FRANCISCO CARD. BARBERINO S. E. E. VICE C.
HUJUSCE SUPRA VELINUM PONTIS OCCLUSUS EST ADITUS
VT NON TAM INUNDANTIS FLUMINIS QUAM
INVADENTIUM HOMINUM AUDACIA COMPRIMERETUR
PETRO AB OTTHOBONO VENETO V. S. R.
INTERAMNAE GUBERNATORE
AERE PUBL. INTERAMNATUM AD MDCXL.
PLUS DETUR *VRBANO* QUI PONTE CRIMINA FRENAT
NAM SOLO *CLEMENS* PONTE COERCET AQUAS.[1]

Gleich dahinter geht nehmlich das Neapolitanische an, und die Einwohner von Terni hatten also nur vier oder fünf Meilen um in Freiheit zu sein, wenn sie ermordet oder sonst ein Verbrechen begangen hatten. Ferner hielten sich eine Menge Straßenräuber auf, und raubten und plünderten. Der Berg an dessen obern Fuß sie steht, ist sehr hoch, und sein Kopf ragt über den Wasserfall stolz und herrlich hervor und gibt ihm eine schöne Zierde. Jetzt müssen sie dieser kleinen Mauer wegen einen Weg von 20 Miglien machen, ehe sie in das Neapolitanische kommen.

1 Auf Befehl des hervorragenden und ehrwürdigen Fürsten Franziskus Kardinal Barberini ist der Zugang dieser Brücke über den Velinus geschlossen worden, damit nicht so sehr des überquellenden Stromes als der eindringenden Menschen Kühnheit eingedämmt werde durch Petrus Ottoboni aus Venedig, den Gouverneur von Terni aus der Gemeindekasse der Bewohner von Terni a. D. 1640. Mehr werde gegeben dem, der die Verbrechen durch eine Städtische Brücke zügelt. Denn der Milde hemmt nur mit einer Brücke die Wasser.

I. Raffael, »Madonna di Foligno« 1512

II. Raffael, Die Krönung der Maria, 1503

Ill. Federico Barocci, Die Abnahme Christi vom Kreuz, 1568-1569

IV. Tizian, Tempelgang Mariae, 1539

V. Paolo Veronese, Die Familie des Darius vor Alexander dem Großen, um 1565/70

VI. Andrea Mantegna, Madonna della Vittoria, 1495

Inzwischen hindert dieser Ponte regolatoro doch nicht, daß die Torrosiner und benachbarten Örter Castel del Lago und Collestato vom Sturz viel Schaden leiden, wenn die starken Regen kommen und die Wasser anschwellen. Die Nera unten kann nehmlich nicht fort, wegen der Gewalt des Schusses des niederstürzenden Velino und tritt zurück, und wenn sie groß ist, so überschwemmt sie alle ihre Felder mit Kies und macht sie unfruchtbar. Das Bett beider Flüsse ist hier eng zwischen Felsen, und es würde dem Schaden abgeholfen werden können, wenn man es weiter machte; allein dann würde der Kies auf die Felder von Terni gewälzt. Der Sturz war vorher näher nach Terni, und die Torrosiner ließen die Veränderung seines Laufs zu mit der Bedingung, daß ihnen aller Schaden ersetzt würde, der dadurch entstünde. Dies haben die von Terni aber nie getan. Und so ist nun jetzt der Prozess: die Torrosiner verlangen, ihnen entweder den Schaden zu ersetzen, oder dem Fluß seinen alten Lauf zu geben. Weil die Terner aber Hab und Gut darüber verlören, und der Sturz allzuschön und durch die ganze Welt berühmt ist und unansehnlich bei der Veränderung sein würde, und weil ferner die Torrosiner nur ein kleines Örtchen haben, und ihnen die Terner alles abkaufen und aus dem Lande lieber haben wollen, so werden die Torrosiner ohngeachtet ihrer gerechten Sache doch angeführt bleiben. Der Streit ist inzwischen schon alt, und Cicero schreibt schon davon.

Den 11 Julius.

Augustiner Kirche, gotisch, festgemauert, gute Tür mit Verzierungen von Birnen und Feigen und Blättern zugleich; die Kirche selbst ein länglicht Viereck gewölbt. Kanzel in der Mitte, Orgel über dem Eingang, Chor am Ende.

S. Salvatore. Ein alter Rest von einem Tempel; rund wie das Grabmal der Metella. Unten sind zehn schmale Bogen mit

Pfeilern, wovon man die Eingänge zugemauert hat, sie stehen vom obern Aufsatz ein wenig vor. Sehr fest alles ohne Kitt mit kleinen Quadern von Tuffstein gemauert. Das Ganze äußere ist noch wohl erhalten; und wirft mit seiner simplen Schönheit allen angeflickten Quark über den Haufen. Es steht da wie eine Jungfrau.

Das Übrige ist verhunzt, so daß man die Einrichtung nicht merkt.

Drei Paläste neben einander *Canali*, *Genuini* und *Graziani*. Der von *Genuini* glänzt wegen seiner guten Bauart unter den andern hervor wie ein reiner Perl unter Fischschuppen. Canali ist eitle französische Pracht. Einige Statuen sind gut, als Bacchus auf der Treppe und Minerva im Hofe. Graziani ist auch im eitlen französischen Styl. Nicht weit davon steht noch einer des Conte *Frapezzi* auch in sehr gutem Styl. Die Kirche *S. Lucia* ist in sehr gutem Stil, die Fassade sehr gut. Das platte Dach in der Kirche tut schlechten Effekt; die Form ist ein simples Oblongum. Antonius Rusticus interamnas steht an der Fassade, de Rusticis sonst; dieser ließ sie auf seine Kosten bauen 1550. *S. Francesco* ist gotisch. Das hohe Gewölbe tut sehr gut, und der freie Raum. *Der Dom* ist modern und französisch verziert, die Form ein Kreuz mit der Kuppel. Übrigens ist noch viel altes Gemäuer in Terni, woraus man sich Hütten zugerichtet hat, so gut es hat gehn wollen. Die Straßen sind klein und enge. Einige fürtreffliche Türen, alle meist nach derselben Form.

Nachmittag um 19 Uhr nach der Kaskade unten. Hier ist man recht der Mutter Natur im Schoß und genießt die Höhen und Tiefen der Erde, und ihr Schaffen und Wirken und die Fülle ihres Lebens. Ein enges Tal von neuen und äußerst reizenden Kontrasten, Welsche Milde und Schweizer Rauheit vereinbart. Himmelstrebende Gebürge, donnernder Wassersturz, hereinbrausende wilde Fluten, und daneben die zarten Pomeranzen und Ölbäume, Lorbeergänge, süße Reben, zarte Pappeln, Feigen, Melonen. Das Tal durch die Felsen haben augenscheinlich die Flüsse durch Jahrtausende gerissen, wie deutlich die an den Höhen noch hangenden Überbleibsel von Tartar zeigen; Vorher machte es einen kleinen See aus. Der Velino auf der Höhe des Gebürgs linker Hand hat vielmalen seinen Lauf verändert, wie ebenfalls die Spuren deutlich zeigen. Gleich neben der jetzigen Kaskade ist linker Hand desselben noch sein altes Bett. Er stürmte schräg herein, hatte aber keinen geraden Sturz. Die Ternaner beredeten sich mit ihren Nachbarn, weil er ihnen zu vielen Schaden tat seinen Lauf zu ändern, und diese ließen es zu, mit der Bedingung, denselben den entstehenden Schaden zu ersetzen. Dadurch kam der jetzige Sturz, welcher sie zum ersten mal wunderbar muß entzückt und in Erstaunen gesetzt haben. Er hat oben ein sehr tiefes Bett, und dessen Ufer sind dicht mit hohen grünen Eichen, Ulmen, Erlen, Pappeln und anderm niedern Gesträuch durchaus bewachsen, und man kann nicht erfreulichers sehen, als seinen schnellen rauschenden und hohe volle Wellen schlagenden tiefabhängigen Schuß dadurch; etwa vier Schritte vor seinem Fall hat er sich selbst einige Tartarschiefern gebildet, worüber er rauschend im Flug hinabgleitet; diese vier Schritte bis an die Mündung hält er ein wenig ein, als ob er sich noch besänne, und neben ihm schauen die hohen Pappeln und Eichen und Ulmen dem furchtbaren Schauspiel wirklich zu; aber die immer einbrechende Flut treibt ihn von dannen, und er sinkt und zerfällt, von der immer heftiger anziehenden Kraft der Erde zu Platzregen und endlich Schaum aus einander gerissen seine gute zweihundert Fuß in eine unergründliche Tiefe, wo bei dem immer währenden gleichen schneidenden Brausen des Falls in dem zurückspringenden Schaum ein sich herum wälzendes Donnern in wiegender Bewegung heraus brüllt. Alsdenn schießt er in schäumenden Wogen über Tartarschiefer durch ein krummes Bett ohngefehr die Hälfte noch so tief in die Nera, die rechter Hand durch das Tal furchtsam herbei schleicht, und sich nach und nach mit dem wütenden heroischen Jüngling vereinigt, ob er sie gleich immer zurückstößt, so daß sie bei seinem hohen Ungestüm im Winterwetter zurücktritt, und den Torosinern ihre Felder verderbt.

Sein Sturz geht in ein Felsenloch das gerad wie eine zerbrochne Tasse aus sieht, wo vorn der dritte Teil bis an den Grund abgesprungen ist. Auf dem Rand derselben linker Seite hat man jetzt eine Hütte wie ein Observatorium angelegt. In der Mitte der Tasse am Sturz steigt ein Felsenscherben herein, woran der feine Wasserstaub höher als der Fall selbst ist, in die Höhe fliegt.

Weiter vorn, wo man den runden Berggipfel von Torrosina sieht und den andern schöngewölbten hintern Berg, sieht der Anfang des Sturzes weit reizender aus, als gerad davor; allein man sieht nur wenig davon. Die Berge bestehn aus harten Marmorfelsen, sind aber oben bis an die Gipfel alle mit Bäumen bewachsen.

Das Tal vom Ausgang der Nera aus dem Gebürg von Papigno an bis nach Terni und das andre Gebürg ist ein Anblick der üppigsten Fruchtbarkeit. Von dem Flusse werden eine Menge Kanäle abgeleitet in Stadt und Gärten herum, und diese Kanäle sind alle so dicht mit Gesträuch und Bäumen bepflanzt, daß man sie wenig sieht, aber immer wegen ihres schnellen Rauschens hört.

Wenn man nach der Kaskade von unten geht muß man durch einen Garten, der jetzt dem Graziani, einem Edelmann von Terni gehört, der erst vor sechs Monaten eine der schönsten Fräulein geheiratet hat und jung und schön und reich selbst ist. In diesem Garten ist eine der schönsten Lorbeeralleen, die ich gesehen habe, ein Gang der besten Pomeranzenbäume, und viel Wein und Feigen. Ein wohlgebautes Kapellchen in den Felsen mit einer Statue der heiligen Rosalia und einigen Engeln um sie herum; sie liegt auf einem Kissen mit Blumen bekränzt. Welch ein Paradies für ein paar verliebte Seelen, wenn sie ihr Leben und Glück zu genießen wissen!

In Terni ist alles wohlfeil. Der beste Wein kostet 6 Quatrini, oder einen Bajocco. Das Pfund Rindfleisch 3 Bajocco. Korn ist in Überfluss da; und doch muß ein Fremder mehr bezahlen als in Rom. Dies machen die Engländer und eitle alberne Mahlerstutzer, die zuweilen herreisen und sich sehen lassen wollen.

In der Nera und dem Velino fängt man viel Forellen, sie müssen zuweilen vom Sturz mit herab, und man erkennt dies an ihren aufgeschlagnen wunden Mäulern.

Den 12 Julius.

Um sechs Uhr welsch mit einem Pferd abgereist. Olivenwäldchen auf und um und hinter dem nördlichen Hügel von Terni. Alsdenn immer durch Waldung und Gebürg, gerad wie in Thüringen. Die Nachtigallen schlugen äußerst stark. Schöne Grüne Eichen in herrlichem Wuchs. Verschiedne gute neue Gebirgsconturen, besonders einer auf der Mitte des Wegs in der Ferne, der über alle hervorragt, wild und königlich. Wenn man aus dem Wald in das enge Tal von Spoleto tritt, merkt man erst an den Weinreben um Ulmbäume geschlängelt, daß man in Italien ist. Mächtige hohe Streifgebürge. Spoleto liegt auf dem Abhang eines Hügels, auf dessen höchsten Gipfel die Festung, oder der jetzige päpstliche Palast sich befindet. Dahinter erhebt sich gewaltig der Monte Lupo, von welchem das Wasser vermittelst einer gotischen Brücke mit einige hundert Fuß hohen Pfeilern und kleinen Bogen gestützt über das Tal in die Stadt geleitet wird.

Gegenüber steht ein runder niedriger Hügel, und südlich steigt das Gebürg empor, nördlich ist die Pläne nach Fuligno.

Der Dom ist eine schöne Kirche, mit einem Kreuzgang, und einer Kuppel und Pfeilern und hat viel Marmor. Voran ist eine Vorhalle. Es ist darin ein Gemälde von Guercino linker Hand des Kreuzgangs, welches eben nicht viel bedeutet. Die heilige Cäcilia ist die beste Figur und scheint ein Porträt zu sein. Das Ganze ist sehr schwach und gestaltlos. Von Anibal Caracci aber ist die Heimsuchung Mariä ein herrlich Bild, voll Ausdruck, Charakter und schönen Formen. Schade, daß die Farbe hier und da abgesprungen.

Der Aeskulapstempel vor der Stadt al Santissimo Crocifisso ist eine Kinderei. Man merkt gar keine Form mehr von einem Tempel, und es sind 14 zusammengeflickte Säulen zu einem Altärchen, so gut sich es hat schicken wollen. Vier große Korinthischer Ordnung, zwei große Jonischer Ordnung; sechs kleinere Korinthischer Ord. Zwei kleinere aus Bruchstücken gestreift und ungestreift zusammengesetzte; eine dorischer Ordnung, der andern fehlt das Kapitäl und man hat ihr statt dessen ein Stück Gebälk aufgesetzt. Zwei Große sind schlecht und elend von Backsteinen dazu gemauert und kalküberschmiert, haben aber Jonische Kapitäler und Kranz. Das dorische Gebälk existiert noch ganz über den kleinern gehört aber wahrscheinlich nicht dazu; die Ochsenköpfe daran sind ganz abgerieben. Doch es verlohnt sich nicht der Mühe, viel Reden darüber zu verlieren, weil es ein Quark ist, obgleich Bernoulli den löblichen Volkmann darüber falsch korrigiert, und dieser seine Korrektionen wieder abgeschrieben hat, so wie der gute ehrliche Mann alles abschreibt. Es ist ein Elend und Jammer wenn man den deutschen Baronen so Häkerling und Stroh von diesen zwei blind in den Tag Hineinreisern und alles Aufschreibern auftischen sieht:

Von Rom bis Civita Castellana sind	34 Miglien
Von C. C. bis Otricoli	12 –
Von O. bis Narni	9 –
Von N. bis Terni	9 –
Von Terni bis Spoleto	18 –
	82

Die Schnitter haben immer einen bei sich mit der Zither, der dazu singt; und sie machen oft zusammen Chorus.

Rechnung.	Von Rom bis Civita Castell.	4 Paoli
	In C.	8
	Von C. bis Otr.	4
	Von Otr. bis Narni	3
	Von N. bis Terni	1
	In Terni	15 für Essen
	Für Wäsche und Trinkgeld	5
	Für den Boten nach dem Wasserfall	10
	Auf der See	2
	Für Sohlen	2
	Für Pferd nach Spoleto	5
	Dem Boten	4
	Kleinigkeitsausgaben zusammen	3 P
		66 P.

Starkes Gewitter um Mittag. Eine halbe Stunde nach Mittag mich allein zu Fuß auf den Weg gemacht. Das Tal von Spoleto bis Fuligno ist vielleicht eins der fruchtbarsten in der Welt; lauter Kornland, und lauter fette lockre bräunliche mit ein ganz wenig Marmorkies untermengte verschiedne Ellen tiefe Erde. Die Gebürge zur Seite machen die ergötzendste

Der Clitumnus-Tempel bei Spoleto

Abwechslung; allerlei herrliche Formen, klein und groß, immer eine schöner oder majestätischer als die andre; verschieden Grün von verschiednen Bäumen und Gesträuch darauf; kahle Felsen dazwischen rot und weiß und braun und grau; oder Flecke mit Heide bewachsen, manches mit Moos macht ein reizend Spiel von Farben. Das Kornfeld ist überall mit Ulmen besetzt, um die sich fruchtbare Reben winden. Das entzückendste Schauspiel aber auf der ganzen Reise macht der Clitumnus, welcher am Fuß des höchsten Bergs der Gegend Campello, aus einem Felsen von hundert Schritten in einer Menge Quellen, deren ich über ein Dutzend gezählt habe, hervorsprudelt. Der Felsen ist mit vielen uralten Feigenbäumen bewachsen, die sich in dessen Risse und Spalten fest eingewurzelt haben und alles lieblich beschatten. Der mittelste Quell ist der starkste. Es ist eine wahre hohe Lust zuzusehen, wie das klare, kristallhelle Naß aufquillt, in der Stille in Bläschen aufschwillt, alles innerlich sich regt und bewegt und die Fülle von sich selbst auf ebner Fläche fortrinnt. Gleich wenige Schritte von den Quellen drängt er sich zu einem kleinen lebendigen Teich, der voll der frischesten zarten Lorbeerstauden ist, und aus diesem stromt er schon wie ein ansehnlicher Fluss und wird binnen wenig Schritten so stark, daß ich keine andere so volle Quellen kenne als die der Vauclüse, die aber schon als ordentliche Bäche aus den unterirdischen Felsengrotten hervorströmen. Sein Wasser bleibt das ganze Tal durch Kristall hell, und deswegen wuschen und badeten die alten Römer ihre Opfertiere darin. Und es war ein Lobspruch auf den Clitumnus, wenn sie sagten, daß er das Vieh weiß mache. Die Ochsen in dieser Gegend haben auch wirklich ein glänzendes Silberweiß, und sind außerordentlich gutartig. Ich habe viele Menschen von so gütigen Mienen gesehn, und dieß waren immer die wakkersten Bedienten und die bravsten Untertanen.

Wenn das Tempelchen auch nicht dem Clitumnus erbaut war, so dünkt es einem doch schön, es hier zu denken. Die Bauart ist offenbar aus den spätern Zeiten, vielleicht schon der Goten. Die Säulen selbst verschieden, die mittlern schuppicht, die zwei folgenden schraubenförmig gestreift. Die Kapitäler und das Gebälk ist korinthisch.

Treve liegt ganz fürtrefflich an einem runden Hügel die Hälfte herum gebaut, fünf Miglien von Fuligno. Es sieht aus, als ob die Menschen wie die Vögel sich in Bäume und an Häuser auch in die Höhe hätten nisten wollen. Es heißt mit Recht *la Ringhiera o Loggia dell' Umbria*, weil es über das ganze Tal von Spoleto herrscht, und man von da Perugia, Assisi, Fuligno und Spoleto mit vielen andern Ortschaften sieht. Der ganze übrige Berg ist ein reiner Olivenwald durchaus.

Der Ort, wo die Quellen des Clitumnus entspringen, heißt deswegen le Vene. Der Clitumnus hat die herrlichsten Forellen. Von Fuligno aus rückwärts macht das Gebürg noch die pittoreskesten Formen und Farben und Fernen. Eine und eine halbe Miglie von Fuligno fängt die breite Chaussée an, fast so breit wie die zu Neapel.

NB. Die Baurenwirtschaft zu Vene. Und die Prügelei zu Fuligno.

Abends mit einem Advokaten von Macerata gespeist, welcher den Berni und la Casa und Molze in der berneskischen Art für den Triumph der welschen Poesie hält; besonders einige Satiren des ersten für besten unter allen. Ariosten aber doch für den größten unter allen welschen Dichtern, und den Tasso bloß für einen gelehrten Mann voll Geschmack. Die Priester waren immer die schlechtsten Menschen, sagte er.

Den 13. Jul.

Rafaello al Convento delle Contezze.[1] [Farbtafel I]

Es ist der Mühe wert, deswegen allein nach Fuligno zu reisen. Die Madonna, der hl. Francesco, der hl. Hieronymus, welche Figuren, welche Charakter! wie ist alles so rein bis aufs Haar bestimmt, ächte griechische klassische Arbeit. Im Kopf der Madonna ist alles himmlische vereinigt, was bei den schönsten weiblichen welschen Köpfen hier und da angetroffen wird. Wie klar die Stirn, wie reizend das lichte Kastanien Haar nach den Ohren weggelegt, der bräunliche Schleier wie sanft und lieblich, in den hold hernieder blickenden Augen welche Güte! wie schön die großen Augenlieder, die vollen jugendlichen Wangen mit Schamröte überzogen, wie jungfräulich, wie süß der völlige Mund und das zarte Kinn, und die Nase wie unschuldig herein, welch ein schönes Oval und wie reizend auf der rechten Seite herum bis auf den Hals in Schatten gehalten. Wie reizend schwellen die Brüste unter dem roten sittsamen Gewand hervor.

Welch eine welsche feurige eifrige Frömmigkeit und Wahrheit im Kopf des hl. Franciscus, und welch ein schöner kniender Abt! Wie kräftig ist der Kopf des hl. Hieronymus gemahlt und in welchem feierlichen Ernst von Betrachtung! Johannes ist ein ächter wilder Eremit, der sich nicht auf bürgerliche Höflichkeiten versteht und dreust sagt, was er denkt. Der Kardinal bloß Porträt voll Bewunderung. Der Engel mit dem Täfelchen ist herrlich gemahlt, nur weiß man nicht, was er soll, weil vergessen worden ist, es drauf zu schreiben. Durch den linken Schenkel der Madonna, und den rechten des Kindes geht ein starker Riß, doch schadet es wenig, weil es an den minder bedeutenden Teilen ist. Das Kolorit in den Köpfen ist täuschend abgewechselt, wie die

1 Heute im Vatikan

Natur tut, Madonna ganz weiblich, voll Empfindung errötend, Francesco jugendlich männlich schön, Hieronymus kräftiger Greis, der Kardinal trockner etwas beinerner Kopf. Engel und Kind in gehöriger Zartheit und Fülle. Die Figuren sind alle in Lebensgröße, die Madonna noch etwas darüber, vermutlich um sie zugleich dadurch zur ersten Person zu erheben.

Sie schwebt hernieder auf natürlichen grauen Wolken mit Engeln umgeben, von denen man die fernen Köpfchen in den Reflexen der Wolkenfarbe sieht; folglich ist die Glorie ganz begreiflich grau in grau. Die Madonna ist in vollem lebendigen Kolorit und wirft einen Glanz um sich wie eine Welt. Unten ist freies Feld und ein Flecken, wo die Heiligen sich beisammen befinden, und sie anrufen und anbeten und in ihrer Betrachtung verloren sind.

Im Dom.

Am linken Kreuzgang am Altar linker Seite des mittlern großen ist ein *tondo* oder eine *tazza* oder Halbbogen von Raphael gemahlt, eine der seltensten Malereien.

Eine Madonna mit dem kleinen Christus zur linken und dem kleinen Johannes zur rechten, zwei holde nackte Bübchen in schöner Bewegung. Hinter ihr zur rechten der hl. Joseph und zur linken der hl. Antonius, und auf beiden Seiten zu Ende zwei Jungfrauen vermutlich Marien. Alle haben kniende Stellungen außer den Bübchen. Die drei Weiber haben fürtreffliche Draperien besonders das Mädchen zur linken, von der man den linken Fuß sieht, ist ganz wollusterregend und göttlich, so zeigt sich das Nackende und die schönen Formen des Unterleibs, der vollen Hüften und Schenkel; das Gewand macht eine ganz natürliche Falte zwischen den Schenkeln und zieht sich im Knien an. Die jungen Brüstchen schwellen reizend unter dem Gürtel hervor. Alle drei Weiber haben rote Gewänder wie leichte Hemder. Die

Gesichter sind voll Reiz und Grazie, und die Madonna hat wirklich etwas süßes in Blick und Mund, wie von Correggio und blickt in stiller Entzückung nieder. Alle sind vertieft in die Kinder, die auf einander zeigen und sich freuen. Der Kopf des hl. Josephs ist zugleich meisterhaft gemahlt wie vom Tizian nebst dem herrlichen Ausdruck. Der hl. Antonius allein weicht sehr von den andern ab und ist mittelmäßig durchaus, als ob er ihn nur weggejagt hätte, um fertig zu werden. Alles andere ist mit viel Liebe entworfen, und es herrscht durchaus die süße stille tiefe Raphaelische Empfindung. Madonna und das naive Mädchen zur linken sind äußerst reizend drapiert. Das untere ist nicht von ihm, aber doch von einem seiner Zeitverwandten. Ein Kruzifix erscheint einem Heiligen, den man vor dem Sarg des hl. Antonius aus Ungarn nicht sehen kann, welcher davor steht.

Das Haar der Frauenzimmer ist blond, schön abwechselnd geflochten und gelegt. Madonna allein hat einen Schleier.

Beim Cavaliere Gregorj.

Eine kleine Gemäldesammlung, worunter einige sehr gute Stücke sind und verschiedne Kopien, die man für Originale ausgibt. Das wichtigste ist eine unvollendete Heilige Familie von Raphael; die zwei Bübchen Christus und Johannes sind völlig fertig, und die Hände der Madonna, das übrige ist zum Teil schon angelegt mit Farben, und zum Teil nur gezeichnet. Es ist also äußerst interessant, um die Art zu arbeiten von Raphael zu sehn. Die Bübchen sind fürtrefflich gezeichnet und gemahlt.

Atalanta und Meleager im Laufen; von *Giulio Romano*; meisterhafte Komposition und Ausführung. Vorzüglich sind die zwei laufenden Figuren voll Kraft und wahrer Lauferbewegung.

Hiob blind mit Weib und Kindern vor ihm in einer Landschaft von *Castiglione*. Voll Natur in Gestalt und Kolorit; ein reizend Bild. Ein Ecce Homo von *Correggio* in seiner ersten Manier. Verschiedne kleine Gemälde von *Carlo Veneziano*.

Zu S. Niccolò.

Ein fürtrefflich und wohl erhalten uraltes Altarblatt von Alunno. Dies besteht aus einer Menge Gemälden. Das mittlere Hauptgemälde stellt die Geburt Christi vor, oben darüber ist seine Erstehung, unten wie er zum Kreuz geführt wird, und darum her die andern Leidensgeschichten. Auf den Seiten S. Sebastian, und andre Heiligen. Alles ist äußerst bestimmt, und deswegen hart; hat aber viel Natur und Wahrheit in Gestalt und Ausdruck. Für die Geschichte der Malerei ist es ein wahres Kleinod.

Bei *Claudio Gigli* schönes Haus von Nudi. Fürtreffliche Tür und Fenster. Verschiedne gute Gemälde zu verkaufen. Madonna mit dem Kinde vermutlich von Andrea del Sarto, Christus mit der Samaritanerin von Tizian, Parmeggianino, einige fürtreffliche kräftige Porträte wahrscheinlich von Tizian.

Ihre Gotischen Kirchen bauen sie meist inwendig modern; so machen sie's jetzt mit dem Dom, wo sie lächerlich oben ans Gewölbe vor dem mit Stuck und Holz nachgemachten Altar von S. Peter geschrieben haben: *Magna est Gloria domus istius novissimae. Agg. II. 7.*

Die Statue des Heiligen Felicianus ist von Holz, das die Würmer schon deutlich genug zerfressen haben, und wovon schon deutlich genug verschiedne Stücker abgesprungen sind, um sie nicht für Thon oder sonst etwas zu halten.

S. Francesco, S. Dominico, Fraporta gotisch. S. Dominico sind nur zwei lange Wände mit einem Bogen vorne und ein Dach darüber. Zu S. Agostino sind noch ein paar gute Gemälde.

Um 19 Uhr abgereist.

Fuligno herrlich von einem Fluß durchflossen, umgibt einen großen Teil der Stadtmauern; heißt Topino.

Auf der 104. Miglie Reste von einem Amphitheater. Am Wege steht eine Aufschrift deswegen, beim Ort Spello:

RUDERA AMPHITHEATRI SPL. C. JULIAE HISPELLI
VRBIS FL. CONSTANTIS MUNICIPES M. HANC P.
CURARUNT 1783 V. K. JUN.
RERUM TEMPUS EDAX NIHIL HIC DURABILE GAUDET
QUAE CIRCUM SPECTAS SAT MONUMENTA PROBANT.[1]

Man kann die Lage und den Umpfang desselben deutl[ich] sehen. Es stehen einige Maulbeerbäume in der Arena, das übrige mit Gras bewachsen.

Gleich daran eine reiche Villa mit viel Zypressen, und darauf ein ganzer Wald von Ölbäumen über eine Miglie. Der Weg geht immer rechter Hand am Gebürg fort; oben ist der Gipfel kahl, darauf Wild Holz und dann Ölbäume, dann Kornland mit Ulmen woran immer der Weinstock seine Ranken hinauf und herum zieht, und die Straße eine herrliche gerade Chaussée ist mit Maulbeerbäumen und hohen Eichen eingefaßt. Auf der linken Seite dehnt sich das Tal breit aus, und da ist lauter Fruchtland.

Entsetzliches Gewitter, wo es rund um mich einschlug, so dass ich in Flammen stand, aber ohne Regen, wie meistens die welsche Poesie ohne Empfindung. Ich flüchtete mich

1 Die Trümmer des Amphitheaters von Spello [Splendidissima Colonia Julia, Hispellum und Flavia Constans] / Große [Magni?] Bürger haben diese öffentlich [publice] / herrichten lassen am fünften Tag vor den Kalenden des Juni 1783. / An nichts erfreut sich hier die gefräßige Zeit für lange, / sieh dich um, die Bauwerke bezeugen es zur Genüge.

endlich in das erste Kloster [S. Maria di Rivotorto], welches der hl. Franciscus anlegte, wie die Inschriften am Altare sagen. Die ersten Mönche waren fast alle von Assisi, an der Zahl zwölf. Viele Mädchen und Weiber und ein Paar Männer vom Felde, wo sie Korn gesammelt hatten. In Italien arbeitet man überall Sonntags; es ist genug, wenn man seine Messe hört. Das Kloster liegt 2 Miglien von Angeli.

Abends angelangt zu Angeli. Gut gegessen und getrunken. Padre Penitenziario ein Ungar, Organist, gute Haut. Der Padre Marcellino un Porco di S. Francesco; wie ich ihm alle die Reize von dem Tal di Spoleto erzählt hatte, blieb er ganz still dabei; aber wie ich nur das Wort *trotte* vom Clitumnus nannte, schmatzte er in der Tat wie ein Schwein und wurde lebendig, *cattera!* rief er aus. Wie ich dem Laienbruder sagte *ho studiato le scienze* verstund er *stuccatore*, und sagte: ah damit verdient man viel Geld in Italien, das ist ein gut Handwerk, das geht.

Den 14 Jul.

Kirche la Portiuncula.

Von herrlicher majestätischer Proportion durchaus. Das Ganze macht einen reinen Klang in der Seele wie C-dur, oder der Jonische Rhythmus; Alles weit und frei und voll Raum; simpel und ungeziert. Ein Paar Gemälde von Raphael an Ort und Stelle wo sie hingehören, würden ihr gut lassen; es wäre zu wünschen, daß die schlechten Malereien in den Kapellen weg wären.

Die ganze Form ist ein Oblongum, wo am Ende die Kuppel in der Mitte sich erhebt und das Licht davon herein bricht. Hinten ist der Chor mit rundem Ende und drei großen und drei kleinen viereckten Fenstern angefügt und erhebt sich von dem Boden mit vier Marmorstufen die mit einem weißen marmornen Geländer eingefaßt sind. Er hat gerad nur die Breite des mittlern Schiffs; und der Baumeister hat sich glücklich aus der albernen Form des Kreuzes damit weggestohlen, es scheint eins wegen der Kuppel und den nicht zugemauerten Seitenkappellen, ist aber keins. Rechter Seite des Chors ist ein Privatchor; und linker die Sakristei. Die Rundung am Ende geht aus dem Oblongum heraus. Die Ordnung ist durchaus dorisch, und die Dreischlitze allein in den Friesen. Die Kuppelpfeiler unterscheiden sich nicht von den andern, wie man zur Schande des Baumeisters aus Bernoullis Reisebeschreibung im Steigbügel gemacht glauben sollte.

Der Tisch des Altars ist von Marmor, die Einfassung von vergoldetem Holze. Das Gemälde des Barocci ist in der fünften Kapelle zur rechten vom Eingang an gerechnet, das in der ersten Kapelle zur linken ist so elend wie die andern, Herr Bernoulli hat sich versehen. Das Häuschen des hl. Franciscus, worin er seinen Orden erdacht, steht gerad unter der Kuppel und macht einen herrlichen Effekt mit seiner Ärmlichkeit und seinen bäurischen Mauern; er soll sichs mit eignen Händen gebaut haben, vermutlich also auf der Stelle selbst; denn man begreift sonst nicht wie es hergekommen. Die Fassade und [das] Äußere entspricht dem Innwendigen. Ich weiß nicht, was Bernoulli sich für ein Ideal von Breite und Höhe gemacht hat, ich finde sie sehr zusammenpassend. Vorn gehn drei Türen hinein, die mittlere ist größer, alle viereckt. Das Schiff ist oben sehr gut und simpel eingefaßt nicht mit dem schweren albernen Pomp der Römischen Kirchenfassaden. Der ganze Tempel stimmt zur Reinheit und Demut; und ist gewiß einer der schönsten. Es fehlt freilich noch viel zur Größe der Peters Kirche. Seine Länge beträgt mit samt dem Chor meiner Schritte kaum 150 und Sankt Peter macht mit der Vorhalle ihrer 300. Selbst S. Giustina in Padua ist größer.

Hoc templum fundatum fuit die 25 Martii A. D. M. D. LXIX.

Er ist hundert Schritte lang, und achtzig breit ohne den Chor. Der Kuppelgang etwas breiter als die andern Kapellen. Das Schiff ist 26 Schritte breit, die Nebengänge 13. Der Chor hat 50 von der Kup[pel].

Das Häuschen des hl. Franciscus dient statt des Hauptaltars, und darin wird immer Messe gelesen. Den Hauptaltar kann man auch davor nicht sehen. Dazu kann aber der Baumeister nicht. An jedem Pfeiler ist ein Beichtstuhl, alle von verschiednen Sprachen, ausgenommen linker Hand vom Eingang steht am mittlern die Kanzel. Über der mittlern großen Tür ist eine Ringhiera, um dem Volk den Segen zu geben. Jede Kappelle ist mit einem viereckten Fenster und zwei kleinen runden erleuchtet. Das große Schiff rechter Hand mit einem eisernen Geländer eingefaßt. Der Hauptaltar vor dem Chor macht gleichsam eine besondre Kirche.

Die kleinern Pfeiler in der Kuppel oben sind korinthisch. Es sind ihrer sechszehn, zwischen jedem Fenster zwei gekuppelt.

Das Stück von Baroccio ist manieriert wie seine andern, affektierte Grazie ohne Natur; so steht Maria da mit einem süßlichen Köpfchen und kniet der Engel mit einem Bein. Doch ist dies das beste. In der Sakristei stehen noch einige Gemälde, wovon ein paar gut sind, von denen sie eins, nehmlich einen Christus, sogar für einen Raphael ausgeben. Das Kloster ist herrlich angelegt. Zwei Refectoria ungeheuer groß, und eine schöne Küche dazwischen.

Assisi. Liegt äußerst angenehm auf einem runden Hügel, und übersieht das ganze fruchtbare Land. Man geht dahin durch eine schöne Maulbeerbaumallee. Die Stadt ist sehr still und voll Brunnen schier wie Rom, worunter einige von sehr guter Architektur sind. Die Kirche al sagro Convento [S. Francesco] ist das wichtigste was man hier zu sehen hat; ein herrliches gotisches Gebäude nebst dem Kloster. Die Kirche macht ein Kreuz aus; vier Bogen bis zur Mitte, und der Kreuzgang hat 3 Bogen, und einen der runde Chor. Es sind zwei Kirchen über einander und nicht drei wie Volkmann irgendwo abgeschrieben hat. Die Suterranien, wo der hl. Francesco begraben liegen soll, machen keine Kirche aus, und liegen unter dem Hauptaltar; Niemand kommt und darf dahin. Das Gebäude ist erstaunlich fest, mit zwölf torrioni umgeben, die es mit ihren dicken Mauren halten. Die Gewölbe sind meisterlich gemacht. Der Chor geht hinten rund aus. Es ist eins der schönsten gotischen Gebäude. Die untere Kirche ist dunkel, und schickt sich trefflich für severe Gottesdienste; die obere ist licht und hell. Das Kloster ist sehr weitläuftig und hat Substructionen, die meistens von Sixt dem vierten mit erstaunl[ichen] Kosten aufgeführt sind. In der Kirche sind viel Gemälde von den ersten Wiederherstellern der Malerei, sie sind aber stark verloschen und verdorben. Von der Terrasse des Klosters besonders vor dem Refectorio hat man eine herrliche Aussicht und übersieht das ganze fruchtbare Land. S. Francesco hat sich nicht übel mit seinen ersten Mönchen quartiert; hier ist alles voll Klöster und die andern armen Schelme gehen wirklich wie geprellte Coglioni herum und müssen arbeiten, indes die Pfaffen sich ihre Kutte küssen lassen und wohlleben und schmausen.

La Minerva ist in der Tat ein schöner konservierter Überbleibsel von dem alten Römischen Leben. Es sind sechs gestreifte Kolonnen, mit dem ganzen Gebälk, alles wohl erhalten. Die Säulen sind von hiesigem Travertin oder wenn man so will, Tuffstein. Nicht weit davon sind auf dem Markt einige antike Inschriften, die aber wenig bedeuten.

Der Baumeister der Portiuncula heißt Galeazzo di Perugia, Vignola aber hat seinen Plan ausgebessert. Der Brunnen sind 26 von außen. Die Kirche macht ein Oblongum, man kann von außen den Plan am besten sehen. Der Chor geht heraus von dem Oblongum so weit er rund ist. Neben der Kuppel steht rechts ein Turm; der linke ist nicht aufgeführt. An der Fassade sind alle Gänge von innen zu sehen. Das

Ansicht von Assisi

mittlere große Schiff, die zwei Gänge neben, und der kleinere Abschnitt zu den Kapellen; jeder Raum hat seine Pilaster. Und das Schiff oben ist mit vier andern bezeichnet. Die Kuppel ist mit Blei gedeckt.

Die Porci di S. Francesco merkten endlich, daß ich nicht ihres Gelichters war, und suchten mich geschwind los zu werden, aber es half ihnen nichts; es kam ein Gewitter mit lauter Wolkenbrüchen von Regen, und ich blieb solange bis dieser vorbei war; doch speist ich nicht bei ihnen sondern in einer osteria zu Assisi für 6 Baj. Der Pater Penitenziario Haftl führte eine herrliche blecherne Schachtel mit dem feinsten Zucker und Mokkabohnen bei sich; die Tasse Kaffee, die ich davon trank, bekam mir herrlich. S. Francesco hat schlechte

Heiligkeit bei mir erregt; denn mir träumte bei seinem Heiligtum von einem verführerischen Mädchen und ich hatte eine Herkulische Pollution. Um 19 Uhr abgereist, ohne Abschied zu nehmen, weil der Pater Marcellino und der Penitenziario Hakl [sic] im Chor waren. Entsetzliche Überschwemmung bei Bastia wo ich mich durch drei reißende Wetterbäche tragen lassen mußte. Ein schon alter Kerl nahm mich samt meinem schweren Felleisen auf sich, und trug mich mit einem starken Stab versehen, wie ein großer Christophol leicht durch. Man kann von diesem Pröbchen auf die alten Römischen Legionen schließen.

Das Tal dauert immer fort, bis an die Tiber, die reißend in rauschenden Fluten vor und unter der Brücke S. Giovanni vorbei schoß. Auf den Anhöhen von Perugia übersieht man noch einmal das reizende Tal von Spoleto, und Valdichiana, und die kleinen schönen Täler daran selbst. Wenn man in die Stadt tritt, merkt man gleich die Überbleibsel von einem freien Volke, das in herrlichem Wohlleben stand; aber man sieht nichts neues großes und schönes, alles aus vergangnen Zeiten. Doch sieht das Volk sehr munter und mutig aus, und hat etwas heroisches.

Ausgaben.

Zu Spoleto	3 P. noch ein Mückenstich
Zu Fuligno	9½ P mit den Trinkgeldern
Zu Assisi	1½ P. mit Trinkgeld
28 Miglien	14 P.

120 Miglien von Rom in allem.

Den 15 Julius. [Perugia]

S. Francesco. Johannes mit vier Heiligen um ihn[1]. Die zwei Figuren neben dem Johannes sind die besten. Der Held zur linken ist ganz wie Alcibiades in der Schule von Athen, nur hat sein Ausdruck im Gesicht weit mehr Süßigkeit und Zärtlichkeit der Empfindung, und die ganze Gestalt ist reiner und edler; Ein göttlicher Kopf ist es, mit den begeistert gen Himmel blickenden Augen.

Auferstehung. Die besten Köpfe sind unten die vier Scharwächter. Raphael sitzt unten in der linken Ecke als ein Schweizer gekleidet und hat den Kopf auf dem rechten Arm liegen und schlaft; noch die zwei andern schlafen und Peter Perugino hält oben rechts den Degen in der Hand und zieht aus. Zwei Engelchen beten an; in dem zur linken sieht man schon die Raphaelische Grazie. Am besten gemalt ist der Wächter in der rechten Ecke. Christus hat einen einfältigen Charakter.

Nella Capella degli Oddi. Eins von den ersten Gemälden Raphaels, aber von unendlichem Wert, und ein göttlicher Inbegriff einer Menge jugendlicher Gestalten die in seiner Seele aufblühten.

Das Ganze stellt vor die Himmelfahrt Mariae[2] [Farbtafel II]; oben empfängt sie der Heiland mit Engeln die Musik machen und krönt sie; und unten stehn die zwölf Apostel an ihrem offnen Grabe. Und in drei Gemäldchen unten ist erst der englische Gruß, alsdenn die Anbetung der hl. drei Könige und dann die Beschneidung.

1 Von Pietro Perugino, heute Perugia, Galleria Nazionale dell'Umbria ; die weiteren hier beschriebenen Kunstwerke sind – außer Baroccis Kreuzabnahme im Dom und denen in S. Pietro – heute in den Vatikanischen Museen.

2 »La pala degli Oddi«.

Alles ist ein wahrer Schatz von Gestalten und Schönheiten, die entzückendsten Blüten eines himmlischen Geistes. Welche Heiligkeit im Kopfe der Madonna und zugleich Gefühl von Seeligkeit, welch ein Reiz in einigen Engelsgestalten, besonders der mit dem Tympanon! Aber das interessanteste sind doch die zwölf Apostel. Welche Charakter Paulus, Petrus und Johannes! Paulus hat viel von seinem Aristoteles, Johannes von dem aufblickenden Jüngling beim Bramante in der Schule von Athen. Wie wahr und lebendig sind die Gestalten aus seiner Seele hervorgegangen.

Die drei kleinen Gemäldchen unten sind äußerst interessant. Der Engel erscheint der Madonna in einem prächtigen Korinthischen Tempel, sie betet, und blickt mit Majestät vor sich hin, ohne ihn anzusehn; in einem Landschäftchen in der Mitte zeigt sich Gott der Vater, und der hl. Geist als Taube.

In der Anbetung der h. drei Könige sind eine Menge Figuren, worunter einige voll Ausdruck mit Erstaunen. Die Hütte in zerfallenen Ruinen und das Landschäftchen ist voll Naivetät.

Die Beschneidung ist das beste unter den kleinen. Ein Jonischer Tempel. Die zwei Priester fürtrefflich herrliche Köpfe voll Charakter und Ausdruck; und die Seiten Figuren trefflich gefühlt und gedacht. Die Arabesken, wenn man sie so nennen kann, denn sie bestehen aus bloßen Linienzügen teilen sie reizend ab.

Der Kopf neben dem Petrus, die neben Paulus ganz göttlich. Das Ganze ist auf Holz und wohl erhalten bis auf einige Sprünge, wo der Gips auf dem Grunde besonders in der Figur rechts am Ende zum Vorschein kömt.

Abnehmung vom Kreuz im Dom von Barocci. [Farbtafel III]

Man kann nichts weiter davon sagen, als daß es viel Grazie in der Farbe und eine äußerst leichte und angenehme Manier hat. An Gestalt und Charakter ist gar nicht zu denken. Welch ein Johannes, welch ein Christus, welche Madonna, welche Marien! Doch sind die letzten noch die besten. Man kann wirklich weiter nichts davon sagen, als er mahlt eine schöne, so wie man von einem sagt, er schreibt eine schöne Hand. Viel Fertigkeit übrigens in Kolorit und Zeichnung, wo immer noch Wahrheit steckt, statt daß bei den Neapolitanern wenig oder nichts ist.

S. Pietro. In der Sakristei eine heilige Flavia über einer Tür mit 2 andern ganz himmlisch schöner Kopf in der Idee, woraus hernach die hl. Katharina zu Borghese kam.

Noch sind drei kleine Kompositionen von Pietro Perugino da von fleißiger Ausführung mit viel schönen Figuren und Köpfen, die Anbetung der drei Könige, Taufe und Auferstehung. Und daneben zwei schöne Figürchen.

In der Himmelfahrt Christi von Peter Perugino ist gewiß verschiedenes vom Raphael; wenigstens hab ich nie etwas von Pietro Perug[ino] gesehen, wie seine Madonna hier ist, zwischen Petrus und Paulus; ein ganz göttliches Köpfchen voll himmlischer Schönheit. Schöne gen Himmel gewandte Augen, süße rötliche Wangen und süßer Mund, reizendes Haar, herrlich gezeichneter Hals, und gute Draperie. Es ist eine königliche Figur und sie hält sich gewiß neben jeder Malerei. Schöne Füßchen, und das Gewand golden gesäumt. Unter den Aposteln sind noch herrliche Köpfe, als Petrus und Paulus, und Johannes und andre, doch haben die des Raphael zu S. Francesco schon mehr Naturleben und innigere Einheit reiner himmlischer Empfindung, weit mehr Seelenschönheit. Auch je mehr man die Madonna ansieht, merkt man endlich doch daß sie nicht von Raphael ist, es fehlt ihr die unaussprechliche geistige edle Schönheitsform, die dieser hohe Sterbliche allein besessen zu haben scheint.

Die ganze obere Glorie ist steif und geradlinicht. Auch haben die jugendlichen Gesichter unter den Aposteln meist einerlei Physiognomie; und sind also bloße Manier. Die Madonna allein ist das schönste und bleibt sein Triumph; die Hände sind auch nicht gut zusammen gelegt.

In den drei Stücken von Vasari ist wirklich ein wackrer Styl und viel Wahrheit der Ausführung; aber es fehlt der Geist, er hatte keine schöpferische Phantasie von Gestalten, und alles ist nur ein leeres Großtuen, ohne daß etwas dahinter steckt. Eine Menge schöner alter Larven, die platterdings nichts sagen und bedeuten.

Peter Perug[ino] war auf der Spur, aber er hat nicht durch gekonnt; er hat das Land der Schönheit voll lebendiger Gestalten nur geahndet. Raphael herrschte darin wie [ein] König; jener hat ihm den Weg geräumt und Fertigkeit beigebracht.

Raphael[1] *bei den Nonnen zu Monte Luce.*

Himmelfahrt und Krönung der Maria. Die Jünger, zwölf Apostel finden den Sarg voll Blumen, Nelken und Jasminen, während sie oben ihr Sohn mit Engeln empfängt und krönt. Es ist wunderbar, da Raphael die Apostel so oft gemacht hat, daß er ihnen immer andre Gesichter gab und doch so treffende, daß sie immer passen. Es ist wahr, die Krönung der Maria zu S. Francesco, diese, bleiben Vorübungen zu seiner Verklärung, wo alles großer göttlicher Charakter, Handlung und Leben ist: allein welche reine himmlische Gestalten immer schon auch hier!

Madonna ist eine der frischesten weiblichen Gestalten voll Matronenreiz und edlem Ernst und heißer wunderbarer Empfindungen der Seeligkeit, noch im Taumel neuer Gefühle wie vom Erwachen. Nicht Mädchen, aber Weib so frisch und blühend wie eine Jungfrau, alles groß und herrlich

1 Diesem damals zugeschrieben, heute im Vatikan.

schön. Sie faltet die Hände kreuzweis an die Brüste, und blickt durchaus gerührt mit entzücktem Aug auf ihren Sohn. Ihr Gesicht ist im Profil gehalten, man sieht ganz die rechte Seite und vom linken Aug nur den heißen Blick, Große

Perugia, Piazza del Municipio

schwarze Augen, weit aufgeblickt mit vielem Weiß, und ein zarter schwarzer Bogen Augenbraue, und Kastanienhaar unter dem langen grünen Schleier, der sich hinter dem rechten Ohr hinab zieht. Die Wange und das Kinn sind rundlich und völliglich. Der Kopf macht ein länglicht Oval und ist fürtrefflich gemahlt.

Christus sieht recht wie ein Sonnenverbrannter Enthusiast aus Kalabrien aus, in seinem starken Bart um die Kinnbacken, und derbem rechten aufgehobnen Arm. Der Engel mit aufgehobner Rechten voll Blumen an ihm hat einen Kopf voll himmlischer Schönheit recht sonniglich wollüstig, es scheint ihm überall Glanz aus seinem Gesicht hervorzubrechen.

Unter den Aposteln sind fürtreffliche Köpfe und Figuren, besonders Petrus und ein anderer im Vordergrunde; welch meisterhaft gezeichnete und gemahlte Hände hat besonders der letztre! Welche reizende schöne Jungen sind die zwei unbärtigen rechts, und welche edle feurige durcherfahrne Männergestalten die zwei obersten hintersten ebenfalls rechts, und wie kernhaft gemahlt! Das nackte Engelchen an der Madonna ist ein Meisterstück von trefflich gemahltem Nackenden und ein reizender Bube. Die Wolke erhebt sich dicht und stark wie ein Wunder, schwarz unten, weiß oben; darunter liegt ein Landschäftchen mit Hügel und Burg zur Rechten, und zur Linken mit einem Wasserfall.

Er muß dies Stück schon zu seiner besten Zeit gemahlt haben; denn von der zusammengereihten Manier des Peter Perugino ist nichts mehr zu sehen sondern alles lebt groß und frei.

Oben ist ein dichter Duft von gelbem Himmelsglanz wie ein gelblichtes Feuer, und der heilige Geist schwebt zu oberst als Taube darinnen. Die vordern Figuren sind gut in Lebensgröße. Alles ist voll natürlicher Bewegung der Bewunderung mit Händen und Gesichtern, doch nicht zu stark für Apostel, denen so etwas nicht allzu außerordentlich vorkommen mußte. Das Ganze ist sehr wohl erhalten. Der Auffahrt könnte man etwas mehr Schwebung und Leichtigkeit wünschen; allein auch das Gemache trägt zur Majestät der Handlung bei: Raphael hatte eine sehr reine klare Empfindung, die ihn minder fehlen ließ als der stärkste Verstand.

Die Kirche ist ein helles niedliches Oblongum mit sechs Seitenaltären und einer Orgel und einem Chor; und ist wohl beleuchtet, ob sie gleich nur Licht von zwei Fenstern hat einem vorn in der Mitte oben und einem rechts vom Hauptaltar, wo der Raphael in einem prächtigen goldnen Rahmen hängt. Je länger man den Christus betrachtet, je mehr findet man etwas übernatürlich göttliches, das sich nur gütig herabläßt. Das Demütige der Madonna stimmt einen nach und nach dazu vor ihm. Es ist etwas erstaunlich mächtiges und gebietrisches in seinem Wesen, das mehr im Ausdruck liegt als der Physiognomie. Es ist eine wunderbare Severität und Güte mit einander vereinbart. Ich habe noch nichts gesehn, was den Eindruck auf die Dauer immer tiefer und tiefer auf mich gemacht hätte. Je mehr man nachdenkt und fühlt und [der] Gestalt nach geht, desto wahrer findet man diesen Christuskopf. So ist es mir noch bei keinem ergangen. Der Kopf ist der nämliche der Physiognomie nach, wie in der Verklärung, hat aber unendlich mehr Feuer und Wahrheit im Kolorit. Je mehr ich dies Gemälde ansehe, desto mehr entzückts mich und ich kann nicht davon wegkommen; ich möchte Tage lang mit Wonne daran hangen. Hoher göttlicher Jüngling der du warst Raphael! Empfange Unsterblicher hier meine heißeste aufrichtigste Bewunderung und nimm gütig meinen zärtlichen Dank auf! Es ist das höchste, was die Malerei aufzuzeigen hat, diese Mutter und dieser Sohn, ich kann mich nicht von der Herz- und Sinn ergreifenden Wahrheit und Hoheit wegwenden, das untere ist alles schwach dagegen und wie sterblich Fleisch. Die Anordnung ist reizend. Madonna in der Mitte zur rechten, Christus zu ihrer Linken, an beiden ein Jüngling von Engel bekleidet, unter diesen bei jedem ein nackend Bübchen und oben der hl. Geist. Alles im kräftigsten Tizianischen Kolorit gehalten. Christus ist so im Profil zur Linken, wie sie zur Rechten; die zwei großen Engel ganz; die kleinern wie die Madonna und Christus. Diese zwei Figuren sind ganz wunderbar groß gedacht, in der Tat pindarische Grazie und sein Schwung der Phantasie bis auf die Draperie. Wie mächtige Falten wirft Christus Unter und Obergewand! welch ein Arm sein aufgehobner rechter mit dem Ärmel! wie meisterlich gezeichnet und gemahlt, und welchen Effekt macht er in der ganzen Gruppierung! Und wie zeigt sich modest das Nackende an der Mutter und fällt besonders leicht und reizend das blaue Obergewand!

Bei Conte degli Oddi war alles in Unordnung; doch hab ich noch gesehen zwei von den drei kleinen Raphaelen unter der Krönung der Maria zu S. Francesco. Raphael machte sie zur Probe vorher alle drei, um die Arbeit zu bekommen; denn die Kapelle gehört der Familie; die Ankündigung ist verloren gegangen. Sie sind gerad dieselben; nur deucht mich ist in denen der Kirche noch mehr Kraft.

Ein fürtrefflichen Kopf von Correggio, ohne Zweifel Original. Und eine Kopie von eben demselben, sehr alt, und so gut, daß man leicht damit könnte angeführt werden.

Ein toter Christus am Kreuze; eine herrliche Zeichnung von M. Angelo.

Eine heilige Familie und eine Heilige, fürtrefflich und wohl erhalten von Andrea del Sarto.

Ein schönes Bild mit verschiednen Figuren von Parmeggianino.

Eine Römische Charitas von Guido.

Verschiedne Stücke von Guercino, worunter ein büßender David fürtrefflich. Eine Menge Malereien war noch nicht ausgepackt, weil sie vor kurzem vom Kastell waren herunter gebracht worden.

Ballonspiel auf öffentlicher Straße vor dem Kastell. Abends gespeist mit zweien von Orvieto. Aus Orvieto wird jährlich für 40 tausend Scudi Wein ausgeführt und eben so viel nehmlich für 40 tausend Scudi verkaufen sie Hanf. Sie machen noch außer dem gewöhnlichen Wein Vino Greco von vua passa.

Verzehrt und ausgegeben zu Perugia etwa 16 Paul.

Abgereist *den 16. Julius*. Früh um 8 Uhr welsch. Unangenehmer Abstieg von Perugia hinter der Fortezza. Alsdenn ein Tal bis nach Torricella zehn Miglien lang fruchtbar, aber nicht so reizend und schön wie die vorhergehenden. Verschiedne Hügel unterwegs mit alten Schlössern. Der See von Perugia hat 60 Miglien im Umpfang. Bis an das Dorf Passignano geht man immer an niedren Hügeln hin, die von der See hundert und zuweilen zweihundert Schritt abstehen, und der Raum ist mit herrlichen alten Ölbäumen, Ulmen mit Reben, hohen Eichen und Cypreßen bepflanzt, und unten wächst meistens Hanf. Die See gibt gegen Toricella oder nach Perugia zu einen malerischen Anblick; und in der Länge verliert sie sich in den Horizont. Bei Passignano rückt der Berg immer näher an die See, und es bleibt kurz davor nur gerad so viel Platz, daß ein Wagen passieren kann. Hierher trieb Hannibal nach der Niederlage einige Meilen in einer weiten Ebne, etwa ein paar Miglien, die Römer wie man Fische in ein Netz treibt. Diese große Geschichte, die so erstaunliche Folgen hätte haben können, macht die Gegend äußerst interessant; und nach Passignano wird sie überaus fruchtbar und lebendig: die vielen tausende Erschlagene düngen vermutlich noch das Feld, und ich habe mit meiner foglietta Wein nella casa del piano wahrscheinlich mich noch mit altem Römergrimm, der ins Gras biß, gestärkt. Die Wörter Ossaja und die Brücke Sanguinetto klingen ganz homerisch bei einem frischen Zug in heißer Hitze. Hier trank ich wieder vino crudo; denn von Spoleto an bis hieher trinkt man lauter gekochten, weil dieser sich besser hält; wenn man sich keinen fremden geben läßt, der aber natürlich teurer ist.

Sich größer mächtiger zu machen, das ist der Trieb des Menschen und aller Geschöpfe, bei denen die angeborne Kraft nicht durch das Schicksal zurückgepreßt und verdumpft ist. So handeln einzelne Menschen, so Völker. Der Philosoph sucht seinen Verstand zu erweitern, weil der Mensch hauptsächlich und eigentlich allein viel durch Verstand über andre Menschen und alles herrscht.

Apoll unter den Schäfern gibt ein herrlich Drama; man muß es aber zweckmäßig für die Prinzchen und Barönchen einrichten.

Hannibal zog ohnfehlbar durch das Valdichiana. Die Römer wollten ihn nicht weiter lassen, es kam zur Schlacht und er schlug sie. Der Ort ist ohne Zweifel an der See gewesen bei Ossaja, weil da die Pläne am bequemsten für zwei große Armeen ist. Die Römer flüchteten alsdenn über den Berg bei Spelonca, und Hannibals Reuterei setzte ihnen nach, und da gabs ein zweites Blutbad, bis er eine große Menge unten bei Passignano im Sack hatte. Daß kurz vor Passignano bei Sanguinetto die Hauptschlacht gewesen, ist nicht wahrscheinlich, denn die Felder waren gewiß auf ähnliche Weise wie jetzt bestellt.

Cortona liegt herrlich, und hat die Übersicht von dem ganzen herrlichen Valdichiana, bis an den See und darauf. So ists leicht zu begreifen, daß es der Hauptort bei den Hetruskern war. Jetzt noch ist der Adel sehr stark, und bei viertausend Seelen sind allein 39 Malteser Ritter.

Den 17 Julius.

Schöner öffentlicher Palast des Großherzogs mit vielen Wappen zum Andenken berühmter Cortoner behängt. Drei Stock hoch aus Lava mit drei Türen in Rustik, so wie auch die Fenster.

Palast Alticozzi schöne Rustik unten und durchaus von schöner Bauart.

Über dem Tor zum Markte steht das Brustbild Peters von Cortona aus weißem Marmor mit Lava eingefaßt und darunter die Aufschrift *Equiti Petro Berretino Domo Cortona pictori et architecto praestantissimo Academici Etrusci Nerio Cardinali Corsino Lucumone curante Monumentum Pubblice posuerunt ann. salutis 1752.* Mittelmäßig gearbeitet, doch zeigts immer die Gestalt deutlich von unten.

Maria nuova vor der Stadt. Man sieht hier die Gegend um Cortona von der andern Seite. Eine schöne Kirche, die drei gute und wohlerhaltene Gemälde hat. Die Geburt der Maria von Allessandro Bronzino hat schöne weibliche Figuren; besonders welche das Kind in Armen trägt im Profil ist trefflich gemahlt, wie auch die heilige Anna, welche die Hände wäscht. Ein schönes Bild.

Palazzo Tomasi. Rustik nicht besonders. Die Galerie besteht aus vier kleinen Zimmern Gemälden, die etwa in allem hundert Stück aus machen mögen. Es ist kein einzig Kapitalstück darunter, fast alles mittelmäßig Zeug und Kopien. Einen Johannes den man für Raphael ausgibt mit einer Glorie oben, könnte es doch vielleicht aus seiner ersten Zeit sein; es bleibt aber nichtsdestoweniger mittelmäßig. Von Peter von Cortona sind einige gute Stücke da, besonders eine Skizze der Sturz des Zaubrers, und noch ein paar Köpfe auf Papier gemahlt, das auf Holz gezogen ist, wovon der eine vom Correggio scheint, und vielleicht ist es auch der andre. Es ist leicht weggepinselt ganz in seiner Art. Von Guido und Giorgione sind noch etliche Stücke da; aber kein einzig vorzügliches ist in der ganzen Sammlung.

Zu S. Francesco. Die Verkündigung von Peter von Cortona hat viel Feuer in Gedanken und der Ausführung, nur verderbt das papierne Gewand des Engels.

Der heilige Antonius, der ein Maultier keinen Haber fressen macht, von Civosi ist ein braves Bild, die zwei Hauptpersonen sind trefflich gemalt.

Zu S. Croce. Eine schöne hl. Magdalena aus der florentinischen Schule; trefflich gemahlt und wohl erhalten; nebst noch ein paar andern guten aus dieser Schule.

S. Margaretha[1] liegt fast am höchsten Teil der Stadt und man genießt hier der ganzen herrlichen Aussicht sieht den trasimenischen See, das ganze Valdichiana. Die Kirche ist von Peperinsteinen aufgeführt, so wie die meisten Gebäude; in toskanischer Ordnung, der Porticus mit vier Säulen.

Das Hauptgemälde der Kirche ist an der zweiten Kapelle rechter Hand vom Haupteingang; in der Tat ein fürtrefflich Stück und das schönste von Cortona. Das Ganze stellt eine Madonna vor die allerlei Tiere und Gestalten der Hölle unter ihren Füßen hat in der Luft schwebend von Wolken getragen, in göttlichem Glanz neigt sich zu ihr Gott der Vater mit einem absurden süßlichem Gesichte, das viel verderbt. Unten stehen vier Heiligen und beten sie an S. Dominicus, S. Francescus, S. Ludovicus, und die heilige Margaretha, und neben dieser ein reizender Engel mit blondem Köpfchen, welcher eine Tafel in der Hand hält, worauf geschrieben steht *Ab originali praeservata.* Neben diesem ein paar gebundene nackte Figuren im Schatten, nur vom Oberleib zu sehen. Die Madonna hat ein reizend göttlich Köpfchen voll Naturgestalt, und Süßigkeit und Heiligkeit. Der hl. Dominicus hält den hl. Francesco umfaßt, und der hl. Ludovicus kniet und ist fürtrefflich samt seinem Gewand gemahlt; die hl. Margaretha macht mit ihrem Alter und ihrem Charakter und Nonnenhabit einen schönen Kontrast. Kurz, es ist ein Meisterstück, alle Köpfe sind vortrefflich von Gestalt und Ausdruck, bis auf Gott den Vater, wenn dieser weggemahlt wäre, so wär es in seiner Art ein klassisch Werk. Ich habe es nicht genug ansehen können. Unser Herr Gott ist gerad mit einem

1 Die heutige Kirche ist ein Neubau aus dem 19. Jahrhundert, die Kunstwerke sind erhalten.

Gesicht gemacht, als ob er die Madonna gnädig vögeln wollte; und sie schaut ihn an wie eine Cirkaßerin einen alten Sultan mit Demut und göttlich lieblichen Augen. Madonna, S. Ludovico und der Engel sind die drei besten Figuren; wem der Engel gehört, ob dem Baroccio oder Vanni, muß die Geschichte zeigen.

Die hl. Katherina gegenüber von Baroccio hat viel gelitten. Die hl. hat einen reizenden Kopf, in einem schönen sinnreichen Akt. Die Menge Engelköpfchen oben sind meistens überig und wollen nicht viel sagen. Der Kopf der hl. ist von seinem gewöhnlichen Schlag, aber äußerst reizend hier. Sie hält ihn ein wenig auf die linke Seite und blickt gen Himmel, und hat in der linken einen Palmzweig.

Am ersten Altar rechter Hand.

Madonna in einer Glorie, mit Johannes dem Täufer, S. Francesco, und der hl. Margrethe. Von Vanni schöne Köpfe, und das Nackende am Johannes trefflich gemahlt. Vermutlich dem Bruder des Francesco.

Im Chor über der Tür sieht man eine Abnehmung vom Kreuz von Signorelli; eins seiner besten Stücke. *Sehr brav gemahlt* für die Zeit, hat aber keinen Ausdruck. Ein großes wohlerhaltnes Bild von viel Figuren: mit guten Köpfen.

Wenn die Heilige wirklich so ausgesehen hat, wie sie am Altare tot abgemahlt ist, so war sie eine abscheulige häßliche Heilige. Welch eine Oberlippe! und Nase!

Eine lieblichere Freundlichkeit kann man nicht sehen, als das Bübchen hat; und reizend ist es durchaus gemahlt besonders noch die blonden Löckchen. Und eben so trefflich ist der Kopf der Madonna, und der hl. Ludovicus, der sie ganz froh und fromm betrachtet. Und eben so schön ist der Kopf der hl. Margaretha, und ihr Gewand tut trefflich. Das Ganze hat eine ganz wollüstige Harmonie.

Gleich an der Kirche liegt die Festung auf dem höchsten Teil des Bergs. Sie ist klein und wenig größer als ein Palast.

Im Dom, einer schönen Kirche mit vielen Säulen, ist ein schönes Stück von Pietro da Cortona, die Geburt Christi; noch nicht völlig fertig. Über der Tür unter den zwei Fen-

Ansicht von Cortona

stern und hinten im Chor hängen zusammen vier Stücke, die Kopien von ganz fürtrefflichen Gemälden sind; sie sind voll der herrlichsten Köpfe, besonders wo Thomas Christus die Finger in die Seite legt. [...]

Den 17 Julius. Basrelief antikes im Dom. Stellt deutlich genug Amazonen und Centauren und andere Krieger zu Fuß vor. Unten liegen einige erschlagene. Zwei Amazonen zu Pferd sind schier unversehrt und von sehr gutem Styl, und so der Centaur, und die Krieger zu Fuß. Das Stück ist aus der guten griechischen Zeit.

Nachmittags um 2 Uhr französisch abgereist. Castiglione liegt sehr schön auf einem Berg, man muß sehr hoch hinan steigen. Herrlicher Wein, die Frau erinnerte sich aller Antiken von Rom sehr deutlich, besonders des Fechters und des Hermaphroditen in der Villa Borghese.

Abends angelangt zu Arezzo. Arezzo liegt in einer runden Ebne, etwa drei Miglien im Diameter, auf einem Hügel, und gleich daran gegen Morgen und alsdenn herum in der Runde erheben sich Hügel und ferne Berge. Am Pflaster allein erkennt man noch dessen alte Herrlichkeit, und sieht, daß es einmal mächtig und blühend herrschte. Die Loggia della Confraternita ist schön, samt dem Markt mit den Brunnen. Die Kirche A la Pieve hat eine wunderliche Fassade, die einen schlechten gotischen Effect macht. Sonst sind einige Häuser von guter Architektur; innwendig gewölbt. Die Straßen haben ordentliche Felsen zu Pflastersteinen, besonders bei der Kirche la Pieve.

Den 18 Julius.

Früh abgereist mit einem Veturin. So bald man über die Chiana gekommen ist, fängt das schlechte Land an, und dauert über einen Berg fort 7 bis acht Miglien. Man hat hier recht augenscheinlich vor sich das Sprichwort, daß Rom das Fleisch und Toskana die Knochen hat. Lauter häßliche Sandberge und Sandfelder. Bei Levane fängt sich ein reizend mit Wein und Maulbeerbäumen und Hanf meistens bebautes Tal an, wodurch die kleine Ambra fließt. Der Wein ist meistens an zugerichtete Ahornbäume gezogen (l'oppio). Die Maulbeerbäume sind äußerst hoch. Der Arno zeigt sich in der Ferne schön mit Pappeln umpflanzt. Das Feld besteht noch immer aus Sand, doch mit andrer Erde vermengt. Monte Varchi ist ein hübsch fruchtbar Städtchen mit emsigen Einwohnern. Der Großherzog hat von Arezzo oder von der Chiana an eine schöne Straße mit verschiedenen kostbaren Brücken ganz neu anlegen lassen, nachdem die alte an ein paar Orten äußerst beschwerlich zu befahren war.

Levane, Monte Varchi, S. Giovanni und Figline machen vier herrliche Flecken im Val d'Arno di sopra, und gehören zum besten Lande, was Toskana hat. Die kleinen Hügel linker Hand des Arno sind äußerst mahlerisch; besonders bei Ripalta und der Villa Salviati vor Figline, und machen einen reizenden Kontrast mit dem hohen Vallombrosanischen Ge-

Florenz

bürg. Alle vier Flecken sind gut gebaut; viele Häuser mit Säulen; einige haben Steinerne Sparren oder Queersteine, um unten eine Vorhalle zu haben, gerad wie andre daneben mit Holz so gebaut sind. Zu Figline ist einen schönes Gerichtshaus mit 26 toskanischen Säulen. Das Volk ist sehr fleißig und munter; die ganze Gegend fruchtbar und freudig.

Den 19 Julius, auf Heu geschlafen und nach Mitternacht gleich abgereist. Schöne heitre Nacht vom Mond erhellt. Erquickender frischer Ton des Gebürgs von Vallombrosa im Morgenduft. Mauleseltreiber, die auf ihre Esel sich die Queere legen und schlafen, indeß der Zug fortgeht. Leute auf den Tritten vor den Türen im Freien schlafen gesehn; wie schon zu Rom vor der Porta del popolo. Es giebt doch eine

Menge Menschen, die platterdings wenig mehr als tierisch leben und äußerst wenig Genuß haben; der größte Teil ist elend, und plagt sich und arbeitet sich ab, um nur armseelig zu essen und zu trinken zu haben; fühlt nicht der erste beste freie Vogel unter der Sonne glücklicher sein Dasein weg? Je mehr man sich Florenz nähert je mehr merkt man die Industrie. Das Gebürg ist überall bearbeitet und bepflanzt mit Wein und Ölbäumen; es ist auch ganz natürlich, wo die Erde nicht freiwillig giebt, muß sie von denen bearbeitet werden, die da wohnen und von ihr leben wollen. Verschiedene Villen von angenehmer Lage, als Altoviti, und besonders die Villa Rinuccini, welche auch sehr gut in Rustik von unten bis oben gebaut ist. Bei Incisa macht der Arno einen pittoresken Lauf durchs Gebürg in der Tiefe in mancherlei Krümmungen; er hat sich mit Gewalt nach und nach durchgerissen.

Die Kuppel und der Turm neben dem Dom zeigt sich fürtreflich von Florenz in der Ferne, und beide machen schöne Formen. Über die Gegend selbst von lauter Hügeln und Gebürgen kan man nichts bessers sagen, als was Ariost gesagt hat: die Lusthäuser scheinen hier wie eine besondre Art Gewächse hervorzusproßen so viel sind ihrer.

Florenz macht einen starken Kontrast mit Rom, alles regt und bewegt sich, und läuft und rennt und arbeitet; und das Volk kömt einem trotzig und übermütig und ungefällig vor gegen das stille große und Schöne der Römer. Der Römer überhaupt hat gewiß einen edlern und höhern Charakter. Die Politiker mögen die menschlichen Ameisenhaufen rühmen und preisen so sehr sie wollen, und diese selbst auf ihre Arbeitsamkeit sich noch so viel einbilden: Maul und Magen, denn dieserwegen geschiehts doch, ist warlich nicht was den Menschen über das Vieh setzt.

Schluß der Reise von Rom nach Florenz.

Augenblickliche Bemerkungen auf meiner sehr schnellen Reise von Rom aus ferner von Florenz nach Deutschland.

Heinse. 1783.
vom 28. Julius bis zum 18. Septtr. 1783.
von Florenz bis Düsseldorf

[...]

Den 29 Julius.

Um Mitternacht von Florenz nach Bologna abgereist. Was Mädchen die Männer nicht eifersüchtig zu machen wissen, und stolz mit ihren Eroberungen, auf ihren Besitz! Mademoiselle Hopf, Mutter Amme Obristen Tochter bei Pest, Vater Sprachmeister [p]p. Herrliches Tal von Mugello; schöne Lage des Wirtshauses *alle Maschere* auf einem Hügel. Anfang der Apenninen sehr wüst und unfruchtbar; steiler Weg in einem Kessel herum. Herunterwärts Tal mit Bäumen ärmlich, erbaulich zu einer Einsiedelei. Kind von Mädchen, das bettelte himmlisch schön, und Augen so wonniglich strahlend, desgleichen ich noch kein paar gesehen habe, wahre Orangenblüte der Wollust. Schöner Kastanienwald, an dessen Anfang sie uns begegnete. Herrliche Wand der Apenninen und königlich dahinter S. Pellegrino in blauer Ferne. Abends angelangt zu *Scaricalasino.* Zu Abends Erdbeeren da gegessen, die erst zeitig geworden waren.

Den 30 Julius.

Früh um vier Uhr abgereist. Immer im Nebel durch den ganzen Apennin. Einige schöne grüne Plätze mit Pappeln, Eichen und schönen Kastanien bewachsen. In der Ebne vor Bologna war es, als ob man gerad aus dem Thüringer Wald nach Italien versetzt wäre; und die Ebne tat sehr wohl nach dem rauen Gebürg.

Bologna sieht sehr tot aus nach Florenz und übrigens sieht man meistens armselige Gestalten und Bettelleute auf den Straßen. Es sind viele schöne Gebäude darin, aber auch manche Paläste mit kindischen Verzierungen. Die Porticuße durch alle Straßen schirmen freilich trefflich gegen Sonne und Regen, aber man sieht auch nichts davor, und sie geben überhaupt der Stadt ein furchtsames Ansehen, als ob lauter Weichlinge da wohnten; und bei Nacht sind sie fürchterlich, weil man einen da leicht überfallen kann hinter den Pfeilern oder Colonnen oder von der Straße her.

Es sind verschiedene schöne Kirchen da, die aber die mehrste Harmonie, Heiterkeit und zugleich Majestät hat, ist S. Petronio, ein herrliches Gotisches Gebäude, erhaben und voll freien Raum; der Hochaltar ist vom Boden erhöht, und hat vier gute gelbe Marmorsäulen. Die Mittagslinie dient frei in der Mitte der Stadt Jedermann; die Altäre stehen geräumig in Ordnung und jeder hat Raum für eine gute Anzahl Zuhörer. Auch von außen, ob gleich die Fassade nicht ganz fertig ist, zeigt das Dach wohl und leicht die Ordnung des Innern. Sie macht ein Oblongum aus und hat nicht das fatale Kreuz.

Von Kunstwerken sind die wichtigsten

1. Die heilige Cäcilia von Raphael.[1] Sie selbst und S. Paulus sind die zwei besten Figuren voll tiefer schöner Empfindung im Ganzen, in der Stellung und jeder Miene. Sie ist verzückt in der Tat und ohne Schwärmerei in himmlische Melodien. Paulus nur noch mit mehr Gedanke. Übrigens sind die Gedanken nicht so würdig und schön als sonst sie Raphaels Phantasie schafft. Die hl. Cäcilia, und Johannes, und das Mädchen haben ganz gemeine Gesichter, und der Ausdruck allein erhebt sie über das gewöhnliche. Es ist bei weitem keins von seinen besten Gemälden.

2. Im Palast Zampieri, der reuende Petrus von Guido.[2]

Ein Meisterstück in seiner Art, nehmlich als Nachtstück. Guido hat hier mit Michael Angelo Caravaggio wetteifern wollen, so stark sind seine Schatten und so kräftig sein

1 Heute in der Pinacoteca Nazionale.

2 Heute in Mailand, Pinacoteca di Brera.

Fleisch und sein Helles. Das Nackende ist fürtrefflich gezeichnet und gemahlt, doch sieht man im Fuß vom rechten sichtbaren Bein unten die geschraubte Manier, und in der rechten im Haar und an der Stirn über dem rechten Auge. Der Ausdruck ist fürtrefflich, und das Bild macht eine große Wirkung; Haar und Bart grau meisterhaft. Der neben ihm stehende ist gleichfalls eine treffliche Figur, und hat ebenfalls einen herrlichen Kopf und noch weniger manieriert. Übrigens bleibt es immer doch nur ein Nachtstück, ein Kunststück und kein ächtes großes reines Kunstwerk, das die Natur wahr und schön ohne Künstelei zeigt.

In eben diesem Palast ist noch ein fürtrefflich Stück von Guercino; Abraham der die Magd mit ihrem Sohne fortschickt. Es ist etwas leicht gemahlt, hat aber eine reizende Harmonie in Farbe und Ausdruck besonders ist Abraham ein königlicher Jude.

3. Die heilige Agnes in deren Kirche vom Dominichino. Das Kernwerk ist fürtrefflich darin, nehmlich die Erstechung der Heiligen, und eine Gruppe Weiber von Zuschauern; das andre ist mittelmäßig nehmlich die Glorie, und unter dem Mittelmäßigen. Der Ausdruck der Agnese ist tief gedacht und empfunden, weibliche Todesangst und doch Ergebung in göttlichen Willen. Die ganze Stellung, bis auf die ausgebreiteten Hände wirken. Die Zuschauerinnen sind eine Alte, ein Mädchen, und ein junges Weib mit einem Kinde. In allen ist der Ausdruck abgemessen; das Mädchen dreht den Kopf weg, der Bube macht ein schreiend Gesicht vor physischem Entsetzen; die Alte schaut abgehärtet und doch erschreckt zu, das Weib entsetzt sich. Alle vier haben schöne charakteristische Gesichter.

4. Zwei Guidos alli mendicanti;[1] beide große Compositio-

1 D.h. S. Maria della Pietà.

nen wie Guido wenig gemacht hat. Das Altarblatt stellt in der Höhe einen toten Christus vor, mit der Mutter und andern um ihn. Dies bedeutet wenig, und ist hart und steif. Aber unten sind 5 Heiligen, die anbeten, und ganz fürtreffliche Köpfe, jeder nach seinem Charakter haben. Doch könnte das Kolorit viel kräftiger sein.

Hiob[1], dem seine Kinder und Enkel zu seinem Geburtstag Geschenke bringen. Ein Stück voll schöner Gestalten und einer lieblichen sanften Beleuchtung voll Harmonie. Nur sind im Vordergrund ein paar Kerl, die äußerst manierierte Akademien vorstellen und ein Kalb tragen. Der nackende Rücken des einen macht mit seinen verschraubten und verdrehten Muskeln eine äußerst widrige Wirkung.

Der unschuldige Kindermord[2] ist eine verwirrte Komposition, die wenig Wirkung macht; im Vordergrunde aber ist ein herrlich Weib mit einem schönen Kopf und viel Ausdruck darin; Raphaelen nachgeahmt.

Der Domenichino der Heiligen Cäcilia von Raphaelen gegen über ist ein mittelmäßig Ding bunt durcheinander voll Verwirrung.

Von Bologna an erstreckt sich die größte Ebne in Italien bis an die Berge von Padua und die Alpen hin. Die Reise dadurch ist sehr langweilig, ohngeachtet der großen Fruchtbarkeit an den meisten Orten. Man denkt immer, die Leute müßten sich da mit Gewalt nach und nach dazu gewöhnen, sich nicht über andre zu erheben, und würden ganz eigentlich zu Sklaven geboren. Des Nachts in einem schlechten Wirtshause auf dem Berge il Te zugebracht.

Den 31 früh um 3 Uhr abgereist. Immer durch die Ebne durch eine dicke Luft, am Kanal und dem kleinen Fluß Reno

1 Heute in Paris, Notre Dame.

2 Ebenfalls von Guido Reni.

weg. Der Weg selbst war oft Strecken lang bald mit Pappeln, bald mit Weiden und Ulmen eingefasst, und zuweilen mit Maulbeerbäumen. Die Äcker sind durchaus besetzt mit beschnittenen Ulmen, woran sich der Weinstock herum zieht. Eine herrliche runde Gruppe von grünen Eichen, woraus ein halb Dutzend der höchsten Cypressen hervorragten, war das schönste den ganzen Morgen. Um acht Uhr in Ferrara angelangt.

Über *Ferrara* scheint der Fluch gekommen zu sein, seit dem es unter Päpstliche Hände geraten ist. Jedermann sieht betrübt und ärmlich aus, und man merkt wenig Spur mehr von den Ariostischen Zeiten. Clemens der 8 nahm es weg 1598, wie eine Inschrift über dem Kastell sagt. Alles was zu Rom nicht fort kann, wird hieher geschickt und regiert. *Das Kastell* ist ein kleines Schloß mit Graben umgeben im Viereck, wo auf jedem Eck ein Turm steht, und ein Eingang und ein Ausgang voran gebaut. Es hat noch etwas von der Sarazenischen Bauart, wie der Venezianische Palast zu Rom. Kaiser in Fresco an den Wänden.

Die Dom Kirche ist ein schlechtes Gotisches Gebäude, das eine Menge unbedeutender kleinlicher Zierraten an der Fassade hat. Vor ihr sind zwei altfränkische Statuen in Bronze, die alte Herzoge vorstellen, einen sitzend, den andern zu Pferde.

Der Corso ist eine schöne breite und eine halbe Miglie lange herrliche Straße, worin hier und da einige gute Paläste stehen. Beim Kastell geht im geraden Winkel eine andre schöne lange Straße hinein.

Die Weiber tragen sich in Venezianischer Tracht, aber sie sind nicht so nett und edel und romantisch. Unter dem Zendale oben schaut allezeit ein weiß Mieder hervor, was die Mitte sehen läßt.

Die Juden haben ein geräumig Ghetto, und wohnen

besser als irgend wo; es stößt gleich an den Markt beim Dom.

Die Benedictiner haben eine herrliche Kirche und ein Kloster mit mehrern Höfen, teils mit Säulen, und teils mit Pilastern vom Istrischen Stein, von weitläuftigem Umpfang. In der Kirche ist linker Seite des Hauptaltars das Monument Ariosts. Er selbst steht da in einer Büste, mittelmäßig gearbeitet; erstaunliche Klugheit mit der reichsten Phantasie und gefälligsten Laune spricht aus dem Ganzen. Er hat keine rückgehende Stirn, vielmehr eine ganz gerade bis wo die Haare angehen. In Augen und Mund lebt die reinste Heiterkeit. Das Ganze macht eine ächte Homerische Bildung.

In dem Deckengemälde vor dem Speisesaale des Klosters hat ihn Garofalo unter die anbetenden Seeligen ins Paradies gemahlt. Er ist im Profile, hat eine große Habichtnase lieblichen Mund, starken schwarzen Bart, und schwarzes sehr dünnes Haupthaar, das ins graue anfängt überzugehen; und sieht äußerst gut und launisch aus. Das Gemäld übrigens ist mittelmäßig.

Der Weg nach Rovigo ist unangenehm und ermüdend wegen des ewigen Einerlei. Beim Canale Bianco, der von der Etsch hergeleitet wird, fängt die Gegend an sich zu erheben und lebendiger zu werden. Es gibt hier und da schöne Gruppen von Bäumen, besonders Eichen und Pappeln. Abends zu Rovigo angelangt. Es liegt auf einer Anhöhe ganz lustig im Grünen. Der Torturm mit einem großen Baum oben darauf, ein andrer alter, und die Kirchen sehen sehr freundlich aus. Noch sind ein paar gute Paläste da.

Den ersten August.

Fünf Miglien von Rovigo setzt man über die Etsch, einen schier so mächtigen Fluß, wie der Po ist, ohngeachtet schon der starke Canale bianco ihr eine starke Aderläße gegeben hat. So bald man darüber ist, fängt die Luft an, sich zu verfeinern. Die ganze Ebne ist ein erstandner Sumpf, wo noch viel tote Löcher und Gräben sind. Der Po, die Etsch, und Brenta so nahe bei einander und so gewaltige Ströme haben von je her hier alles verschlemmt. Das Land ist äußerst fruchtbar, und alle Bäume stehen voll Saft. *Die Menschen* richten sich in ihrer Bildung und *ihren Sitten*, wie überall, nach der Gegend; und die *Kunst* nach der Natur. Die Farbe, besonders der Frauenzimmer, ist hier weit blühender und zärter als in Florenz, Rom und Neapel, aber die Gestalten haben nicht die bestimmten reifen ausgeführten Formen. Man findet allerwegens die Gesichter von Tizian und Paul Veronese. Die Straßen gehen fast immer durch schöne Alleen von hohen Pappeln, Eichen, Ulmen, Weiden, Maulbeerbäumen. Die Ufer der Flüße und Kanäle sind sehr hoch gehalten, wie z. B. der Canale bianco, wo das Land daneben noch unter dem Bette des Flußes liegt. Die Menschen sind doch überhaupt immer die glücklichsten, die die schönsten Gegenden bewohnen, und wenn sie ihr Glück auch nicht erkennen. Sie haben immer an und für sich frohere Gefühle als die andern, und ihre Freuden sind natürlicher und abwechselnder; sie leben mehr an Leib und Seele. So z. B. die Neapolitaner, Römer, und die Bewohner von Terni und Spoleto und Fuligno gegen diese Geschöpfe der ewigen Ebne, die keinen Auf und Untergang fühlen, kein Element in hoher Bewegung, keine Kontraste von Berg und Tal, Wildnis und Wasserstürzen und ruhigem Lauf des Stroms und gepflegtem Lande. Nur die Verzweiflung, die äußerste Not kann Menschen antreiben, sich in ungesunde Luft, schlechtes Wasser und Sumpf und

Kot einzunisten. Ich glaube viel eher, daß sich die ursprünglichen Welschen hieher flüchteten vor ihren Feinden, als daß Antenor und andre Trojaner und Griechen sich hier sollten angebaut haben; Völker die die Glückseeligkeiten eines reinen ergötzenden Klimas zu wohl kannten.

Unterwegs bis Monte Selice einige Landhäuser von guter Architektur; und ein schönes Gut terra Pisana, dem Hause Pisani gehörig, wo vor der großen Tür eine der herrlichsten größten Ulmen steht. Die Alleen von da an müssen einem Deutschen ungemein gefallen, auf den die schönsten heroischen Conturen der nackten Gebürge von Tivoli und Terni noch wenig Eindruck machen, der das reiche Gebiet der Natur und ihre höhern und mindern Vollkommenheiten noch nicht kennt.

Zu Monte Selice sind zwei ausgebrannte Vulkanen, Monte Selice, worauf jetzt ein Venezianischer Edelmann Todo wohnt, in einer festen Burg auf dem Gipfel. Und der andre heißt Monte Ricco. Die Aussichten reichen von da sehr weit, *e quand il sol è pulit e il ciel seren* sieht man Venedig vor sich da liegen. Der Berg Selice ist oben sehr pittoresk, aus dem alten Gemäuer wachsen Büsche und Bäume, und Pignen und Ulmen streben auf den Seiten hinan. Im Ort sind 7 Kirchen, gerad nach den 7 Hauptkirchen in Rom getauft; alsdenn noch drei andre und vier Hospitia; und er enthält bis neun tausend Seelen.

Die Pfirsiche und Birnen sind hier fürtrefflich, und auch die Melonen; die erstern weit besser als zu Rom und Neapel. Der Reis ist hier in höchster Vollkommenheit, und sie bereiten ihn so gut, wie die Türken und Araber ihren Pillao. Der Käse ist lauter Parmesaner und frisch und saftig. Die Fische kommen aus der Etsch und den Kanälen, und haben einen faulichten Geschmack.

Die Figuren der Menschen sind meistens schlank und

leicht; wohlgenährt und voll Grazie in Bewegung und Gebärden. Ihre Sprache haben sie sich ganz eigen gebildet, und die Wörter zeugen von einer fettigen Zunge, die nicht alle Silben hervorbringen kann, wie ein bei einem guten Gelag etwas berauschter.

Übrigens merkt man gar leicht, daß eine bessere Regierung da ist, als päpstliche. Alles ist munter, hat Keim, und sieht lebendig aus, nicht lazarettmäßig wie in Bologna und Ferrara.

In der Gegend ist eine große Menge Rindvieh, und die Bauern pflügen meistens mit vier paar Ochsen.

Nachmittags um zwei Uhr in der größten Hitze abgereist. Monte Selice ist die Hälfte des Bergs unten herumgebaut; die andre oder nördliche Seite ist ganz voll schöner Bäume. Der Weg geht längst einem Kanal vorbei und rechter Hand ist das Land stark mit allerlei Bäumen besetzt. Linker Hand gehen die Vulkanen Reihen und Wandweise fort, wovon der Monte Selice den Anfang macht. Bei dem Landgute Obizzi sehen sie fast aus wie die Somma am Vesuv; nur daß es kleine niedre Hügel, Maulwurfshaufen gegen ihn sind. Das Casino der Obizzi ist wie eine Festung gebaut, mit Zugbrücken und allem Zugehörigen; kindisch. Gleich darauf folgt linker Hand ein andres Casino, elend und jämmerlich, was aber viel Lärm macht; es ist als ob man eine moderne Zeichnung auf dem Papier sehe. Der Garten ist völlig leer an allen Bäumen, aber dafür voll so wie das Haus erbärmlicher Statuen. Diese zwei Casini folgen nach dem Dorf Battaglia. Nicht weit von Mezza via ist aber ein sehr schönes Casino mit einer Fassade von Jonischen Säulen. Alsdenn folgen noch einige andre, worunter eins mit einem herrlichen kleinen Hain der allerhöchsten Ulmen, dergleichen von dem südlichen Teil Italiens an bis hierher nicht zu sehen sind. Die Ufer sind überall mit herrlichen Bäumen bewachsen. Und so geht es fort bis an

Padua. Es ist aber lächerlich wenn man sagen will, diese Gegend sei ein Paradies, sie ist vielmehr ganz holländisch, wenn man die kleine Maulwurfswand von Vulkanen und die eigentümlich welschen Gewächse wegnimmt.

Den 2. August.

Padua ist ein altes Nest, wo die Häuser mit ihren großen und kleinen, engen und weiten Hallen und engen und weiten Straßen gerad aussehen, wie Schlupfwinkel Vertriebener. Man sagt, die Luft sei gesund, und sie mag es auch sein, in Vergleichung mit Ferrara; das Wasser aber ist so dick, daß man es mit den Zähnen beißen muß. Übrigens ist es doch ziemlich lebendig, ohngeachtet der Größe, gegen Bologna und Ferrara.

Die Kirche S. Giustina ist eine der fürtrefflichsten von ganz Italien, und eine der schönsten im Kreuze. Sie macht großen Eindruck, wenn man hinein geht, und noch mehr, wenn man sie vom Hauptaltar an betrachtet. Alle Teile gehen leicht zu einem Ganzen über; dies macht, weil nur ein großes weit gewölbtes Schiff ist, und die andern Gänge teils dahinein gehen, und teils mit den Seiten Kappellen korrespondieren. Die Enden des Kreuzes sind rund. Die Pfeiler, die die Kuppeln und das Gewölbe tragen, sind leicht, und lassen den Zuschauer den weiten freien Raum herrlich genießen, und sind zugleich bequem für den Gottesdienst, und Betrachtung des Ganzen und der Volksmenge. Das Altarblatt von Paul Veronese will wenig bedeuten, es ist eine verwirrte Komposition.

Die drei Freskogemälde von Tizian in der Scuola del Santo sind jugendlich Meisterwerk voll wahrer Köpfe; und mit wunderbarer Dreustigkeit und Fertigkeit ausgeführt. Das Weib, das erstochen wird, hat eine glückliche Stellung voll Reiz und Schönheit. Die Landschaften in allen dreien, ob sie

Padua, Sternwarte, Turm der Burg Ezzelinos

gleich von der Zeit ausgewittert sind, haben doch noch eine frappante Bestimmtheit und Wahrheit im Baumschlag, den Felsen und Wasser; die Lüfte sind zu ausgewittert. Die Gewänder sind etwas bunt, wie bei allen Venezianern, um Farbenpracht zu zeigen. Beine und Hände wenig ausgeführt, und meistens schlecht gezeichnet.

S. Antonio selbst mit der Menge Kuppeln sieht von fern aus wie ein Nest Eier; und die Kirche innen hat gar keine Einheit, so sind die Verzierungen angeflickt.

Der runde große Platz prato della Valle vor S. Giustina wäre herrlich und einer der ersten in der Welt, wenn er nicht so leer und so schlechte Häuser darum wären. So ist er mehr einem Anger gleich, um den ein Fluß herum läuft; die Buden mit ihren hölzernen Säulen bleiben kleinlich in Vergleichung mit dem großen Platze. Schade daß gar kein Baum darauf ist. Die Statuen sind eine löbliche Anstalt, aber armselige Arbeit. Der bloße gute Wille bei einem öffentlichen Monument bleibt am Ende immer lächerlich.

Um zwölf Uhr welsch auf der Brenta nach Venedig abgefahren. Die Ufer derselben sind lieblich bewachsen, und die Fahrt darauf deswegen angenehm. Überall auf beiden Seiten sind eine Menge Lusthäuser der Venezianischen Nobili, die aber meistens von mittelmäßiger oder schlechter Architektur sind, ein paar kaum ausgenommen, als den kleinen Palast de Contarini dei Scrigni, wo eine der höchsten weiblichen Pappeln steht, die ich je gesehen habe.

Der Pallast Pisani ist von großem Umpfang, aber mittelmäßiger Architektur. Das Wäldchen im Garten von Pomeranzen, Zitronen Lorbeer und andern Bäumen ist das schönste. Der Flecken Stra (terra grossa) ist am meisten mit Lusthäusern besetzt, das Ufer macht eine Straße lauter solcher fast anderthalbe Miglien aus. Grimani, Contarini, Grimaldi, Farsetti, die vornehmsten wohnen da. Obgleich die Architektur nicht gut ist, so haben sie doch immer eine Idee von Pracht oder Lustsitz. Die Ufer sind immer fort bewachsen, und so schön, als sie auf einem ebnen Lande sein können. Die Brenta fließt langsam, doch hat sie noch immer Zug genug. Ihr Wasser ist nicht so unrein wie der Po, und noch heller, als das der Etsch. Gerad ein Floß von Brennholz für die Glasöfen angetroffen, meistens Pappelnholz von Bassano; die Venezianer nennen ein solches Flotz Satara, und zwei Mann allein regieren es. Es ist doch so lang wie eine ziemliche Straße, etwa dreihundert Schritt, und zehne bis 15 breit. Die Lusthäuser haben meistens eine Vorhalle mit Colonnen, nehmlich die prächtigsten. Die Verzierungen sind oft ganz erbärmlich, als die Obelisken, und abgeschmackten

Figuren auf den Dächern, und Malereien an den Fassaden. Einige fallen auch ein, und ruinieren, als der Palast Gradenigo. Die Familie hat indessen andre, und bewohnt diesen nicht mehr; er steht über Dolo, terra grossa puol.

Von Mira an werden die Paläste schöner, und es sind einige darunter von meisterhafter Architektur, als der Palast Foscari mit einer Halle von Säulen und weitläuftigen Nebengebäuden, von welchem man den Palladio für den Baumeister ausgibt, welches er auch sein kann. Der Palast Giovanelli scheint nach ihm gebaut zu sein, doch hat er die Nebengebäude nicht, ist selbst nicht so schön, und ins schlechte verändert, und hat die erbärmlichen Obelisken auf dem Dache. Noch vor dem Palast Foscari ist ein herrlicher Pallast, von dem ich aber den Baumeister nicht erfahren konnte. Er ist im großen und prächtigen edlem Stil gebaut.

Venedig von der Brenta sieht aus wie ein endlich sichrer Zufluchtsort von dem Lande weggeprügelter, und weggescheuchter furchtsamer Hasen; die sich hernach groß und zu geflügelten Löwen gemacht haben, als die Feinde ihnen übers Wasser nicht nach konnten und sie von fern sicher sehen mußten. Eine unüberwindliche Festung ists gewiß, weil durch die Sümpfe nicht anders als kleine Barken anländen können. Schön ist es nicht; die spitzen Türme, und paar Kuppeln sind ein Elend gegen Rom, Neapel und Genua. Es ist ein unzukommlich Hafennest; aber eben weil es unüberwindlich und unzukommbar ist, trägt es, vom unendlichen Meer umgeben, eine gewisse Majestät an sich. Näher sieht man nur kleine Fenster im verwirrten Gewühl und häßliche Mauern. Die Giudecca hat allein Grün und sieht lebendig aus; alles andre sieht aus wie auf einem platten Felsen im Meer gebaut; oder wenn man will wie hohe wunderbare Schiffe mit Ankern im Meer fest gehalten. Im großen Kanal sind einige prächtige Gebäude, die von dem ehemaligen Reichtum zeugen. Darunter prangt hervor der Palast Pisani, S. Steffano, ein königliches Säulen Gebäude auf die härtesten Felsenquadern gegründet, welches wirklich von unendlichem Reichtum zeugt. Der Palast Barberigo ist gleichfalls herrlich, nur nicht mit diesem zu vergleichen, und noch drei oder vier andre bis an Ponte Rialto von dieser Art. Alle haben Säulen, und einige mit Pilastern abgewechselt, meistens canneliert, und unten ist Rustik. Die Fenster sind fast immer oben im Bogen, woran man sich gewöhnen muß; denn sie haben keine gute Proportion und sind zu hoch und zu schmal. Ponte Rialto ist weiter nichts als eine doppelte Treppe übers Wasser; wer die Eigenschaften einer schönen und vollkommnen Brücke daran sucht, nehmlich daß sie ein fortgesetzter bequemer Weg sein soll, kann lange herumschauen. Ein Kunststück von Mechanik bleibt es aber wegen der schweren Maße, die beide Ufer unbeweglich fest halten. Der Bogen mag ohngefehr ein Drittel vom Zirkel betragen, und macht von unten ein majestätisch Gewölbe. Die Steine sind alle schier von gleicher Größe, *di pietra d'Istria.* Zum Aufsteigen sind 29 Stufen, und zum Heruntersteigen nach der Börse 36 zusammen 65. Doch sind die Ruheplätze so schön und natürlich angebracht, daß man die Stufen nicht sehr merkt.

Den 3ten August.

Im Sommer tragen die Venezianer weißseidne Mäntel, *tabarri*, im Winter rot scharlachene. Die Weiber gehen aber beständig im Zendale. Dieser kleidet sie sehr gut, und eine mittelmäßige Schönheit hat davon vielen Vorteil. Aber eine von den ersten sieht weit reiner und vollkommner im bloßen Haar aus.

Im Palast des Dogen oder der Republik sind die wichtigsten Gemälde der venezianischen Schule beisammen, einige der größten Meisterstücke ausgenommen. Man kann mit dem fürtrefflichsten der Kunst leicht in einem Tage fertig werden in Venedig.

Der Saal der Pregadi[1] ist ein ganz herrlicher und prächtiger durchaus, ob er gleich nicht groß ist. Paul Veronese hat die ganze Decke gemahlt, das große Gemälde über dem Thron und wahrscheinlich auch das rechter Hand beim Eingang. Die übrigen an den Wänden sind von Tintorett, bis auf den Fries, welcher lauter schön gemahlte Buben von Paul Veronese enthält. Es sind bis auf ein paar Stücke alles Allegorien, wozu sich die Art von Paulen fürtrefflich schickt; Konzerte von Farben, ohne bestimmte Gedanken und Empfindungen in Menschenstimme, wie Raphael mahlte. Die Pracht und Natur in Stoffen und Gewändern erscheint hier in höchster Vollkommenheit, und keiner hat es weiter getrieben. Welch ein wunderbares Gewand ist das Weiße des Glaubens! Der Kopf des Generals ist sehr brav gemahlt, und die Zusammenstellung der Figuren tut einen reizenden Effekt. Sein Nackendes ist immer sehr blühend und völliglich, und kräftige Jugend; auch die Formen haben eine einnehmende Frischheit und lebendige Manier, ich sage Manier.

Im Tintorett ist viel Feuer in den Gruppierungen und bei manchen Köpfen ein Tizianisches Kolorit. Seine Gestalten außer Porträten sind gleichfalls nur Manier. Überhaupt kenn ich keinen Venezianer, der die Gabe gehabt hätte, Gestalten zu schaffen; im hohen der Kunst stehen sie tief unten.

Der Tizian, Christum bei den Jüngern von Emaus, ist ein Meisterstück und das beste im Palaste. Christus hat einen fürtrefflich gemahlten Kopf mit einer etwas übermenschlichen wunderbaren Miene, und der Moment im Ganzen

1 Es handelt sich um die benachbarte »sala del collegio«.

ist, wie sie ihn gerad erkennen. Die zwei Jünger sind trefflich charakterisiert; der eine ist von Verwunderung ganz außer sich, und zeigt es in Stellung des Kopfs und Bewegung der Hände; und der andre fängt an anzubeten; die übrigen

Venedig, Canale Grande

machen ebenfalls Gesichter der Verwunderung. Trefflich gemahlt und harmonisch durchaus voll Natur. Sein *großer Christophel* mit dem *kleinen Jesus* über einer Treppe al fresco ist gleichfalls und noch mehr ein Meisterstück von warmen natürlichem Kolorit; besonders sind die zwei Köpfe ganz göttlich und lebendig in täuschender Einheit.

Die Arche Noä ist gewiß das beste *von Bassano* nach allem, was ich von ihm gesehen habe. Ein kleines aber reiches Bild von einer Menge Tieren, wovon die mehrsten viel Wahrheit haben. Das Grün und das Landschäftliche ist fürtrefflich. Noa steht in der Arche und steckt eben einen Adler hinein. Zwei Löwen marschieren paarweise auf einer Stiege zu ihm, und hinter diesen zwei Pferde, und die andern Tiere sind bereit zu folgen. Ein Baum ist ganz voll von Vögeln. Die Geschichte paßt trefflich, einer Menge Tieren Haltung und Einheit zu geben. Sein Kolorit ist immer überein, wie bei Sonnenuntergang schier.

Die Markuskirche hat doch mit ihren fünf Kuppeln im Kreuze etwas feierliches, und ihre Sechstelbogen erheben; im Ganzen herrscht altväterisches, was gut zu unserm Glauben paßt. Der Kreuzgang ist sehr breit und der Chor sehr erhöht; dies gibt ihr Einheit.

Der Bellino zu S. Zaccaria ist ein sehr interessantes Stück für die Geschichte. Die Venezianische Schule hat einen sehr braven Vorsteher gehabt. In den Figuren ist eine ähnliche Art Styl, wie bei Peter von Perugia, nur noch mehr Wahrheit und etwas Größeres. Welch ein Kopf ist hier der Alte linker Hand! er würde Tizianen selbst Ehre machen, so kräftig ist er gemahlt und so warm und feurig.

Der Paul Veronese ist sehr schön, besonders ein paar Alten wahr und meisterhaft.

Der Tizian[1] *in S. Giovanni e Paolo* ist ein Triumph und das höchste, was von ihm ist und überhaupt das fürtrefflichste was von Malerei die Venezianische Schule aufzuzeigen hat. Das Stück ist voll Natur und Schönheit; und macht ein entzückend Ganzes. Die Szene schon ist äußerst lebendig; wie herrlich die Landschaft, welche Lokalfarben haben nicht die schlanken Stämme der hohen Kastanienbäume! wie verliert sich das Land in ferne blaue Felsen! Der Mörder ist voll Feuer und Mörderausdruck und Räuberischem Wesen in Gestalt und Stellung und jeder Gebehrde bis auf die Kleidung und sein Kolorit. Der Heilige hat ganz das Entsetzen eines Überfallnen, und eines guten weichen Mannes der sein Leben banditenmäßig verliert. Auf seinem Gesicht ist die Blässe der

1 »Petrus Martyr«, nicht erhalten.

Todesangst; und mit welcher Natur in der Lage ist er niedergeworfen! Der, welcher flieht, ist eben so täuschend in allen Teilen, und ein Bild der Todesangst. Die drei Figuren machen einen fürtrefflichen Kontrast in Stellung, Charakter und Kolorit, und Gewändern. Das Nackende ist meisterhaft, und die Beleuchtung und der Ton im Ganzen unter und neben und zwischen den Bäumen hält es schön beisammen. Zwischen den Bäumen schweben zwei Engelchen von höchster Schönheit, besonders hat der rechter Hand eine reizende Schwebung und das lieblichste lebendigste Fleisch.

Und doch wie wirft Natur alle Kunst über den Haufen! gleich daneben kniete eins der schönsten Venezianischen Mädchen, eine wahre Laura, nur reizender und heitrer und natürlicher. Welche Freiheit und reine Süßigkeit in ihrem Blick! und welch ein Geist im Zug ihrer netten festen Nase hervor, und welch ein Zauber Götterbeglückendes Wesen in ihrem Mund! Die Brüste wie zart empor schwellend! ihr Leib wie schlank zur seligen Umarmung! So ein Geschöpf wirft bei einem Natursohn Römische Göttinnen auf die Seite. Das Weib ist nicht gemacht zu herrschen, sondern zu beglücken, und selbst glücklich dabei und dadurch zu sein. Ich habe in meinem Leben wenig Frauenzimmer gesehen, die eine ähnliche so bestimmte ausgezeichnete und feste und himmlisch heitre geistige Form in allen Teilen gehabt hätten. Sie wohnt bei Maria Formosa, ihren Namen hab ich nicht erfahren können. Unter ihrem Zendale hatte sie eine rote Schnürbrust.

Die Fahrt auf dem Canale Grande ist sehr angenehm und frei durch die schönen Gebäude und Paläste, die die Spuren der Unüberwindlichkeit, Unverbrennlichkeit und des Reichtums der ehemaligen Zeiten in ihrer Bauart an sich tragen. Der Palast Grimani ist einer der schönsten nach dem Pisani di S. Steffano.

Das höchste Meisterstück des Paul Veronese in einem andern Palast der Familie *Pisani* Moretti auch am großen Kanal bei S. Polo. Es stellt *die Familie des Darius vor beim Alexander*[1] und seinen Helden. [Farbtafel IV] Man könnte dies den Triumph der Farben nennen, mehr Harmonie, mehr Pracht, mehr Lieblichkeit derselben ist nicht möglich schier zu zeigen. Außerdem herrscht noch Wahrheit und Natur in allen Köpfen, die meistens Porträte sind. Wenn man nicht an die alte Geschichte denkt und glaubt, es wäre der Sieg eines Helden der neuen Zeiten, so ist es ein wahrhaftes Meisterstück. Die Architektur im Hintergrunde gibt den Ton zum Ganzen, und es gehörte ein Genie und ein so tiefes Gefühl im Auge von Farbe und Pracht und Harmonie derselben dazu, wie Paul hatte, um auf einem solchen weißen Grund die Gesichter und Stoffe so hervorgehen und leben zu lassen. Die Gruppe der vier weiblichen Figuren, die der Alte in eine Pyramide bringt, ist durchaus reizend, und die Gesichter sehr lebendig und von wunderbarer Frischheit. Alexander hat einen schönen Jünglingskopf, der freilich eher Damen gefallen kann, als die Welt bezwingen. Daß er ganz bis auf die Füße von oben herab in Purpur überein gekleidet ist, ist zu einförmig und macht einen großen roten Fleck bei längrer Betrachtung; doch hebt es ihn als Hauptfigur hervor. Der Held, Parmenion soll es vermutlich sein, hat einen herrlichen Kopf und ein zauberisches gelbes Gewand. Die Prinzessinnen haben schön geflochten blondes Haar. Der großen Figuren mögen etwa zwanzig sein, noch guckt herein ins Gemäld ein fürtrefflicher Pferdskopf auf der linken Seite; und auf der rechten sind noch einige herrliche Köpfe von Zuschauern. Auf der Balustrade oben sind eine Menge Figuren im Hintergrunde, aber natürlich ganz klein und schwach gehalten. Man kann dies wohl das prächtigste und zauberischste Gemälde

1 Heute London, National Gallery.

nennen, was Farben betrifft, in der Welt; mit jedem Blick quillt neuer Genuß daraus fürs Auge.

Die Entführung der Europa von ihm, vor dem Saal der Pregadi, welche ich vergessen habe, ist wirklich ein reizend Bild, besonders ist die rechte Brust der Entführten sehr frisch und wollüstig: das Ganze steht aber weit unter der Familie.

Die Venezianerinnen sind gewiß reizende Geschöpfe und ganz gemacht zur Wollust. All ihre schönen Gesichter haben etwas brennend süß gefälliges, und äußerst feines; besonders sind ihre Nasen schön, so wie bei den Römerinnen, die Augen. Die Form ihres Gesichts ist meistens länglicht. Sie haben eine sehr zarte Haut und ein blühend Kolorit, weil sie nicht in die Sonne kommen. So bald sie nur einen Jüngling ansehen, scheint eine bräutliche Schamröte um ihren Mund herum in einem wollüstigen Lächeln aufzugehen, als ob man sie schon vor dem Bette halb entkleidet vor sich hätte. Alles stimmt auch bei ihnen auf den Hauptendzweck, die Wollust, bis auf ihre Gondeln, die die vollkommenste Lage zum bequemsten Genuß anbieten; einen weichen Polster für den Hintern, der den Wollustteilen völligen Raum und alle Freiheit läßt, und zwei Bänke daneben, die Beine darauf auszubreiten. Jeder Ruck des Gondelführers mit dem Ruder ist ein Wolluststoß. Es ist das größte Unglück für sie, daß das Venerische Übel hier eingedrungen ist, wofür sie sich nicht hüten können, und welches in der gesalzenen Luft gräuliche Verwüstungen anrichtet, besonders an den Nasen; und man sieht eine Menge ohne dieselben herum gehen. Der Rat läßt jedem in diesem Punkt Freiheit und bietet sogar die Hand dazu. Die Nobili, die herrschen und den Hauptgenuß haben, müssen immer auf Zeitvertreib für ihre Untertanen denken, damit sie in Ruhe bleiben.

Die Hospitäler sind ein Meisterstück guter Politik. Sie dienen zu doppeltem Zweck, zu einer Pflanzschule wohlunterrichter Menschen und zum Vergnügen der ganzen Stadt und Nation. Von Menschenstimme geht in Venedig gewiß nicht so leicht etwas verloren, und die vollkommne ist eben so selten als das Genie; es sind besondre Gaben der Natur. In diesen Hospitälern waren immer die größten bekannten Meister und suchten die Stimmen aus und gaben Unterricht; als Hasse, Galuppi und andre. Es ist zum Erstaunen, wie z. B. die Mädchen *alli mendicanti* ihre Musiken aufführen; alles ist wie gegossen, so stimmt alles zusammen, und so männlich und klassisch ist die Aufführung. Es ist eine wahre Herzenslust, die jungen reizenden Kinder nach einander wie die Nachtigallen auftreten und mit einander wetteifern zu sehen. Das Herz wird zärter und fühlbarer, wenn man sie hört, und man genießt im Taumel sein Dasein weg. Das andre Geschlecht hat gewiß mehr Natur zu dieser Kunst als die Männer, denen sie zu sehr bloßes Spiel und fremd bleibt. Welch ein Contrealt ist die Bianca Sacchetti! und mit wie viel Grazie und ächtem Gefühl ziert sie ihre Melodien aus! ich habe nie eine so volle reine Stimme bei so vollkommener Kunst gehört; kein Ton und Tönchen falsch, keine Manier fade; alles wirkt auf Herz und Ohr. Und die Sklavonierin Antonia Lucovich ist ganz Gefühl, bei dem kurzem Umpfang ihrer Stimme entzückt sie doch das innre und treibt es herum mit ihrem griechisch süßen und silbernen Ton. Ach! ich denke noch immer mit Wonne an den Psalm, den sie in der Charwoche bei der Aussetzung des Santissimi in der Nacht mit bloßer Begleitung des Basses sang; ich hätte eine ägyptische Zwiefel bei dieser hohen Feier anbeten können. Und welch eine junge wahrhaftige Nachtigall ist die Johanna Pavan, so recht ein junger Baum im saftigsten Zug! welch ein Metall von einer mächtigen Stimme! Diese wird noch Wunderwerke, wie eine Heilige, und mehr als irgend eine verrichten. Und ähnlich ihr die launichte Theresia Almerigo. Schade, daß die Marchetti durch ging, die lyrische Schwärmerin, und nach ihr die Giuliana, eine schier gleiche Zauberin. Wie füllt noch meine Seele an ihr Stabat mater! und ihr hohes Lied Salomons, und ihre Judith und so viel andre Sachen. Venedig ist doch ein rechter Wonnesitz, wenn man diese Dinge alle zusammen nimmt und sich Freunde macht. Ein sichrer Ruheplatz zum Genuß des Lebens gegen die Einfälle und Verstörungen aller Barbarei.

Den vierten August.

Im Palast Farsetti ist die reichste Sammlung von Abgüssen der Antiken und der besten Neuern Statuen. Man kann hier sehen wie weit noch ein Abguß vom Original absteht; Es gehört ein großer Meister dazu, um ihn nur erträglich zu haben, denn es ist äußerst schwer, die vielen Stücke richtig zusammen zu setzen. Die Gesichtsgestalt, wo es auf die unmerklichste Veränderung ankömt, geht meistens verloren, und es kommen Fratzen heraus; Z. B. hier die Venus, und der Farnesische Herkules und andre. Die Venus hat hier gar kein Gleichgewicht und stürzt augenscheinlich vor sich hin. Und alsdenn ist gar kein Merkmal des restaurierten, und man weiß bei diesem nicht, ob es etwa der Fehler des Abgießers sein könnte. Mit einem Wort, es sind doch weiter nichts, als Übersetzungen, und es fehlt ihnen überhaupt das lebendige, weiche, fleischerne des Marmors und die Art des Künstlers zu arbeiten; wo oft selbst die Meißelschläge starke Wirkungen machen. Der Abguß trägt immer das tote der zu mechanischen plumpen Arbeit an sich.

In zwei Zimmern sind noch einige sehr gute Gemälde, die der jetzige Besitzer, welcher sich selbst mit Pastellmalen abgibt, sich zu seinem Vergnügen angeschafft hat. Die vorzüglichsten sind: Zwei Porträte von Giorgione, und er selbst mit einem jüngern Mädchen welches seine Tochter sein soll; ein fürtreffliches Stück voll Charakter und lebendiger Farbe. In seiner Phisiognomie ist viel Geist und Feuer. Von Tizian, ein Porträt noch in Johann Bellinis Manier, aber voll Natur und Wahrheit. Ein fürtrefflich weiblich Porträt, und er mit seiner Frau und seinem Söhnchen; Sein Kopf ist das beste. Vom Tintorett sind zwei Stücke da voll wilden Feuers in der Komposition und trefflichem Kolorit.

Alsdenn hat er eine kleine aber herrliche Sammlung von Flamändern. Zwei Stücke von Gerhard Dow: ein Weib, das ein Licht anzündet, das Weib kömt öfters in seinen Sachen vor, und ihr Kopf ist wie lebendig. Und dann sein eigen Porträt, sehr fertig. Von Rembrand: ein sehr großes Stück, der Tod der Lucrezia mit einem Alten und ihrem Gemahl, Figuren fast in Lebensgröße, durchaus meisterhaft und vollkommen wohl erhalten. Sie sind modern gekleidet, Lukrezia liegt da und stirbt, ihr Kolorit macht großen Effekt, und auch ihre Gestalt; der Alte hält sie beim Kopfe. Von Teniers: zwei Stücke, einen der auf einer Gitarre spielt, und einer hört zu, beide berauscht. Und dann ein Saufgelag mit Tabaksrauchern; beide sehr gut erhalten. Eine Figur von Mieris. Ein sehr ausgeführtes Stück von Luca d'Olanda; eine Abnehmung vom Kreuz. Übrigens ist noch eine fürtreffliche wohlerhaltene Landschaft von Poussin da, ein paar von Tempeste, zwei vom Salvator Rosa, und zwei vom Guercino, wie man sagt, worin ich aber seinen Styl nicht erkenne. Die eine stellt die Versuchung des hl. Antonius vor und die andre die Versuchung Christi in wildem Gesträuch.

Im Palast Barberigo ist viel von Tizian und seinen Schülern, aber alles so verdorben von der Seeluft, daß man es nicht mehr genießen kann. Die besten Stücke sind noch: eine Venus von Tizian, welcher ein Amor einen Spiegel vorhält. Es ist ein Porträt von einer schönen Frau, von herrlichem handvölligem Fleisch und auch viel Schönheit im Gesichte. Ein Meisterstück von Wahrheit und Kolorit und Komposition aus seiner besten Zeit. Seine heilige Magdalena hat viel gelitten und ist stark verdorben; die im Palast Pitti, und Doria sind ohnstreitig besser, und machen einen ganz andern Effekt; doch hat diese mit ihren schier rot geweinten Augen mehr Wahrheit im Charakter. Venus und Adonis ist bei weitem nicht so gut, als das nehmliche im Palast Colonna. Sonst ist noch von ihm da eine meisterhafte Landschaft mit einem hl. Hieronymus. Die Felsen sind so lokal farbig wie wirklich, obgleich aus seiner ersten Zeit. Sonst ist noch das beste hier, verschiedene Porträte von Giorgione; Hektor und Andromache von Paduanino, ein schön gemahltes Bild, welches sich unter allen am besten erhalten; und ein ganzes Zimmer voll vom Bonifacio. Aber wie gesagt, es sieht alles erbärmlich aus von der Seeluft, ein eigentliches Lazarett von Gemälden, und zwar *degli Incurabili.*

Eben so, doch noch besser, sind die Stücke von Tizian und Tintorett in der Sakristei der Kirche Maria delle Salute. Der Plafond derselben ist in sehr großem Styl, besonders zeigt das Opfer Abrahams deutlich genug, daß dieselbe Geschichte im Palast Doria nicht von ihm sein kann.

Das größte und fürtrefflichste Gemählde, was Tizian vielleicht je gemacht hat, ist in der Scuola della Carità [Farbtafel V]. Pracht und süßer Zauber für Augen und Seele. Die Geschichte ist, wie die kleine Maria, die Muttergottes, als Kind zum Tempel geht. Der Tempel ist von einer feierlichen majestätischen Architektur. Sie ist oben auf den Stufen, und steigt die letzte Treppe hinan, von Glanz umgeben, und ein paar treffliche Priester kommen ihr entgegen. Vor den Stufen unten sind ein halbdutzend Weiber, worunter die heilige Anna im roten Gewande, mit ausgestreckter Rechten nach ihr zeigend, und neben ihr ein Frauenzimmer in herrlichem Wuchs und reizender Stellung in Georgianischer Tracht, welche die glücklichste Wirkung mit ihrem weißen Gewande hervorbringt. Auf den Stufen selbst stützt sich ein Kerl auf, dessen Kopf wie wirklich lebendig hervorgeht, und vor der Treppe kniet ein Weib, das neben sich einen Korb voll Eier stehen, und auf der andern Seite ein paar Hühner liegen hat; und einen unvergleichlichen Contraposten macht und die zu einfache Masse der Treppe schön vermannichfaltigt, gleichfalls wie wirklich. Nach dem halbdutzend Weiber kömt ein Zug Männer, die meisten Porträte, worunter der vorletzte Tizian selbst ist, welcher einem Weib mit einem Kinde ein Almosen in die Hand drückt, ein Kopf von Herkulischer Kraft und Tiefsinn und Klugheit. Hinter den Männern steigen zwei Felsen ungeheuer auf, und Land und fernes Gebürg, und von Landschaft hab ich nie etwas gleiches fürtreffliches bei einem andern Meister gesehen; es erhebt die Seele und führt sie weg auf die höchsten Gipfel der Alpen in die ewige Heiterkeit. Der Tempel oben ist voll Zuschauer. Mit einem Wort, es ist das vollkommenste Meisterstück der Malerei zu Venedig was Farbenzauberei und Lieblichkeit der Vorstellung betrifft. Die Ermordung des Peter Märterer steht nur durch den tragischen Ausdruck, und Hoheit der Geschichte darüber. Diese zwei Stücke setzen den Tizian unter die ersten Meister, die je gelebt haben. Der Saal ist von Palladio gebaut und ein rein klassisch Werk.

Der *Pallast Cornaro* von Palladio am Kanal, nicht weit von der Carita, ist der beste in Venedig, und nach dem Palast Farnese vielleicht der fürtrefflichste in der Welt. Die Fassade mit ihren Jonischen und Korinthischen Säulen und bäurischem Unternstock strahlt mehr noch und macht einen glänzendern Eindruck als selbst der Palast Farnese. Wenn dieser dem Caesar gehörte, so müßte der von Cornaro der Kleopatra sein. Ein wahres klassisches Werk, wo nichts zu viel und nichts zu wenig ist. Die Fenster sind edel verziert, der Hof mit den Pilastern nach den drei Ordnungen über einander licht und rein, und das Dach oben von vier Seiten ganz Natur.

Die Kirche S. Giorgio Maggiore ist im griechischen Kreuz gebaut, und hinter der großen Altarseite geht noch der Chor weiter. Die Fassade ist doppelt in einander, leicht wie verschmolzen. Vier Säulen tragen das Schiff, und niedre Pilaster sind für die Nebengänge und ziehen sich mit ihrem Gebälk durchs Ganze. Die Kuppel hat innen und außen die reinste und schönste schier halbe Zirkelform. Der Kreuzgang und der Chor enden sich rund. Das ist die schönste Kreuzgangskirche, die ich noch gesehen habe; die Gleichheit der Seiten gibt ihr fast die Zirkelsymmetrie, und die Maßen, die in die Diameterräume desselben hinein gehen, geben ihr etwas unendliches. Das Kloster selbst ist schön gebaut und hat ein paar fürtreffliche Höfe mit Säulen.

Im Speisesaal ist das berühmte Hochzeitmahl von Paul Veronese[1]; ein Stück von viel Laune, und die Geschichte ist darin erzählt wie eine spanische romantische Novelle. Christus mit seinen Aposteln als das Unbekannte sitzt am Tische im Mittelgrunde, und unbedeutend, bloß deswegen, weil er da sein muß. Die Hauptfiguren sind ein Tisch mit Spielleuten, die auf lieblichen Instrumenten Musik machen. Paul spielt eine Viola d'Amour, Tizian den Baß, Bassano, Tintorett andre Instrumente. Sie sind meisterhaft gemahlt, haben treffliche Gestalten und passenden Ausdruck, und schön drapiert. Am Tische der Braut ist eine Sammlung der ersten Menschen seiner Zeit; alles voll Chronikwahrheit und Laune; sie müssen ihm das Drama aufführen. Die Luft im Hintergrunde ist gar leicht und heiter, und schier Claudisch, so meisterhaft ist sie gemahlt und so wohl hat sie sich erhalten. Architektur und Gefäße und Speisen verzieren sehr gut. Die

1 Heute im Louvre.

Beleuchtung ist etwas verwirrt, breitet aber doch das Stück aus einander, und scheint sehr natürlich.

Die Kirche al redentore von Palladio ist vielleicht, ohngeachtet ihrer Kleinheit, die schönste der ganzen Stadt. Er hat nur wie scherzend aus Nachsicht, wie ein großer Mann Kindern, ihr eine Art Kreuzform gegeben. Die Proportionen und Verzierungen, die Kuppel, die Altäre, der hohe Altar, die Kolonnen herum, der Chor, sind von der schönsten Reinheit, und ganz klassisch. Man kann die Risse davon, wie von den andern angezeigten Werken des Palladio in verschiedenen Werken finden. Die Fassade ist fast wie zu S. Giorgio M[aggiore].

In der Sakristei hängt noch ein gut Gemälde von Johann Bellino, eine schöne Madonna und ein paar Engel, worunter der rechts mit einem gar lieblichen Köpfchen musiziert.

Darüber ist noch ein gutes Stück von Tizian, und rechter Hand auf der andern Seite ein schöner Paul Veronese; Neben dem ein moderner Römischer Mahler [Domenico] Corvi, für den größten Meister nach Battoni erkannt, eine ganz erbärmliche Figur macht. Die Venezianischen Maler haben nichts gutes weder aus Rom noch Florenz noch Bologna und Parma in ihre Stadt gelassen.

Man kann Venedig nicht anders als eine Festung betrachten. Die Straßen sind oft so eng, daß kaum eine Person durch kann, und wenn Mann und Weib sich einander begegnen, so müssen sie sich mit den Rücken nach den Mauern und vorn einander drücken, bis jedes vorbei ist. Sie haben keine andre lebendige Natur vor sich als sich selbst, und der Mensch ist ihr täglich und stündlich Geschäft. Ihre Leidenschaften können nicht zerstreut werden und konzentrieren sich meistens in Liebe, weil wenige reisen, und Schiffahrt treiben. Es wird denn hier auch geliebt, so sehr es der Mensch nur aushalten kann.

Nach Rom ist Venedig der erste Ort für die Baukunst; und hier ist nicht nur ein Styl, sondern man sieht darin die Geschichte derselben der neuern Jahrhunderte. Und so etwas ganz elendes, wie zuweilen in Rom, findet man hier nicht. Man sieht immer, daß ein Senat von vielen Personen

Venedig, der Dogenpalast und der Markusplatz

herrschte; und nicht ein einzelner oft schlechter und elender Mensch ohne Talent und Geschmack.

Den 5 August.

Die Antiken auf der Markus Bibliothek bedeuten wenig. Das beste sind einige Büsten, als die des Augustus, noch in Jugend, voll Feuer Ausdruck und Leben; die der jüngern Ag[r]ippina mit dem Schleier der Vergötterung; die des Hadrians in parischem Marmor, alles fürtreffliche meisterhafte Köpfe von der besten Arbeit. Unter den Statuen ist das beste ein Bacchus mit einem Faun, die gewöhnliche so oft wiederholte Gruppe. Die Köpfe sind besonders schön, und die Leiber von trefflichem Fleisch, frei und leicht im Meißelschlag; die Beine aber haben keine so schöne Form. Einige starke Fetzen sind daran restauriert; sie gefällt mir weit mehr als alle die andern die ich gesehen habe. Ganymedes, vom Adler entführt; Gut im Ausdruck des Adlers, die Formen des Buben sind mittelmäßig, ein kleines vermutlich kopiertes Bildchen. Die Leda mit dem Schwan stehend in actu, ist noch weit herrlicher im Ausdruck und wirklich fürtrefflich; auch ein kleines Bildchen. Das andre ist zu zusammengeflickt, und meistens leere Ware zur bloßen Verzierung bei den Alten.

Die Bibliothek selbst ist ein schöner Saal und wohleingerichtet; der Plafond gut bemahlt. Unanständig bleibt es immer, die Leda mit dem Schwan, eine pure platte klare Unzucht, so an die Tür hin zu stellen; und zeigt entweder, daß die Venezianer kein Gefühl für Kunstwerke haben oder über alle Moral und Scham in diesem Stück weg sind.

Die vier Pferde von vergoldetem Bronze, welches dem Kupfer sehr ähnlich sieht, sind vier fürtreffliche junge mutige Hengste. Die Köpfe sind verschieden, und jeder hat seinen eignen Charakter; sie sind so schön in ihrer Art, wie die Menschengestalten der antiken Statuen. Wer sie machte, hat ganz die lebendige Pferdsnatur und ihre verschiedenen Vollkommenheiten im Gefühl gehabt. Das herrlichste ist das rechter Hand, nach dem großen Kanal zu; man kann es nicht genug ansehen und sich daran freuen. Die Füße sind gleichfalls fürtrefflich, und vom Leib an meisterhaft gezeichnet, gestellt und ausgeführt. Sie heben alle vier nur einen Vorderfuß, und die drei andern stehen, und der Pferdsgang hat gewiß diesen Moment, gegen die Meinung einiger Neuern. Sie schnauben und sind ungeduldig, daß sie im Zügel gehalten werden. Der Zügel war vermutlich von Gold oder überguldetem Silber, man sieht ganz deutlich noch die Spuren über den ganzen Kopf, und die Stange steckt noch in den

Mäulern. Die Rücken sind eben so schön und die Brüste und ihre Zeugungsteile. Nur die hohen Hälse mit abgeschnittenen Mähnen können uns nicht wohl gefallen; der Hals ist wirklich zu stark, und zu hoch, und ragt zu viel über dem Kopf hervor. Das Ganze muß ein ganz königliches Werk gewesen sein, und an Pracht alles übertroffen haben. Es ist lächerlich, wenn unsre jetzigen armseligen Künstler behaupten wollen, die Alten hätten nicht verstanden, gute Pferde zu machen, und dies aus ein paar Überbleibseln; da sie in den Olympischen Spielen liefen, wo die edelste und fürtrefflichste Menschheit aus allen Jahrhunderten versammelt war, und die Römer unter den Kaisern völlig nach ihrer Schönheit rasten und im Stande waren, die Eigenschaften derselben schon aus dem Geruch ihres Mistes zu erkennen. Wer hat noch je eine herrlichere Ode auf ein Pferd gemacht, als Pindar! vermutlich werden die Künstler nicht allein so tief gesunken gewesen sein; wenn uns nicht auch das kleinste Fragment aus diesen Zeiten das Gegenteil in die Seele blitzte.

Der Löwe aus dem Hafen Piräus zu Athen vor dem Arsenal steht auf den zwei Vorderbeinen, und hat eine Stellung wirklich wie der König der Tiere. Die Formen der einzelnen Teile haben aber alle Oberfläche verloren und sind dadurch unkenntlich geworden; der Kopf ist ganz verdorben, und ein großes Stück elend und jämmerlich vom Obermaul bis an die Augen eingesetzt. Die Zeit hat ihn zu arg zugerichtet. Unterdessen erdrückt doch seine Majestät alle geflügelte Puppen von grimmigen Markuslöwen.

Die Fassade an Francesco della Vigna von Palladio hat viel schönes, aber die Tür leidet zu arg in derselben und verliert alle Gestalt und Proportion. Die kleinen Säulen derselben, auf den hohen Säulenstühlen der großen Kolonnen, die gehälfteten Pilasterchen sind in der Tat abscheulich; und man kann nicht glauben, daß es von Palladio selbst herkomme. Das übrige hat viel Schönheit und zeigt trefflich die innere Einrichtung des Tempels.

Die Aussicht auf dem Markusturm ist die beste um die ganze Lage von Venedig und die Einrichtung der Stadt zu überschauen, wenn man schon vorher an den meisten Orten gewesen ist. Von der Morgenseite sichert die Stadt vor dem Ungestüm des Meeres eine Menge seichts Land und Untiefen, und verschiedene große und kleine Inseln, die voran nicht bewohnt sind; von der Mittagseite hat die Natur von selbst einen Damm geworfen, der sich lang herum zieht und Lido heißt, bewohnt wird, und stark mit Bäumen bepflanzt ist. Zwischen Palestrina und Malamocco ist der ungeheure Damm von Steinen angelegt um den Einbruch des Meers auf Venedig zu verhüten. Zwischen diesen Dämmen und der Stadt liegen die Häfen, der von Malamocco, oder Pavia, Canal Orfano, wo die Contumaz Schiffe sind, und dann der der Stadt selbst. Zu jedem ist schwer zu gelangen, wegen der Seichten und Krümmungen der Kanäle; und es sind besondre Führer dazu nötig, die alles auf ein Haar kennen. Von der Abend und Mitternacht Seite ist das feste Land.

Das Arsenal mit seinem großen Umpfang und einerlei breitem Dach, und weiten Bogen macht einen majestätischen Eindruck am Ende der Stadt südlich. Die fünf Kuppeln der Markuskirche, der Markusplatz, der Palast des Dogen mit den schrecklichen Gefängnissen unter den bleiernen Dächern; die herrliche Kirche S. Giorgio Maggiore mit dem schönen Kloster von Palladio und dem angenehmen Garten dahinter, die unvergleichliche von eben diesem Meister al Redemtore, und die ganze Guidecca mit dem Grün der Gärten dazwischen und dahinter machen eine reizende Aussicht, nebst den nahe und weit zerstreuten Inseln. Das Gewühl der Häuser der Stadt zeigt wunderbar altes und neues von manchen Jahrhunderten unzerstört von keiner feindlichen Wut. Auf dem Turm selbst sieht man durch die Stadt keinen einzigen Kanal wegen der Häuser, sondern nur die Inseln und das Meer herum, und den Anfang vom Großen Kanal, und den Kanal der Guidecca, die eigentlich nicht zur Stadt gehört, sondern eine besondre Insel macht.

Die Huren in Venedig sind ein Kommerzartikel, und man schämt sich gar nicht, zu ihnen zu gehen oder welche zu halten. Jetzt sind sechzig Posten, jeden verkauft die Republik mit achtzig Zechinen, und er bleibt alsdenn bei dem Hause, so lange bis Niemand darin ermordet wird oder andre Umstände den Rat nötigen, den Posten zu versperren und die Fenster mit eisernen Gittern zu verschränken. Der Hausherr bezahlt hernach alle halbe Jahr elf Zechinen an die Republik. Dafür darf er denn in einem Zimmer eine Hure halten, und sie muß ihm allezeit die Hälfte vom Gewinn geben. Er beköstigt dieselbe, und gibt ihr eine Magd zur Aufwartung, für Kleidung Frisur und alles andre muß sie selbst sorgen. Was die Venerische Krankheit betrifft, muß er hierbei auf seinen eignen Vorteil denken, und seinen Posten in keinen üblen Ruf kommen lassen. Wie schnell dies abgewechselt werden muß, kann man leicht dadurch sehen, daß in dem Eckzimmer al ponte dei Assassini in einem halben Jahre allein funfzehn Mädchen nach und nach deswegen abgeschafft wurden. Die wohlgebildetern haben ihren Posten im zweiten Stock und stehen oder sitzen im Fenster, worin aber nie Glasscheiben sein dürfen, um ihre Zimmer zu unterscheiden. Sie bekommen etwas mehr, und man gibt ihnen gewöhnlich vier Lire. Für eine ganze Nacht bekommen sie das Doppelte. Die andern sitzen vor den Haustüren, und deren Tax ist auf zwei Lire gesetzt. Wenn die Mädchen hier einmal eingestellt sind, so dürfen sie nicht heraus und in Gondeln ihre Wirtschaft treiben. Sie müssen immer allert und bei der Hand sein, und niemals verdrüßlich. Bei den säuberlichern trifft man allezeit Contons an, ob sie gleich sehr scharf verboten sind, und bezahlt ihnen für das Stück drei Lire. Sie sind meistens sehr naiv, und erzehlen einem leicht ihre Lebensgeschichte mit allen Umständen, wo die erste Entjungferung einen Hauptartikel ausmacht. Auch sind sie übrigens gut zur Unterhaltung, und gewitzigt und gewürfelt durch den mancherlei Umgang mit verschiedenen Menschen, wo sich allezeit die Natur bis auf ihre geheimsten Teile sehen läßt. Man geht oft zu ihnen zum bloßen Zeitvertreib, und läßt sich ihr Nackendes zeigen, wo ein Künstler die Schönheit der einzeln Teile gut studieren kann; denn es gibt doch unter ihnen eine Menge reizender Gestalten, die sich überdies Monat und Vierteljahrweise abändern. Und außerdem braucht man sie mit ihren Erzehlungen Z.B. von der Verschiedenheit der männlichen Zeugungsglieder und Arten die Wollust zu genießen, wie eine Pucelle d'Orleans[1] oder ein ander witziges Buch. Um dieses Vergnügen zu haben, muß man aber schon Stoiker genug sein, um sich wenigstens nicht so plump einzulassen, daß man das Venerische Übel an Hals bekäme.

Übrigens machen noch eine Menge Mädchen und Weiber die Kurtisanen, und werden zum Teil von den Reichen und Nobili dazu unterhalten; worunter so gar verschiedene Sängerinnen in den Hospitälern gehören. Mit diesen macht man Spazierfahrten in Gondeln; denn sie haben immer einen Gondolierer an der Hand.

1 Versepos von Voltaire, Erstdruck 1762.

Den sechsten August.

Eine Purganz einnehmen müssen wegen eines heftigen Rheumatismus; dabei das Werk über Venedig des alten [Tommaso] Temanza gelesen, von welchem sich ein sehr interessanter Auszug voll herrlicher Nachrichten für Deutschland liefern läßt.

Nachts um zwei Uhr welsch abgefahren nach Padua. Herrliche heitre gestirnte Nacht, wo Jupiter und Mars wie Schutzgeister unsrer Sphäre näher schwebten. Warum so einen kleinen Punkt uns zum Genuß zu geben, und nach den unendlichen Welten uns schmachten zu lassen! wir sind wie lebendig begraben. Des Nachts sind die Ufer der Brenta noch lieblicher als am Tage; man merkt den Mangel der Fernen und Gebürge nicht, und hält sie wirklich für paradiesisch.

Gespräche der gemeinsten Leute in der Barke mit viel Vernunft über die russische Kaiserin, das russische Klima, wo man vor Kälte sich Gesicht und Nase bekleiden muß, die Großfürstin, *superba bucerona*, die verstorbne Kaiserin Maria Theresia, *compagna dell' altra, ma buona. L' altra a attossicata il suo marito*. Dem Großfürst, dessen Mutter nicht schön sein kann, wenn sie ihm gleicht; *ma è par donna di talento che si fe stimare*. pp. Venezianer Flüche: *viso di cazzo, figlio d'una putana, sangue d'un soldo, maladetta mona, porca bucerona. Giudizio è una bucerata, ci vuol fortuna in sto mondo; giudizio senza fortuna è niente*.

Den siebenten August.

Um Mittag zu Padua angelangt und gespeist, wo der Nobile Modenizo mit seiner Familie aus Furcht vor uns, das Tischzeug samt dem Tisch vom Saal in sein Zimmer tragen ließ. Nachmittags um vier Uhr abgereist. Frische süße liebliche Luft vom halben Wege an, ganz herzstärkend und neu belebend, so daß alle Gedanken und Empfindungen elastischer hervorsprangen, nach der von Ferrara, Venedig und Padua. Herrliche Wiesengründe mit schönen Bäumen und Gängen von Reben wie Festons umfaßt. Sonderbare ungeheure Wolke, ganz mit brennendem Sonnenglanz eingefaßt neu zum Genuß, aber nicht für die Kunst, weil es nicht wahrscheinlich ist, und wegen des Lichts derselben auch nicht den Effekt macht. Fürtrefflichen Veturin, wie deutsche Extrapost so gut. Der von Florenz war äußerst gütig und sanft mit Menschen, peitschte aber seine Maultiere wie der ärgste Barbar; wunderbarer Kontrast und schier Widerspruch. Man zahlt gewöhnlich niemals mehr für zwei Personen auf den Tag als zwei Zechinen; man kann also die Kosten nach den Tagreisen leicht ausrechnen, ohne sich prellen zu lassen; auf die Person kömt eine Zechin, dafür muß er alle Weggelder bezahlen und zweimal die Kost des Tages. Unvergleichliche Nacht, wo der beinahe Vollmond immer mit uns ging und uns durch die schönen Bäume begleitete, und Blitze von einem fernen Gewitter flammten lieblich dazwischen. In Vicenza machen die Leute schon nicht mehr so entsetzlich viel Worte wie die Venezianer, die die Neapolitaner, Franzosen und alle Welt darin übertreffen.

Den 8 August.

Dieser Morgen war einer der schönsten der ganzen Reise. Einen Palladio immer schöner als den andern, eine heitre Seele voll des fürtrefflichsten des Altertums mitgeteilt, von sich und diesem, so viel sich schicken konnte seinen Zeitverwandten. In der Stadt selbst ist unter so vielen nur ein einziger ausgebaut; der lieblichste, wie unter Blumen in der korinthischen Ordnung durchaus, ist der von Thiene; einige andre prangen herrlich in Rustik unten, verschiedene haben Säulen oder Pilaster durch alle zwei Stockwerke, wie man sie in dem neuern Werk seiner Sachen alle sehen kann. Das Olympische Theater muß man ansehen, daß es in das Haus wo es steht hinein gebaut werden mußte, und der Meister also keine Freiheit [hatte], seine Idee nach Willen auszuführen. Er wählte statt dem vollkommnen Zirkel der Alten eine Ellipse, oder Art Oval. Überhaupt ist es eine Kleinigkeit, wie ein Modell zu einem größern, und den Neuern nur eine sinnliche Idee von der Vollkommenheit der Alten, und der Albernheit der Neuern zu geben. Die Perspektif in den Szenen, bei jedem Fest immer einerlei, ist eine Kinderei. Man braucht es nur zu Illuminationen und Tänzen, zu wirklichen Schauspielen ist es viel zu klein; denn die Szenen gehen in die Höhe, und sind platterdings bloß zur Perspektif. Zu einer Musik Akademie ist das Orchester wieder zu klein; doch wenn man den Schauplatz mitnimmt mag es dazu am besten taugen.

Die Brücke über den Bacchilion ist eine der schönsten Sachen, die er je gemacht hat. Der Bogen ist von keinem Zirkel, sondern Ellipsenförmig, welches ihr einen reizenden Kontur und eine ungemeine Leichtigkeit, wie einen beherzten Amazonensprung darüber gibt. Die Unregelmäßigkeit der Gebäude neben an, und unten der Mühle, die Tiefe des Bettes und die Risse der Fluten bei großem Wasser machen dagegen einen herrlichen Kontrast. Überhaupt ist sie eine der schönsten Brücken, die ich je gesehen habe. Das Geländer hat in den Sprossen eine gute Form, und Bernini war nicht der erste, der ausdachte, daß man das Wasser auf den Brücken und bei Brunnen so viel als möglich sehen lassen müßte.

Das Rathaus ist mehr ein jugendliches Werk, als daß es viel Eindruck auf mich gemacht hätte. Die Fassade, obgleich an und für sich richtig und schön, gleicht doch nur einer Schminke, die einer ältlichen Matrone aufgetragen ist. Die

Bogen derselben korrespondieren nicht mit denen des gotischen Gebäudes, das überall schief durchguckt. Julius Romanus hatte gewiß, damals schon älter und erfahrner und unterrichteter, mehr Geschmack gezeigt, als er eine meisterhafte gotische dazu erfand. Der Saal darin ist herrlich groß, und gibt ein majestätisch Ansehen; er ist wie der zu Padua, nur daß er nicht völlig die Größe hat und durch das Ganze Gebäude geht. Die Türe auf der andern Seite, im vierten Bogen, steht nicht in der Mitte, da die Wand deren nur achte hat, und macht eine widrige Wirkung.

Der Campo Marzo mit dem Triumphbogen zum Eingang ist einer der schönsten Spazierplätze, die ich je gesehen habe. Die Hügel sind ganz reizend, die grüne weite und breite Wiese sanft und bequem, die weite Einfassung der Hügel und endlich der Gebürge von Tyrol die man hier titanisch dem Himmel trotzen sieht, machen erst recht die Aussicht abwechselnd und in der Tat majestätisch. Der Palast des Fürsten von Braunschweig, jetzt de Volpi hat die schönste Lage darin; der Fluß Retrone erquickt, und macht das ganze vollends lebendig. Die Bäume herum, der Garten vor der schönen, neuherausempfundnen Triumphpforte, die kraus bekleideten Hügel mit Stauden und Büschen und Bäumen sind eine angenehme liebliche Süßigkeit für die Augen mit den abwechselnden Lüften des Himmels. Oben liegt die Kirche Madonna del Monte als eine herzstärkende Heiligkeit, und erfreuliche Erinnerung zärtlicher Gefühle für andächtige Seelen.

Außer denen des Palladio sind noch verschiedne andre Gebäude von guter reiner Architektur in Vicenza. Der Ort zeigt überall Reichtum und Fruchtbarkeit, und man merkt deutlich das freiere Volk, das bloß unter Venezianischem Schutz steht. Noch jetzt werden Paläste im Palladischen Styl aufgeführt; unter andern kleinern ein ganz prächtiger von einem Advokaten, wo bessere Materialien als an denen wirklichen von Palladio gebraucht werden.

Unbegreiflich ist es, wie die Leute hier den Mangel guten Wassers nicht fühlen und täglich und stündlich mit so schlechtem und dicken ungesunden leben, kochen, backen und haushalten können; zumal da sie den Weg zu einer Wasserleitung von den Zeiten der Römer noch vor sich haben. Eben so ists in Padua, die es leicht von Monte Selice oder noch weit näher her hohlen könnten. Man erkennt hier deutlich, wie viel Zeit es kostet, ehe nur eine Stadt von selbst sich aufkläret, da die dringendsten Bedürfnisse und Notwendigkeiten ihrem verkleinerten und verschrumpften Geist keinen Stoß geben. Sie bauen die prächtigsten Tempel und Monumente, wie zu Padua S. Giustina und S. Antonio, und zu Vicenza die reichsten Gebäude, und lassen sich täglich peinigen von faulem unverdäulichen Getränk, dem ersten Stück, was der Mensch nach der Luft am notwendigsten braucht. Wo kein Römischer Senat herrscht, da ist doch alle andre Regierung ein kleinliches, ohnmächtiges prahlerisches und von Schurken bis zum Anspeien lobgepriesenes armseliges Wesen. Sparta und Rom wie prangt ihr hervor! und ihr andern alten glückseligen Republiken, wo der Geist noch groß und göttlich frei immer wirksam war, und sich durch alles irrdische Gedränge leicht kämpfte.

Fürtreffliches Frühstück, wie noch nirgends, königliche Zuckermelone, Pfirsiche, reif wie ein funfzehnjährig römisch Mädchen noch ohne Makel und Flecken, ein halbdutzend, und ein gut Glas Cyperwein von dem allerächtesten aus Venedig von acht und zwanzig Jahren; mit genommen.

Schöne Fahrt durch das reizende fruchtbare Land nach Villanuova; wo das beste gut frisch lebendig leichtes Wasser und Reis war. Schon hier merkt man, daß man das sanftere

Klima verlassen hat; und die Alpenwinde stürmen, und die Donner rollen fernen Gewitters.

Von Villanuova unterwegs gleich anfangs ein starkes Gewitter vor uns gehabt. Seltne Donnerwetter Luft, vor uns nicht weit eingeschlagen; der Wind den prächtigsten Effekt in den Bäumen. Wenige Meilen von Verona sieht man die Gebürge, wo die Alten Deutschen sich hineingenistet haben; die Welschen haben ihnen leicht die rauen Felslöcher gelassen, schon von fern erregen sie Grauen. Der ganze Weg von Villanuova bis nach Verona ist völlig deutsch, Wiesengrund mit Pappeln und Maulbeerbäumen eingefaßt, und andern Bäumen. Ein Deutscher muß da in der Tat wie in ein Paradies hineinkommen, der die höhern Schönheiten der Natur, und die die Kunst nachahmt, noch nicht recht gekostet hat. Die deutschen Gemeinden in den Bergen von Verona und Vicenz kommen wahrscheinlich noch von den Zeiten des Kaiser Max her, und vielleicht sind sie Überbleibsel zum Teil der Armee, die Rom einnahm und plünderte, von denen wenige nach Hause kamen. Nach und nach hat sich die Welsche Sprache und Aussprache damit vermischt.

Von Verona bekömt man ein groß Stück Mauer und ein paar Türme mit einer Kuppel zuerst zu sehen, welches ohngeachtet wenig doch einen großen Effekt macht, besonders die lange Mauer mit ihren Zinnen.

Verona, den 9 August.

Verona liegt fürtrefflich unter den Tyrolischen Gebürgen, die es von ferne in einer Weite von 20 bis 30 Miglien majestätisch umgeben an einem schönen Hügel, der jungfräulich hier hernieder steigt, und worauf zwei Festungen angelegt sind. Die Etsch reißt sich, wie ein Alpenkind, wild aus dem Gebürg Wellen schlagend mitten durch in Schlangenkrümmungen. Es gehen vier Brücken darüber; von der ersten hat man eine herrliche Aussicht nach dem Gebürg und der Festung. Und die letztre, von den Scaligern angelegt, geht nach einer kleinen Festung hinan und hat drei Bogen, von welchen der höchste letztre an der Festung eine erstaunliche Weite hat, die die des Ponte Rialto noch übertrifft. Aber sie hat doch weder die Schönheit des Bogenschlags wie die des Palladio, noch die Gediegenheit der erstern. Unter dessen muß sie doch sehr stark sein, weil gegen den Schuß des wilden Stroms so lange gehalten hat. Die Mauern der Stadt sind sehr weitläuftig und müssen viel gekostet haben. Zwei Meisterstücke von Toren sind an derselben, wovon das eine Porta Stupa verschlossen ist; man weiß keine andre Ursache anzugeben, als weil eben von hier nirgends wohin eine gangbare Straße führte, weder nach Brescia noch Mantua, welches die zwei befahrnen sind. Es geht also gerade damit, wie mit den Brunnen zu Nürnberg und Mannheim. Andre sagen noch, daß das Tor so schön gewesen sei, daß man es nicht hätte wollen befahren lassen; ob dies gleich lächerlich ist, so muß man doch gestehen, daß es in ganz Italien und folglich wahrscheinlich der ganzen Welt das schönste ist. Ein wahres Meisterstück, ganz klassisch, wodurch sich S. Michele[1] unsterblich gemacht hat. Es sind fünf Bogen, die dreifach von innen fortlaufen. Das Gebälk hat nur erst den Dorischen Fries oben, und es fehlt noch der Kranz; und es steht jetzt ein bloßes Dach mit einem Mauerwerk statt desselben. Die Verzierungen sind im besten Geschmack. Vermutlich blieb es verschlossen, weil es wegen Umständen nicht fertig gemacht werden konnte.

Die Porta nuova ist vollendet; nicht so schön, aber hat mehr Einheit; Es hat nur einen Durchgang oder Bogen, ist aber doch noch fast breiter als das andre und äußerst massiv

1 Michele Sanmicheli (1484-1559).

und fest. Oben darauf genießt man einer herrlichen Aussicht nach dem Gebürg und übersieht die ungeheure Ebne von Mantua. Beides sind große Meisterstücke von S. Michele. Die Porta nuova hat oben einen ganz freien Platz oder Boden von lauter großen Quadern.

Das Amphitheater an der Piazza Brà in Verona

Noch sind nicht weit davon beim Amphitheater zwei Paläste von eben diesem S. Michele. Der Große ist nicht ausgebaut, aber man darf den Riß des ganzen Frontispizes sehen, von seinem besten Schüler vermutlich, doch nach seinem Riß. Der andre ist klein, Rustik unten, Pilaster oben; Recht durchfühlt und durchdacht S. Michele ist noch origineller als Palladio in diesen Gebäuden. Beide bildeten sich nach den Antiken.

Das Amphitheater ist viel kleiner als das Römische, aber von innen wohl erhalten, und das verfallne gut restauriert. Man hat zwei Pforten in den langen Enden angebracht, wo sich die Herren hinstellen und die Päpste bei Gelegenheit ihren Segen geben können. Von der äußern Einfassung steht nur ein Vier Bogenstück, wo man aber doch sehen kann, daß zwei Galerien oben herum gingen. Das Ganze enthält vierzig Reihen von Sitzen; und hat 62 Eingänge. Man begreift dadurch leicht die Einrichtung der Römischen, und welche Ordnung die Vomitoria und die Galerien hatten. Unendlich größern Eindruck macht das Römische; es ist weit pittoresker und hat auch eine schönere Symmetrie. Überhaupt ist es an Majestät gar nicht mit dem Römischen zu vergleichen. Es ist von Pietra Rossa di Verona gebaut.

In dem Palast Bevilaqua sind einige mittelmäßige Paul Veronese, und einige Antiken[1], die man in Rom kaum ansehen würde, wovon aber dennoch Winkelmann und Cavaceppi, ein Fantast und ein Beutelschneider, viel Lärm gemacht haben. Der Kopf des Antinous ist mittelmäßig gegen den zu Villa Mondragona, Villa Albani, und andere; die Lippen zu sehr aufgeworfen, und das andre ist Kopie, nach dem Original, wovon der in der Villa Casali kopiert worden. Der Hadrian ist kleinlicht aber sehr fleißig gearbeitet. Der Sohn der Niobe hat schöne Teile am Leibe und den Schenkeln, kömt aber dem zu Florenz nicht gleich. Der Hermaphrodit ist wie eine Skizze zu betrachten wegen Kleinheit, hat aber doch auch sehr schöne Teile. Der August ist mittelmäßig, mag er doch einen Kranz haben was für einen er immer will. Noch ist eine Venus da, die auch gute Teile hat. Überhaupt verlohnt es sich schon der Mühe, die Sammlung zu besehen.

Im Palast Gherardini sind noch einige Turchi zu besehen, wovon nur der Christus mit der Samaritanerin gut ist. Die Anbetung der drei Könige, die Entführung der Helena ist armselig Zeug; obgleich mit einigen guten Figuren. Das beste Bild von ihm ist alla Misericordia; eine Caritas mit der

1 Heute München, Glyptothek.

Madonna, und einem der den toten Christ hinlegt. Drei sehr gute Figuren, worin auch Ausdruck herrscht, und Gestalt und Zeichnung und gute Beleuchtung. Hier kann man aber die Volkmännische Phrasis im Ernst brauchen: es ist ihm sehr wohl geraten; denn es steht weit über allen seinen andern Arbeiten, obgleich man noch sehr wohl das ängstliche merkt, das ohne eigne Kraft einmal oben schwebt.

Das beste Gemälde von Paolo Veronese ist das Altarblatt in S. Giorgio; es ist ächtes Mahlergenie darin. Der Heilige ist gut gestellt der Götze desgleichen, und die Glorie der Madonna oben schwebend und luftig nicht so eine Himmelsprozession wie sonst; Und der Sehpunkt gut gewählt vom Kreuzgang aus. Das andre ist auch gut, hat aber nicht die malerischen Schönheiten.

Die Kirche ist ein gutes gotisches Gebäude, und macht ein Oblongum aus. Die Himmelfahrt von Tizian ist keins von seinen besten Gemälden; doch läßt sichs noch mit Vergnügen ansehen. In Verona sind übrigens noch manche Überbleibsel von gotischer Baukunst, sowohl was Kirchen betrifft und andre öffentliche Monumente, als Häuser. Das Volk ist viel auf deutschen Schlag, gut und hoflich. Ihre Sprache unterscheidet sich stark von dem andern Lombardischen und ist ein guter Dialekt. Die Partizipien endigen sie meistens an statt *amato,* in *ama,* oder *amao.*

Nachmittags nach Brescia abgefahren; den ganzen Weg bis nach Pesquiera die Sonne im Gesicht gehabt, so daß wir gar nicht aus dem Wagen sehen konnten; und sie warf auch noch so Feuer, daß nicht zu Fuß zu gehen war. Doch verloren wir nach einigen Übersichten da und dort zu urteilen sehr wenig; das Land ist steinicht und wenig fruchtbar und ohne Hügel, und das Gebürg erscheint kaum in äußerster Ferne. Die Maulbeerbäume sind meistens entblättert und haben schlechten Wuchs. Etwa eine Miglie von Pesquiera erblickt man den See di Garda, einen der reizendsten vielleicht auf der Welt, so prächtig und schön erheben sich nach und nach die Gebürge dahinter herum in frischen zauberischen Farbentönen von dunkel und braun und Luft. Die Konture sind schon schroff winkelicht und hastig abwechselnd mit Zakken und Rissen, und die großen Massen ragen gigantisch einzeln gen Himmel. Unten liegt still und blinkend und ruheklar und hell der See in lieblichem, wollüstigen fruchtbaren Grün der Bäume und mildem Schoß der Erde.

Pesquiera ist eine kleine Festung, durch welche ein Stück Mincio geleitet ist, der in dem Ort selbst vom See reingewaschen klar bläulich sanft schnell wegströmt; ein starker Fluß schon.

Im Wirtshaus Papa, eine Miglie davon, des Nachts geherbergt, welches wie im Paradies liegt. Man übersieht fast den ganzen See und die Gebürge aus den Fenstern.

Sentenzen zur Ausfüllung der Lücke.

Man muß so wenig von der gemeinen Meinung abhangen, als nur immer möglich ist, weder im Guten noch im Bösen; und sich seinen Genuß ohne dieß verschaffen: Ruhm und Ehre ist nur ein schwacher Nachhall der Lust, die der starke Kernmensch bei großen Taten fühlt; und wer sich viel daraus macht, kömmt endlich um alle eigne Existenz und wird so gar ein schlechter Kerl, denn er scheut sich vor Tugenden, die der Tropf, der Pöbel für schimpflich achtet. Diese Moral ist freilich nur für vollkommne Menschen, die ihre Glückseeligkeit gerad nur in ihrer eignen Vollkommenheit und der Vollkommenheit aller Wesen suchen.

Man kann alles auf der guten und bösen Seite ansehen, nach dem man gestimmt ist; so ist der Rhein ein Strom des Lebens für Nationen: und wieder eine entsetzliche Menge von Regen beisammen.

Reisen, die Erde und ihre Geschöpfe kennen lernen, ist die natürliche Bestimmung des Menschen: Stille sitzen und Phantasieen schmieden, sein unnatürlicher Zustand. Zur Zeit, wo die Menschen noch nicht wie Milben auf diesem Erdboden herumwimmelten und Korn, das Unkraut, nicht so viel Oberfläche einnahm, und die Staaten noch nicht so verwickelt und zusammengeflochten waren, dachten so alle Nationen; besonders rückten von Jahr zu Jahr in ihren Wanderungen so zu neuem Leben die alten Deutschen.

Die Ursach der Verderbniß der Kunst ist allemal eine Art Despotismus. Es geht damit ganz natürlich zu, wie mit dem falschen Witz, oder überhäuften; der Sklav sucht zu gefallen, mit bloßer Pflicht, und bloßem Verstand kann er nicht, das erste ist Schuldigkeit, und der letztre schmeckt allemal nach Freiheit; also geht alles in Neuigkeitelei und Witz über, und Trieb und Kraft verschwindet ganz dabei. Siehe die Geschichte der Kunst wie sie von Republik in Monarchie übergeht.

Den 10 August.

Herrlicher Sonnenaufgang am Ende des Gebürgs bei Verona. Breit liegt der See da im Morgenduft, und die Berge im dünnen Nebel; ein leises Wehen kräuselt in der Mitte die Wellen und macht ihn lebendig, und weckt seine Schönheit wie auf; er zieht sich hinten ins Tal hinein. Die eine Insel liegt lieblich in rötlichen Strahlen und sonnt sich. Eine Barke wallt leicht mit voll geschwelltem Segel darüber hin. Die Häuserchen am Ufer allein scheinen zu schlummern mit ihrer Unbeweglichkeit, und weil die Menschen noch nicht heraus sind. Die unabsehliche Kette von Gebürgen liegt wie eine neue Welt da, als ob sie bestimmt wäre, lauter Titanen zu tragen. Süßer rötlicher Dunst bekleidet glänzend den östlichen Himmel, und die dünnen wollichten Wölkchen schweben still um den heitren Raum des Äthers, worin die Vögel entzückte Flüge zur Lust machen. Der herrliche Gang von Zypressen verändert linker Hand vor Sirmion lieblich die Szene, und sie stehen schön beleuchtet. –

Der See ist wirklich einer der schönsten die ich je gesehen habe, so reizend sind dessen Ufer, und majestätisch und wild, und mit so vielem mancherleien Farbenspiel und Licht und Schatten erhebt sich das Gebürg. Es ist eine Landschaft, von der Seite aus, wo man in das Tal hinein schaut und Sirmion gegenüber steht auf dem Berg nach Desenzano, wie weder Poussin noch Claude [Lorrain] je eine erfunden haben. Die Halbinsel Sirmion liegt in der Tat da wie der Sitz einer Kalypso, einer Alcina, um von da die ganze Gegend zu beherrschen, und hat das prächtige Theater von ungeheuren Gebürgen vor sich. Katull hatte völlig Recht davon zu sagen

Peninsularum, Sirmio, insularumque
Ocelle, quascumque in liquentibus stagnis
Marique vasto fert vterque Neptunus
Quam te libenter quamque laetus inviso.[1]

So ist es in seiner schönen runden Form, die sich nach und nach erhöht, mit den herrlichsten Bäumen bepflanzt mitten in die See hinein. Die Beleuchtung war diesen Morgen ein hohes Zauberstück von Licht und Schatten, der Felsen stark im Lichte doch mit Dunst gedämpft, die Insel im Schatten machte einen reizenden Kontrast mit ihren mächtigen Lo-

1 Mein Sirmio, Juwel du aller Halbinseln / Und Inseln, die in klaren Seen und im Raume / Des weiten Meers Neptunus trägt, der Herr beider, / Wie gern, ach! und wie fröhlich schau ich dich wieder! (Catullus: Carmina 31/1-4, dt. von R. Helm, Berlin 1963)

kalfarben, und so der See mit seinen wirklichen Meereswellen. Virgil beschreibt ihn meisterhaft

teque / Fluctibus et fremitu assurgens, Benace, marino.[1]

Es ging aus dem Tal des Gebürgs ein leichter kühler Wind, und die Wogen brachen sich ergötzend in weiten Schlägen über einander und schäumten. Das hintere Gebürg dämmerte fern hervor in süßem sanften Dunst. Eine wahrhaftige süße Melodie vom leisesten piano zum stärksten forte der brausenden Fluten, von ungeheurer Höhe hernieder wallend. Auf Sirmio steht ein alter Turm wie der vom Palazzo vecchio zu Florenz, mit einem Gebäude von einer viereckten Mauer eingefaßt herum; nebst einigen Häusern. Die Rundung selbst aber der Halbinsel, die in die See geht, ist ganz Natur und schön bepflanzt, ohne Häuser bis auf ein paar leichte Hütten.

Luneto liegt auf einem Hügel sehr luftig. Von hier fährt man noch 15 Miglien meist durch lauter Wiesen, die fast alle meist mit Pappeln und einige wenige mit Erlen eingefaßt sind. Sie blühten alle, und müssen gute Milchkräuter tragen. Neben fließt immer entweder ein kleiner Bach, oder Fluß. Die Hügel und Berge ohnweit Brescia machen die Gegend äußerst reizend. Das Volk ist lustig, wohlgenährt, und Weiber und Männer haben gewöhnlich eine gute Bildung, und einzelne sind sehr schön, und hier und da findet man wirklich Großes und erhabnes in den Gestalten. Wie wir nach Brescia kamen, war gerad die Kirche irgendwo aus, wo mußte gepredigt worden sein. Alle Straßen waren voll Leute, und die Stadt macht einen starken Kontrast mit allen Städten, wo wir

1 dich auch, / Der du, Benacus, schwillst und dröhnst wie Meeresgewässer?« Benacus ist der römische Name für den Gardasee (Virgil, Georgica II/V 159 f., dt. von R. A. Schröder, München 1976).

durchgereist sind. Viele taumelten berauscht auf den Wegen oder ritten vor der Stadt nach Hause. Die Mädchen lachten; die Töchter freiten sich an den Fenstern mit ihren Geliebten. Alles voll Leben.

Gardasee, Blick von Malcesine Richtung Riva

Der Dom ist in der verzagten geleckten Manier aller neuern Kunst gebaut, wo keine Form frei und schön sich zeigt. Das mittlere der Fassade geht hinein. Die Tür hat einen fatal gebrochen Gebälk wegen eines Porträts. Die beiden Seiten treten zu weit heraus. Die Säulen sind übrigens gut und haben ein schönes Korinthisch Kapitäl.

Der kleine alte Dom daneben ist ein ganz ander Werk, obgleich klein, und hat mich herrlich mit seiner originellen Bauart überrascht. Der Eingang, wo man an die zwanzig Stufen hinab steigen muß auf beiden Seiten, ist eine Rotonda, über der Tür ein rundes Fenster, auf jeder andern zwei im Viereck. Unter der Tür ist die Kanzel auf jeder Seite sind drei Altäre in großen Bogen Nischen; statt des Hauptaltars der

Römischen Rotunda geht hier ein Bogen frei durch, und man tritt daraus in einen Kreuzgang, der sich auf allen drei Seiten rundet. In dem mittlern Ende ist der Chor und Hauptaltar. In den zwei Kreuzgängen zwei kleine Kuppeln mit Laternen. So klein die Kirche außen scheint, so hat sie innen viel tiefe, wie gesagt 20 starke Stufen, jede über einen Fuß. Es ist ganz augenscheinlich, daß dieser Dom auf einem alten Tempel angelegt ist; der Gedanke allein wäre für die gotischen und modernen Zeiten zu original und zu schön. Die Gewölbe sind alle Bogen vom Zirkel, und das Ganze hat eine gute Proportion. Wunderbar ist es indessen, da die Kirche so ganz einzig in ihrem Plan ist, alles schreibt, und noch Niemand darüber, so viel ich weiß, geschrieben hat. S. folg.

Den 11 August.

Brescia liegt an einer kleinen Reihe Hügeln, und macht fast ein Oblongum aus; ein halb Dutzend Kirchen heben sich daraus hervor: der Dom, S. Celso, il Vescovado, la Pace und andre. Es ist eine sehr wohlhabende kleine Stadt, und von hier breitet sich die unabsehbare Ebne nach Mantua und Mayland aus. Sie hat in der Tat eine der glücklichsten Lagen, gutes Wasser gesunde Luft, fruchtbaren Boden für Menschen und Vieh, und befindet sich auf der Grenze, dem vorteilhaftesten Posten wegen Handlung.

In der Kirche *S. Afra* ist eines der fürtrefflichsten Gemälde von Tizian, ein Kapitalstück. Es stellt *die Ehebrecherin* vor und Christum umringt von Pharisäern in einem prächtigen Gebäude. Die Ehebrecherin ist ein reizend Weib, und hat viel von der Gestalt der Venus im Pallast Barbarigo, ist eben so kräftig gemahlt und ungleich besser erhalten. Die Arme sind wie lebendig Fleisch, und das Gewand eine wahre Pracht von Farben. Unter den Pharisäern sind Köpfe, die unter die besten Tizians gehören; und Christus selbst spielt die Hauptfigur nicht übel. Es ist ein Stück voll Harmonie, und wo alles wohl zusammenpaßt; schade, daß es in einem üblen Lichte hängt, gerad unter einem Fenster über der letzten Tür linker Hand vom Eingang.

Das Stück von Procaccini ist wohl erhalten und kräftig gemahlt. Seine Gesichter haben alle die ihm gewöhnliche affektierte Grazie. Das Kind spielt angenehm mit der Madonna. Man erkennt hier ganz klar und deutlich, daß die Madonna mit dem Kinde in der Sakristei zu S. Luigi in Rom von ihm ist.

Der Leandro Bassano ist ein großes Bild voll Figuren zu sehr beisammen, worunter einige gute Gestalten. Das grüne und gelbe und rote Licht macht es aber ganz widrig.

A la Pace. Die zwei Battoni sind in seiner gewöhnlich seichten Art und wie die meisten neuern Sachen; ein Cento aus Domenichino, Raphael, u. s. w. Doch läßt sich die Komödie noch mit Vergnügen ansehen. [...]

Im Pallast Avogadri ist wirklich eine sehr interessante Sammlung von Gemälden; die besten sind, *eine Madonna mit dem nackten Kinde* von Tizian, ein Meisterstück von Kolorit, und auch der Ausdruck und die Gestalten sind äußerst lieblich; das Kind geht ganz heraus und hat reizende Formen und ein süßes holdes Lächeln. Ein *Porträt* von Morone, einem Mahler aus Bergamo, das neben den fürtrefflichsten von Tizian und Van Dyk seinen Platz behauptet, so wahr und meisterhaft und göttlich lebendig ist alles daran; Gestalt und Bekleidung, Geist und Art zu mahlen. Es stellt einen alten muntern Gelehrten mit vierecktem schwarzen Hut vor; er hält die Adresse an sich vom Maler in der Hand als seinem Freunde, ich vergaß vor Freude über das Werk selbst den Namen desselben aufzuschreiben. Herkules, der einen Löwen würgt, und auf einen Tiger tritt; ein Stück voll Ausdruck von Rubens; der Löwe ist meisterhaft, und so der Kopf der

Tigers. *Eine Magdalena von* Guido; wie seine gewöhnlichen nur ernsthafter und philosophischer im Ausdruck, nur nicht so zart und etwas kräftiger gemahlt. Viele Stücke von dem Brescianer Moretti, worunter einige nicht übel sind; man kann ihn hier sehr gut kennen lernen. Verschiedne andre gute Bilder noch aus der Venezianischen Schule; und einige äußerst alte Gemälde noch aus den ersten Zeiten der Kunst.

Im Palast Ugeri ist gar nichts, was sich der Mühe verlohnte hinzugehen. Es ist ganz albern, wenn man ein seichtes Bildchen für einen Raphael ausgibt: so wie im vorigen Palast eine Magdalena von Tizian und ein nackend Frauenzimmer mit Karl dem fünften, der an ihr orgelt, für dessen Arbeit, so mittelmäßig und elend ist es.

Der Palazzo pubblico ist ein prächtiges massives Gebäude von ächter schöner Architektur. Die Loggia darunter ist ganz herrlich, und eben so schön muß oben der Saal sein, wo wir nicht hinein konnten.

Brescia und die Gegend herum gefällt mir äußerst wohl. Ich habe noch keine Stadt in Italien gefunden, wo so viel Heiterkeit und geschäftiges Leben wäre, und zugleich ein so glückliches Klima. Ihre Regierungsform ist trefflich eingerichtet, sie leben ziemlich frei, und haben wenig Druck zu befürchten. Daß alles im Wohlstand sei, sieht man an ihren neuen Gebäuden, und daß sie immer fortfahren zu bauen.

Von Brescia nach Crema ist ein bequemer Weg, und man fährt immer durch die schönsten Wiesen, meistens mit hohen Pappeln eingefaßt; alsdenn Reisfelder und ander Fruchtland, ergötzend anzusehen, obgleich nicht malerisch. Was geht dem Naturmenschen aber das Bedürfnis der Kunst an, die keine Fläche wahr vorzustellen im Stande ist, wo nicht Berg und Hügel die Leinwand voll macht? Freilich fehlt am Ende die Abwechslung; aber auch immer Abwechslung ohne ein Stück Kern, ist bloß fürs Auge. Der Fluß Oglio ist in der Tat ein wahres Öl für die Gegend von Brescia, gleich oben an ihr fangen die Kanäle daraus an. Es ist recht erfreulich anzusehen, wie sein klares Quellenhelles Wasser fleißig und emsig fortrinnt, auf beiden Seiten, bald hüben und drüben in den Kanälen sich mitteilt, und alles fruchtbar macht.

Eine Miglie vor Soncino, einem Borgo, setzt man über den ansehnlichen klaren Strom Oglio selbst. Im Wirtshause verschiedene große Blumengemälde an den Wänden, wo die Blumen, Rosenbüsche, Blumentöpfe, Kränze u. s. w. gut waren; nur die Hintergründe zu schwarz. Herrlich zu Mittag gespeist, besonders fürtreffliche geräucherte Rindszunge.

Die Flüsse sind wohl nirgends alle so klar und rein, und werden so gut genutzt, als in dem diesseitigen Teil vom Po der Lombardei; sie baden und waschen sich alle in herrlichen Seen, wenn sie als wilde Alpensöhne sich in die fruchtbaren Ebnen herunter stürzen. Gefahren immer im stärksten Trab und Galopp den ganzen Tag, wie mit der Extrapost; und die ganze Reise so abwechselnd, wie noch niemals in Italien mit einem Veturin.

Den 12 August.

Crema ist der letzte Venezianische Ort; eine kleine Grenzfestung. Die Stadt hat eine ganz hübsche Domkirche, ziemlich bunt. Lodi ist eine Mailändische Grenzfestung und liegt auf einem Hügel, oder einer Anhöhe. Wiesen kann man glaub ich in der ganzen Welt nicht schöner und reizender mit Bäumen und Gesträuch eingefaßt als hier sehen. Alle die besten Milchkräuter blühen hier in immerwährender Quellenfrische; und damit wechseln die fruchtbarsten Reisfelder ab. Die Leitung der Kanäle ist hier bis zum größten Meisterstück getrieben, und einer geht über den andern, und sie laufen neben einander hinterwärts und vorwärts. Das Wasser scheint in seinem Fall mit Quentchen abgewogen zu sein. Jede Wiese und jedes Reisfeld steht immer erfrischt da, und dies mit den klarsten lebendigsten Fluten, die alle aus den lieblichsten Seen kommen. Dies ist das wahre Rindviehparadies, ein Ochse, der da durch wandert, muß vor Entzücken ganz außer sich kommen. Starkes Gewitter die vorige Nacht gehabt, und den Nachmittag bei Marignano, wo wir zur guten Stunde eintrafen. Dies hat ohngefehr fünf tausend Einwohner und Crema funfzehntausend. Der Weg nach Mayland geht immer zwischen hohen Bäumen hin. Mit einem starken Gewitterregen unter Blitz und Donner angelangt.

Den 13 August.

Der Dom ist das herrlichste Sinnbild der christlichen Religion, das ich noch gesehen habe; gigantisch und handwerksburschenmäßig in Plan und Ausführung; ein Werk der allermächtigsten Einfalt mit einem Plan nach dem Kreuze, so natürlich wie ein Kind finden kann. Die Verzierungen passen recht trefflich dazu und sind so recht für alte Weiber und dumme Bauernbuben; statt der Kapitäler der achtgefachen Säulen lauter kleine Heiligen mit einem ganz kleinen Thron ein jeder. Und so, glaub ich, gibts keinen Propheten und Apostel und bekannten Heiligen mehr, der hier nicht innen und außen, oder in den gemahlten Fenstern seinen Platz hätte. Die Zahnstocher, die von außen auf jedem Pilaster mit einer Figur vollends kommen, machen das Werk so recht igelborstig. Die Madonna präsentiert schön oben verguldet auf der spitzen Kuppel, und neben an verschiedne Engel und Apostel. Mit den Türen vorn im antiken Geschmacke zu dem krausborstigen Gotischen stellt es so recht die christliche Religion bis auf unsre Zeiten vor, und was Calvin und die Berliner und andre neuere Pharisäer daran gekünstelt haben. Eine größere Anzahl von Wechselbälgen gibts wohl nicht so beisammen, als die Statuen in und außer dieser Kirche ausmachen. Sie muß ungeheure Summen gekostet haben und noch kosten, da alles von außen von Marmor ist, und so meistens auch innen. Gestehen muß man gewiß, daß ein solches Gebäude ganz anders zum christlichen Glauben paßt,

Der Mailänder Dom

als die Peterskirche in Rom und die Rotunda; wo man sogleich sieht, daß die Leute, die es bauten und bauen ließen, kein Quentchen Überzeugung von ihrer Religion hatten. Diese hingegen zeigt nichts in ihren düsterm Chor und scharfen spitzen Bogenwinkeln und ungeheuern Säulen ohne lebendige Form, und dem Haufen Unsinn von Verzierung als Hölle, Tod und Verdammnis, und einen erschrecklichen Gott der jeden kleinen menschlichen Fehler mit ewigen Qualen straft, und eine rasende Menge Tröpfe; Fantasten und Betrieger.

Inzwischen macht er immer besonders im Anfang eine sehr starke Wirkung auf jeden wegen seiner kolossalischen Höhe, dem freien Raum, der durch die Säulen weit weniger als die Pilaster gehemmt wird, und wegen des düstern Lichts der gemahlten Fenster, zumal hinten im Chor; und der Plan überhaupt ist einfach und hat nichts anstößiges im ersten Blick.

Den ganzen Tag an einer abscheulichen Unverdaulichkeit Marter und Plage gelitten, die von beregnetem Leib und schlechten Parmesaner Käse in einem der besten Wirtshäuser zu Mayland selbst herkam; wo man nicht weniger als 12 Paul oder 9 Lire des Tags verlangte.

Das Gewitter dauerte diesen ganzen Tag noch fort mit heftigen Donnerschlägen; so daß wir nicht viel sehen, nicht einmal in die Oper gehen konnten.

Den 14 August.

Das wichtigste was man in Mayland von Kunstsachen jetzt zu sehen hat, ist ohnstreitig das Nachtmahl von Leonardo. Wie es frisch war, muß es gewiß erstaunliche Wirkung gemacht haben. Die Gestalten alle sind verschieden, und jeder Apostel hat nach seinem Charakter gehörigen Ausdruck; es sind sehr herrliche Köpfe darunter; besonders aber macht der Judas einen frappanten Kontrast mit allen andern. Der zur linken Christi, der die Hände ausbreitet, ist fürtrefflich. Christus selbst tut wenig Wirkung, doch stört er nicht. Das Gemälde ist sehr verdorben worden durch Ausbessern. Die Köpfe linker Hand sind ganz matt. Der beste Kopf bleibt immer Judas; Johannes sinkt in Ohnmacht. In Öl gemahlt, über Lebensgröße die Figuren.

In der Kirche delle Grazie selbst ist ein hohes Meisterstück von Tizian. Die Gruppe an und für sich selbst macht eine feurige heroische Farbenmusik. Christus wird mit der Dornenkrone gekrönt und geschlagen. Seine Figur ist das kräftigste und lebendigste von Kolorit, und die starken Schatten sind ganz anders angebracht noch und machen weit natürlichere Wirkung als in der Petronilla vom Guercino, und beim Michel Angelo da Caravaggio. Die Beine und Arme Christi sind ein wahrhaftiges Meisterstück.

Lovino hat wenig Mannichfaltigkeit und ahmt Leonarden zu sklavisch nach; er hat wie dieser nur die Kopie seiner Mätresse; denn was ist seine Magdalena in der Ambrosianischen Bibliothek anders? Und im Monastero Maggiore kommen immer dieselben Gestalten vor.

In dem Buch mit [Karrikaturen] von Vinci sind einige gute und fürtreffliche Gestalten, aber man muß sie aussuchen. Der Mann hat erstaunlich Leben gehabt, das sieht man aus allem.

Der Karton von Raphael ist gewiß von ihm; aber flüchtig nur fürs Ganze und um der Größe willen gezeichnet, und nicht für die Gestalten selbst.

Der Procaccino zu S. Celso, und der Paris Pordone zu Ferrari[1] sind sehr gute Bilder in ihrer Art; kommen aber gegen die Meister vom ersten Rang immer wenig in Betrachtung. Und eben so der Gaudenzio di Ferrara.

NB. Franchi erzählte mir, er habe selbst es mit eignen Augen gesehen bei seiner Durchreise durch Florenz nach Mayland, daß man die Köpfe und andres der Gruppe Niobe mit Bimsstein abgeschabt habe, und so bezeuge, dasselbe mit eignen Augen gesehen zu haben, der Graf Wilzeck; und Franchi habe deswegen einen entsetzlichen Lärm gemacht, so daß man ihm gesagt habe, er solle schweigen, es wäre hier alles voll Spionen; und daß er drauf noch mehr gescholten habe, um ein Martyrer der Kunst zu werden.

Das Theater ist hier eins der schönsten und größten in Italien. Das Parterre erhebt sich gut, und die Logen haben eine gute Rundung, und das Proszenium hat eine starke

1 Gemeint ist wohl: S. Maria dei Miracoli.

Breite und Tiefe. So lange die Form der griechischen nicht eingeführt wird, wegen des Adels; denn der würde alsdenn nicht mehr so Konversationen in den Logen halten können, ob sich gleich auch diese Schwierigkeit noch heben ließ: wird diese wohl immer bleiben, obgleich die vornehmen den allerschlechtesten Genuß so vom Schauspiel haben, die Szenen alle verkehrt sehen, die Stimmen nicht in ihrer Fülle hören, und in der Ferne gar nichts verstehen. Die im Parterre haben es so am besten, außer daß sie immer befürchten müssen, die abscheulichen Logen senkelrecht und ohne scheinbare Festigkeit in die Höhe würden über ihnen zusammenstürzen und sie zerquetschen. Das Orchester ist hier sehr gut besetzt, und hat gute Art.

NB. Der Franzose in Venedig fragte in Bologna immer nach Briefen an sich und erhielt keine, weil er seinen Namen Chevalier immer französisch aussprach; endlich sprach er ihn aus Verzweiflung welsch aus, und erhielt ihrer ein Dutzend auf einmal.

NB. Den Empfehlungsbrief den sich Rehb[erg] selbst für sich von Tischb[ein] schrieb. NB. Der Gascogner und Norman mit den drei Eiern, je commence, je finis.[1]

Den 15 August.

Martin Knoller kennen lernen, einen Tiroler Mahler nahe bei Botzen gebürtig, Lehrmeister von Schöpf. Er kam mit dem Graf Firmian nach Mayland, und ist beständig da geblieben; hat viel Praktik in Freskomalen, ist aber ein armseliger Sünder übrigens, ohne wahre Gestalt und Charakter, und mahlt bloß als Handwerk; und als solche Arbeit läßt sichs noch sehen. In Tirol besonders München und bei Botzen ist

1 In den »Notabene«-Bemerkungen hält Heinse oft Stichworte zu gehörten Anekdoten fest.

alles voll von ihm. Er eiferte stark mit einem gewissen Guglielmi, den er für einen geschickten Manieristen hält, und welcher in Petersburg gestorben ist, wo alles hin geht, was nicht weiter fort kann. Dieser war ein Römer, der sich weit über Battoni dünkte. Knoller rühmt sich von Winkelmannen geschätzt worden zu sein, und hat noch Briefe von ihm; vermutlich wie man solche Leute schätzt, zum Gebrauch, um Exemplare von *monumenti antichi inediti* zu Markte zu bringen.

Der Palast des Prinzen hat wohlgebaute und angelegte Zimmer und Säle, die Verzierungen und Gemälde sind aber sehr elend und erbärmlich. Der Palast Belgiojoso aber ist ohne Vergleich bunter; und besonders der Saal mit dem Plafond von Knoller und den vier Basreliefen von Franchi, und den bunten Säulen und dem Gold allen ist doch die äußerste Absurdität; die Sammlung von Gemälden hier ist gar nicht anzusehen, lauter verhunztes Zeug. Die Kirche der Jesuiten hält man für die schönste in Mayland; sie ist auch wirklich schön, und hat eine gute Proportion und viel freien Raum; auch die Vorderseite ist prächtig, obgleich mit überflüssigen Zierraten.

Das Lazarett hat in der Tat seines gleichen nicht, wegen Größe und Bequemlichkeit bei Pest und andern Seuchen. Es hat 280 Zimmer und macht schier ein vollkommnes Viereck. Im Hof geht rund um ein Säulengang; und der freie Platz ist von großem Umpfang; in dessen Mitte die Kirche steht. Der Heilige Borromaeus ließ es bauen. Noch sind zwei andre Spitäler mit schönen Höfen; und ein Schweizerstift. Die Promenade der Kutschen ist sehr wohl angelegt; man hat darin die Aussicht nach den Bergen von Como, dem Lecco, wo sie die herrliche Granite hieher hohlen zu Säulen und Pflaster.

Tischbein hat sich hier erbärmlich schlecht und dumm als ein wahrer Simplicius aufgeführt. Er wollte Porträte hier mahlen und Geld verdienen und glaubte, sein Glück zu machen, wenn er den Graf Wilzeck mahlte. Adressierte sich deswegen an einen seiner Bedienten, und brachte es so weit bei seinem Herrn, daß er dessen Kammerdiener zur Probe mahlen durfte. Dies Porträt fiel aber so abscheulich schlecht aus, daß man ihm die Tür wies; Graf Wilzeck sagte, was soll ich mich von so einem armseligen Buben mahlen lassen! Schlecht war es von Tischbein, da er Geld genug hatte und so etwas gar nicht brauchte. Bei Franchi wollte er in die Akademie gehen, sagte aber hernach, er könnte die Stubenhitze nicht vertragen, und man spottete eigentlich über seine Zeichnungen. Beim Knoller wollte er das komponieren lernen, weil er nur bisher Porträte gemahlt hätte. Welche Einfaltspinselstreiche für einen, den Lavater und Göthe in Deutschland rühmen und preisen! Warum sich hier so prostituieren, und nicht gerad nach Rom zu seiner Bestimmung zu gehen!

NB. Wie Mengs hier ankam, so fuhr er gleich bei der Kirche delle Grazie an, wo der Vinci und Tizian ist; gewiß auch Affectation. NB. Die zwei Kapuziner, die den Sturz bei Terni herabführen.

In Mayland sind die Weiber schön, wegen ihres frischen Wuchses und ihrer blühenden Farbe; wollüstig ist ihr Aussehen, die Adlichen beim Spazierfahren im Corso sehen oft aus, als ob sie eben vom actu aufgestanden wären. Das sonnichte hohe welsche Feuer aber fehlt ihnen. Überhaupt haben Männer und Weiber viel wässerichtes in ihrem Kontur und Mienen, etwas aufgedunsenes volles ohne ächte Kraft und Stärke. Doch schön sind sie von oben weg betrachtet, wie die meisten Menschen tun. Übrigens gibts hier eine Menge gebrechlicher, mit krummen Beinen, schiefen Seiten, Buckeln, Kröpfen; besonders ist selten ein Weib vollkommen, eben weil die Natur nicht fest ist. Man sagt, die Bettler brächen ihren Kindern oft die Beine, und sagten alsdenn: der ist versorgt.

In ganz Mayland ist kein schöner freier Platz, überhaupt kein andrer als der Domplatz, und der hinter dem Vescovado, welche man erst frei gemacht hat, und kein einziger Brunnen, als eben der darauf, welchen man jetzt nur hier erbaut, wozu Franchi zwei Statuen gemacht hat. Ein geschickter Künstler, aber ohne Phantasie für Gestalt; der platterdings weiter nichts kann, als Porträt machen und den Antiken nachleiern, und dabei ein trefflicher Mensch von ächter Güte ist.

In Mayland sind ohngefehr 130 tausend Seelen, worunter ohngefehr 20 tausend Deutschen sind; die in Mayland noch mehr als in Florenz und Neapel gehaßt werden.

NB. Den Schweizer, der den Abbaten mit seiner Frau bewachte, die sich nackend mit einander ins Bett legen mußten.

Den 16 August.

Mayland ist doch weiter nichts als ein groß Nest von einer Verwirrung voll Straßen, ohne einen einzigen schönen Platz, wo man mit Vergnügen sich wieder sammeln und ausruhen könnte. Fest ist es gar nicht, die Wälle sind leicht zu ersteigen. Fürtrefflich liegt es wegen der Handlung; man sieht von hier aus den Appenin, und die Alpen. Das Volk scheint gemacht, um von andern beherrscht zu werden, mehr noch als die Neapolitaner. Ihre Sprache scheint ein von Schweizern zugehacktes Welsch; wenigstens sind die Endungen ganz deutlich gemacht. Die Statue des hl. Karls in Bronze ist gut, ein ausgeführtes Porträt; um seinen Mund herum sind wirklich Züge von einem menschlichen Engel. Es ist in der Tat Unsinn, wenn man einem Christen verdenken, verargen will, daß er einem solchen Manne nach seinem Tod eine besondere Verehrung erzeige, und ihn als Schutzengel anrufe. Es ist doch in der Tat Schade, daß die Religion jetzt so wenig mehr bei uns zu bedeuten hat, sie ist doch immer das leichteste Mittel gewesen, wodurch die Gescheiten den großen Haufen im Zaum hielten und auf dessen Kosten lebten; Übersicht von einem großen Ganzen verträgt sich nicht mit Strapaze in dessen kleinen Teilen ums tägliche Brot. Weisheit will Muße zur scharfen Überlegung haben.

Um 18 Uhr abgereist; immer durch die Ebene von Wiesen und Bäumen von Kanälen durchschnitten bis Gatta. Mayland hat gewiß große Leute, Parini, Frisi, Verri, Beccaria; doch entscheiden diese nichts von großem Haufen. Wenn Leibniz und Newton bei Schildbürgern wohnen, so bleiben diese nichtsdestoweniger Schildbürger; so würden Rom, Florenz, Venedig die gescheitesten Städte noch bleiben, wenn auch kein einziger hervorragender Mann da lebte. Freilich sind außerordentliche Leute immer Sonnen, Sterne, Zierden; aber sie machen nicht das Ganze aus.

Mit einem Kaufmann gespeist, der von Sinigaglia kam. Er sagt, die Messe von Sinigaglia sei vielleicht die wichtigste von Europa, wegen der Levantiner, die ihre Waren herbrächten und umtauschten. Diesmal haben sie müssen Quarantäne halten und sind zu kurz gekommen. Man zählt Tag vor Tag 30 tausend Personen. Die Fürstin Borghese ging herum mit Brillanten, nicht zu schätzen; dies bleibt denn doch immer der *armseligste* Stolz im eigentlichsten Verstande.

Den 17 August.

Früh von la Gatta abgezogen. Immer durch dieselben Ebnen von Wiesen nach Gera und Pizzicaron über einige Anhöhen bei Astorre. Bei Gera und Pizzicaron muß man die Adda passieren, worüber eine Brücke mit Pfählen geschlagen ist. Sie hat 160 Schritte; wenn man bedenkt, wie ansehnlich schon dieser Fluß daher strömt, und daß der Dom zu Mayland nur etwa noch zwanzig Schritt länger ist, und die Peterskirche deren in Rom 300 hat, so verwundert man sich über dieses Riesengebäude hier recht anschaulich. Die Adda ist ziemlich trübe; ihr Lauf ziemlich schnell; Bewegung erfreut den Menschen immer, wer wollte sonst in Calessen sitzen können. Die Aussicht von den Höhen über die Wiesen ist ekelhaft einförmig.

Bis von Bologna her merkt man doch ganz deutlich in der Sprache, daß dies Gallia cisalpina war. – Hier haben die Mädchen einen sonderbaren Kopfputz, wenigstens 18 silberne Haarnadeln halten im Genick ihre Haare fest. – Die Kinder durch ganz Italien sind äußerst lebhaft, und werden viel eher reifer, als nördlich. – Fast jeder Mann ist bis in die Lombardei ein eigen Original; nur die Weiber haben in jedem Ort eine Art von Schlendrian.

Von hier fährt man zwischen lauter Fruchtfeldern nach Cremona; unterwegs kömt man nahe davor noch an einer Vertiefung vorbei, die sumpfig ist und faul ausdünstet. Cremona liegt etwas erhöht, und ist eine ansehnliche Stadt; auf den Straßen war es sehr lebhaft, freilich gerad Sonntags Nachmittag. Das Blut scheint sehr schön zu sein, wenigstens waren die meisten Mädchen schön, oder hatten doch eine zarte blühende Haut, die mir begegneten; und so sah ich noch einige äußerst schöne junge Leute: die Häßlichen werden doch wohl nicht gerad zu Hause geblieben sein!

Das Theater ist klein, aber doch groß genug für den Ort. Der Senator hat die vornehmste Loge, und nach ihm der Colonello … Der Adel ist zahlreich. Die Palchi sind sehr ausgeziert und außen ganz bemahlt, welches nicht gut aussieht. Die mehrsten haben Lichter darin. Eine ächte welsche Komödie hören aufführen. Es ist doch erstaunlich, was die Kerle für witzige Einfälle aus den Stegreif haben, besonders im schlüpfrigen. Der Truffaldino war herrlich – *brutta appa-*

renza, ma buona sostanza; am Hofe muß man entweder Buffon sein, oder Spia. Gerad noch die alte Komödie, mit vielen Zoten.

Die Leute sind hier müßig, und haben wenig zu arbeiten; deswegen hadern sie immer mit einander, und es giebt oft Mord und Totschlag.

Auf der Geige und dem Violoncell sind hier verschiedne Virtuosen; auch der Adel legt sich drauf. Noch sind hier die besten Geigen vom Amati, Steiner, und Stratuarius. An blasenden Instrumenten fehlts, wie in ganz Italien.

Den 18 August.

Der Dom ist ein ganz ordentliches wohlerhaltenes gotisches Gebäude, ohne besondre Verwegenheit. Die Pilaster sind kurz und stark, die das mittlere Schiff und den Kreuzgang tragen; der Chor ist erhöht. Das mittlere Schiff ruht auf acht starken Pilastern; und der Kreuzgang auf Pilastern und Säulen. Das Gewölbe oben ist schön und fest; ohne Kuppel. Die Malereien und Verzierungen darin sind meistens mittelmäßig, doch nicht schlecht und man kann sie noch mit Vergnügen ansehn. Die besten sind, am rechten Kreuzgang vom Chor in der ersten Kapelle von Johannes dem Täufer dessen Hinrichtung. Die Tochter Herodis sieht zu und noch eine andre scheue Gespielin von ihr in festlichem Putz. Johannes kniet und reicht sein Haupt freiwillig dar; und ein paar alte Schriftgelehrten stehen neben ihm. Das Ganze ist wohl geordnet, brav gemahlt, und die Figuren haben erträgliche Gestalt und Charakter; nur machen die zarten Mädchen Gestalten, so ruhig, die Vorstellung unnatürlich und ganz abscheulich. Auf der andern Seite oben ist ein hübsch Bübchen von Johannes in der Wüste; das Ganze mit dem Felsen und der Stadt in der Ferne lieblich angeordnet.

In der ersten Kapelle linker Hand des Chors im Kreuzgang sind zwei sehr gute Stücke; das eine stellt das Abendmahl vor, doch ohne Tisch mit Essen und Trinken, es sind nur die zwölf Apostel darum her; und das andre, wie Christus den Jüngern die Füße wäscht. Es herrscht im Ganzen eine angenehme Manier. Die braunen Schatten, obgleich stark, sind doch sanft vertrieben; und die Figuren haben Gestalt und Leben; freilich noch lange kein Raphaelisches, aber es ist doch kein bloßes totes Kunstzeug wie man jetzt nichts anders sieht. – Alle diese Sachen sind von Malern aus Cremona.

Die Fassade der Kirche ist simpel und paßt gut. Neben an der Großen Tür sind zwei neuere Tribunen angebaut, die doch nicht sehr von alten abstechen. Der Turm gleichfalls sehr gut; und so das Batisterium.

Die Peterskirche hat vier schöne Gemälde. Das große über dem Chor in der Rundung am Ende stellt die Geburt Christi vor, und ist trefflich gemahlt und hat herrliche Köpfe und Figuren. Der Joseph und die alte Anna, und Madonna selbst, und der kniende Schäfer sind meisterhaft. Die Krippe und die Gruppe herum gehen kräftig heraus. Die Beleuchtung ist ein Morgenlicht, ohne weitere Künstelei, das das Ganze wohl zusammenhält. Die Szene geht vor im Freien, unter einem antiken Ruin; die Engel schweben oben hernieder und singen, und unten hält einer einen großen Myrtenzweig an die Krippe. Ein sehr gutes Bild.

Am Altar linker Hand, ehe man ins Chor geht, ist ein ganz fürtrefflich gemahltes Bild, wovon ich aber nicht weiß was es vorstellen soll. Es sind fünf Figuren in Lebensgröße, wovon die erste, wie ein Johannes mit einem runden Pilgrimshut, sich mit Erstaunen, Anbetung, tiefer Verwunderung und Liebe und Zärtlichkeit einer offnen Tür nähert. Die Beine sind schon zum Knien gerichtet; die ausgebreiteten Hände drücken hohe Verwunderung aus, der Kopf ist ein

Meisterstück von Sehnsucht, heißer Zärtlichkeit in dem schönen großen feurig blickend und schmachtenden Aug und bangen Munde; hinter diesem steht am Ende ein Jude so wahr wie die Natur. Es ist die Maria Egiziaca, deren Körper unter diesem Altare liegt, vom Pius III. hieher geschenkt, und sie wird hier stark verehrt. Sie wollte in einen Tempel gehen und wurde zurückgetrieben von ihrem Gewissen und durch ein Wunder zwei, dreimal; hernach bekehrte sie sich und wurde die große Heilige. Sie ist hier fast wie ein Mann gekleidet, doch sieht man deutlich genug die Brüste, die jugendlich hervor schwellen. Sie hat ein weißes Hemd, rotes Gewand darüber, und noch einen blauen Mantel, und rote antike Pantoffeln. Diese Figur ist so schön, daß sie mir erstaunliche Freude gemacht hat. Sie will und kann nicht; gerad wie eine brennend verlangend Liebende, die ihr Liebhaber von sich stößt. Die Knie schlottern vor Zerknirschung des Herzens, das Auge bricht zum Weinen, der Mund hat die Züge der ängstlichsten Sehnsucht. Der Hintergrund stellt eine prächtige Kirche vor, und die Tür ist noch im Vordergrund linker Hand, wo sie steht. Das Gewand läßt reizend das nackende sehen, Brüste, Leibchen, und Schenkel; und ist ganz natürlich pittoresk.

An beiden Seiten der großen mittlern Tür sind noch zwei fürtreffliche alte Gemälde auf Holz, besonders die Kreuzabnehmung zur rechten, wo die Köpfe alle die lauterste Wahrheit nach der Natur sind.

Maria Egiziaca und die andern besten Sachen sind meistens von Gatti, der sich an einem fürtrefflichen Gemälde im Dom im rechten Kreuzgange unterschrieben hat, Gervasius de Gattis dictus Soliarius Cremonensis f. a. 1583. Die heilige Elisabeth ist hier wirklich *ein Meisterstück*; der Kopf ganz Natur, das Gewand außerordentlich schön, der Schleier *wie wirklich*, das rote Untergewand, und der grüne Mantel lassen das Nackende fürtrefflich sehen. Die Füße und Hände trefflich gezeichnet und gemahlt. Es ist der Besuch der Maria bei der Elisabeth. Das andre kömt ihr nicht bei; Madonna hat ein plumpes Gesicht, doch schöne Hand und Fuß.

Die Gemälde von Campi, von dem wahrscheinlich die *Cena* und das Fußwaschen ist, nach dem in Mayland zu urteilen, kommen denen von Gatti nicht gleich. Noch sind andre Kirchen, wo schöne Gemälde sein sollen, z. B. S. Sigismondo.

Nicht weit von der Stadt bei S. Peter fließt ein Arm des Po. Von hier aus bis nach Mantua wird die Gegend immer ungesunder. In Cremona sind zehn Kompanien, ohngefehr 1200 Mann; von denen lagen 300 im Lazarett am Fieber. Die schönsten und stärksten jungen Leute, wenn sie ankommen, liegen in den ersten vierzehn Tagen daran darnieder und eine Menge werden davon weggerafft. Das Essen ist freilich viel daran Schuld, stinkender Speck statt der Butter, der nicht recht zergeht, womit ihr Essen geschmolzen wird. Der Soldat auf der Wache versicherte mich, daß von seinem Regimente seit der kurzen Zeit, daß er da wäre, über tausend gestorben wären. Vor drei Jahren sei es so schlimm gewesen, daß sie Haufen weise da gelegen hätten und sie ihre Landsleute nicht alle hätten begraben können. So hab ich zu Livorno, und so zu Rom um diese Zeit die Hospitäler voll Bauern mit dem Fieber angetroffen, und so noch zu Siena. Und in Florenz und den Orten der Lombardei wird es nicht besser sein. Welch ein fatales Land doch im Grunde! Zu Venedig schlecht Wasser, zu Padua schlecht Wasser, zu Vicenza schlecht Wasser. Zu Mantua, zu Ferrara schlechte Luft und schlecht Wasser, zu Cremona schlechte Luft und schlecht Wasser, und so bis zu Turin schlecht Wasser. Die Reize von Neapel, Rom, Genua müssen gewiß sehr stark sein, da sie dieses Land doch nichts desto weniger zum schönsten der

Welt machen. Freilich mag ich an keinem dieser Orte wo schlechte Luft oder schlecht Wasser ist, nur einige Monat leben, und wo beides zugleich, gar nicht, und wenn auch die andern Schönheiten noch so stark wären; denn dieses sind doch die ersten Elemente des Lebens. Welche abscheuliche Lagen die von Mantua, Comachio, die Maremma von Pisa, die Pontinischen Sümpfe! Und wenn man den häufigen Scirocco dazu rechnet, und die überall eingerissne Venerische Seuche und die Politische Siechheit: so wird gewiß viel Fürtreffliches aufgewogen. Aber dabei bleibt nichtsdestoweniger wahr, daß eine hohe römische Schönheit, eine paradiesische Villa zu Neapel, Gaeta, in Kalabrien oder Sizilien oder Tivoli, oder Terni oder Spoleto, Fuligno doch dies in der ganzen Welt bleibt, was ohngefehr eine Iliade in der Poesie ist. Und ein einzig hohes vollkommenes lebendig Ding geht doch ewiglich über eine ganze mittelmäßige Menge.

Pozzoli war sonst ein Principat der Herzoge Gonzaga; jetzt ist es kaiserlich; *un pesce grosso maniga il piccolo.* Es sieht ganz öd aus.

Das Türkische Korn ist hier zu Lande das was in Sachsen die Erdäpfel sind; die Bauern kochen Polenta daraus und nähren sich hauptsächlich davon.

Mit dem Padre Maestro der Dominikaner zu Mantua von Cremona aus diese Reise gemacht. Elendes Nachtquartier zu S. Martino; wo die Gonzaghi einen Sommerlustsitz hatten. Ich wollte lieber in Tivoli mit vier Paul des Tages leben, als hier mit tausenden meinen Aufenthalt nehmen müssen. Cremona hat jetzt etwa 22 tausend Seelen. Sonst trieb es viel Gewerbe mit Fabriken; jetzt ist alles aus. Seit zehn Jahren rechnet man über drei tausend Einwohner weniger. Und so verlassen noch an andern Orten Familien die kaiserliche Regierung. Die ganze Reise geht es immer durch Fruchtfelder. Von Cremona aus ist der Weg ganz Häuser los; von S.

Pietro, wo die zweite Post ist, trifft man alsdenn Flecken und Dörfer.

Den 19 August. [Mantua]

Die Wirkung der dicken Luft auf den Menschen ist äußerst fatal; sie macht ihn träg, schläfrig, alle Nerven schlapp, und jedes Glied hängt an ihm bleiern. Unglückliche, die verdammt sind, darin zu leben! Dies ist die eigentliche Hölle; so wie die heitre erquickende Bergluft dem Himmel gleicht. Nur Freiheit gib mir lieber Vater, und aqua de Trevi und Gotthardtsluft! ein hübsch Mädchen und ein wenig Kohl und Braten wird sich schon finden.

Der Dom von Giulio Romano enthält eine Menge schöner Sachen; die Verzierungen sind voll Geschmack, und die großen Korinthischen gestreiften Säulen, ihrer 32 in vier Reihen und die starken Pilaster tun eine herrliche Wirkung, meist aus einem Stück. Die Kuppel hat eine schöne Form und gute Proportion; aber im Ganzen ist doch ein noch unverdautes antikes Wesen. Das platte Dach des großen Schiffs, und die gewölbten der kleinen Navaten neben an, und die platten der beiden letztern machen es bunt und vereinzeln die Masse. Und so behagen mir die Bänder an den Kuppelpfeilern nicht, und der ganze Kreuzgang, der mit seiner Wölbung sich von dem mittlern Schiff ganz absondert und gar nicht vereinigt. Daß vollends der Chor gewölbt ist, macht völlig eine Dissonanz bitter und herb entsetzlich wie eine übermäßige Oktave. Überhaupt ist es ein bloßes schönes Gebäude, ohne eine Funken Religionsgefühl und ächter Erhabenheit.

Im Jahr 1756 hat man eine neue Fassade daran gekleistert, wogegen doch Giulio Romano noch ein Gott ist; und so erbaut man eben hinter dem rechten Kreuzgang eine Kapelle mit einer Kuppel bunt, bunt, und goldig über und über, wie das Zimmer der Niobe zu Florenz.

Das Gemälde von Guercino, wo der Heilige Aloysius einem Pferde den abgehauenen Huf ansetzt, den er Wundershalber so bei einem Schmied beschlagen ließ, ist so recht ein Pöbelmährchen, und sollte im komischen oder grotesken Stil vorgetragen sein; so aber ist es ganz ernsthaft. Die Farben

Mantua

sind meistens ausgewittert; der Heilige hat wirklich einen meisterhaften Kopf, der aber Porträt ist. Der Kerl, der nakkend das Pferd hält, ist eine gezierte Akademie; sonst ist das Stück mit ein Paar malerischen Säulen und einigen Figuren, die wegschauen, überladen.

Die Kirche S. Andrea ist ein schönes Gebäude, ein einfaches großes gewölbtes lateinisches Kreuz mit einer guten Kuppel. Das Ganze hat eine gute Proportion. In der Halle voran sind noch einige Figuren von einem Freskogemählde des Correggio, welches er noch als Schüler von Mantegna machte. Man erkennt schon darin die malerische Phantasie, die Gestalten schafft und der Hand mit dem Pinsel zum Modell fest vorhält; und noch mehr, innern Blick von Beleuchtung eines Ganzen ohne das Licht zu vereinzeln. Einige schöne Köpfe und Gewänder sieht man noch ganz deutlich. Das Innere der Kirche wurde eben ganz neu umgearbeitet, und alle Kunstsachen waren bei Seite geschaft; So hab ich weder die Büste von Mantegna noch sein Gemälde sehen können. Auch mocht ich mich nicht lange mit Fragen hier aufhalten; denn es stank so abscheulich ekelhaft von den hier begrabnen Toten, wie in einer Ludergrube.

Von S. Martino bin ich hieher durch Castellum Luculli gekommen.

Die Luft macht einen so üblen Eindruck auf mich, daß ich nichts mehr tun, denken und schreiben mag, und höchst verdrießlich bin.

Den 20 August.

Einen so herrlichen vergnügten Morgen gehabt, daß er alles vergütet, und wenns auch ein Fieber wäre.

Zu Maria Vittoria einen Mantegna[1] [Farbtafel VI] gesehen, der unter die seltensten und fürtrefflichsten Gemälde von Italien gehört. Die Madonna sitzt mit dem kleinen Jesus im Schoß stehend auf einem Thron, der reizend mit einer Laube von Früchten umflochten ist; wodurch in der Höhe eine Schnur Korallen und ein ganzer Ast in der Mitte von diesem Seegewächs hängt, gerad über ihrem Haupte. Es ist zum Erstaunen, wie wahr und frisch das Grün und die Früchte von allerlei Art gemahlt sind, und wie vollkommen sich alles erhalten hat. Hinter der Madonna stehen auf beiden Seiten zwei alte Krieger; einer mit einer Lanze in der Hand, der andre mit einem Kreuz, wie ein Feldzeichen. Neben diesen vorwärts stehen zwei junge geharnischte Männer mit bloßen Schwertern in der Hand, welche den blauen Mantel der Madonna halten und ausbreiten. Ihr zur linken steht die heilige

1 Heute im Louvre.

Elisabeth und neben ihr zur rechten der kleine Johannes; und unten am Thron zur rechten der Madonna kniet ein Held aus dem Hause Gonzaga, geharnischt und mit zusammengelegten Händen anbetend. Die Madonna breitet die rechte über ihn und gibt ihm ihren Segen. Unten am Thron, um den Fußschemel herum, sind Figuren grau in grau wie Basreliefs gemahlt; Adam und Eva mit der Schlange ist allein zu sehen, und von einer Siegsgöttin die Füße und das Gewand; das andre wird von den Hauptfiguren bedeckt. Es sind zusammen neun Figuren alle mit äußerster Genauigkeit vollendet. Die Köpfe haben treffliche Gestalt und sind voll Wahrheit; die meisten gewiß Porträte. Die Madonna hat viel Hoheit und Heiterkeit und frohe Güte, in der Tat Reiz. Die zwei alten ernsten bärtigen Krieger machen eine herrlichen Kontrast mit den zwei vordern Jungen. Die junge Madonna mit der alten Elisabeth. Und nichtsdestoweniger nimmt sich der siegende Held, obgleich kniend und anbetend, fürtrefflich als Hauptfigur aus. Die grüne Laube voll Früchte wirft eine äußerst ergötzende Lieblichkeit über das Ganze, und die blaue Luft mit weißflammichten Streifwölkchen spielt freudig dazwischen. Die Figuren sind angenehm und schön gruppiert, und das Bild macht zusammen und einzeln die stärkste Wirkung.

Die drei großen Lichter der Malerei, Raphael, Correggio und Tizian haben gewiß außerordentliche Meister gehabt; wenn man Petern von Perugia, Mantegna und Johann Bellini hätte wieder jung als Kinder machen können, ihnen die quellende Lebenskraft, die Lust und Wonne der ersten Zeiten, den Adlerflug der Phantasie zu aller ihrer mühseligen Erfahrung geben können, die sie diesen wie zum Geschenk auf einmal erteilten, so würden sie gewiß nicht sehr von denselben abstehen.

Dieses Bild hat mir recht innige Freude gemacht; es ist so

viel Naivetät, Wahrheit und süßes Religionsgefühl und zugleich kriegerisches Wesen der damaligen Zeit darin. Ein ächtes Kernstück, das das Gepräge der damaligen Sitten und Denkungsart recht an sich trägt.

Giulio war ein junger Römer voll Kraft und Pracht und Herrlichkeit, der zu viel Feuer und Leben und Ungeduld hatte, um ein vollkommner Mahler zu sein. Aus dem Lobe, das er ein paar Stücken von Correggio erteilte, erkennt man, daß er wohl wußte, was ihm fehlte; aber er wollte seiner Natur keine Tortur antun und frei und glücklich leben, und hatte völlig Recht. In Rom folgte er bloß dem Raphael mit der anhänglichsten Gelehrigkeit, und man sieht aus allem, daß er ihn auf das zärtlichste liebte und verehrte. Er war nicht älter als 21 Jahr, als dieser starb; Raphael nahm ihn also als einen zarten jungen Buben, wie von der Straße, zu sich. Vermutlich mögen sie im Anfang ein wenig griechischen Umgang mit einander gepflogen haben, nach Sitte damaliger Zeiten und dem unwiderstehlichen Hang zur Wollust beider.

In Rom sieht man weiter nichts von ihm als Schülerarbeit, wobei er sich rechtschaffen mag gequält haben: die Schlacht Constantins war allein noch nach seiner Neigung; und dies ist auch am besten geworden. Man betrachte sie als die Arbeit eines jungen Menschen von 21 und 22 Jahren, und man wird ihn gewiß hochschätzen und liebgewinnen. Die Geißelung Christi zu S. Prassede war ein Vorwurf dem er nicht gewachsen war; was konnte er anders tun, als einen Tropf hinstellen, der sich ausprügeln läßt, und eine Menge Zuschauer unter und auf Hallen von prächtiger Architektur. Einer, dem das Fell ausgeklopft wird, macht auch immer eine schlechte Figur, und wenn es der Vatikanische Apollo wäre.

Wie er nach Mantua kam, überließ er sich ganz seinem Naturell; und hier erst lernt man ihn kennen. Dies geschah im November 1524. Der Marchese Friedrich Gonzaga, ein prächtiger wollüstiger Fürst, war auch gemacht, sein Patron zu sein. Das erste war gleich der Palast del Te, oder del Theieto, Tagliatto toskanisch, und endlich abgekürzt del Te.

Die Architektur desselben kann man wohl das Meisterstück von Giulio nennen. Er ist voll Pracht und Feuer und Zierlichkeit in Plan und Ausführung, aber eine reife völlige Schönheit, wo nichts zu viel und zu wenig ist, noch nicht; doch eben nicht sehr überladen, und selbst dies geht in Pracht über, nehmlich die vierfachen Säulen, die in den Hof hinein die Bogen tragen. Eine einzige starke dafür von Granit wohl im Plan ausgedacht wär ohne Streit schöner gewesen; aber der arme Mann mußte sie mit Backsteinen und Kitt machen. Ohngeachtet dessen bleibt es eins der schönsten Gebäude der Welt.

Das Atrium hat er mit trefflicher Wahl vom Palast Farnese genommen, das wohl das größte Meisterstück von San Gallo ist. Die Spielerei mit den *alla rustica* gehauenen Marmorsäulen hätte Giulio wohl bleiben lassen können; die schönen Granitsäulen in severer dorischer Ordnung tun dort ganz andre Wirkung. Um aber dem Giulio nicht Unrecht zu tun, muß man erst untersuchen, ob San Gallo sein Atrium nicht von ihm nahm, und so wird es auch sein, da der Palast Farnese erst unter Paul dem 3ten, dem dritten Papst nach Raphaels Tode, von Michel Agnolo vollendet wurde.

Die einfallenden Dreischlitze im Fries des Hofes sind ebenfalls noch eine jugendliche Spielerei. Sonst ist das Ganze in der Tat voll frischer lebendiger Pracht.

Die große Bogenhalle, die den Garten und das Gebäude schließt, tut herrliche Wirkung, und gibt dem Ganzen eine majestätische Vollendung. Albani hat sie in seiner Villa nachgeahmt, und die große hingeworfne Idee von Giulio bis ins kleine nett ausgeführt und nützlich für seine Kaiserbüsten und ägyptischen Statuen angewendet.

Die Verzierungen an den Gewölben sind durchaus voll Geschmack und Erfindungsgeist nach antiker Art.

Von den Malereien in den Zimmern kann man mit Recht sagen, daß Giulio sein Mütchen gekühlt und seinen Genius hat austoben lassen. Es ist eine wahre Lust, die Werke dieses jungen kräftigen wollüstigen glücklichen Römers in Überfluß und Liebe und Freude hier zu betrachten. Alles sprudelt von Leben und Feuer. Mit seinen Farben die Sachen langsam und geduldig bis zur Natur zu treiben wär ihm zu dieser Zeit gewiß Marter und Höllenpein gewesen; auch hat er dies kaum hier und da nur versucht.

Verschiedne von diesen Vorstellungen sind platterdings bloß erster Einfall, und gänzlich unverdaut; wohin zum Exempel sein so berühmter Gigantensturz gehört, eine Fabel bloß für Poesie, welche ganz sich durch bildende Kunst nicht vorstellen läßt. Höchstens kann man die Titanen mit ihren Schlangenschwänzen von Wetterstrahlen und Pfeilen getroffen und im wilden Gewühl sich bäumend nur allein bilden, wie sie im Belvedere zu Rom auf einer Graburne sich befinden. Diese Vorstellung in dem kleinen Zimmer, die Figuren in Lebensgröße mit den Fratzen von Riesenköpfen, und den Felschen darum her, und den Göttern oben klein und possierlich, ist in der Tat naupengeheuerlich. Als eine Posse zum lachen mag es gut sein. Jupiter, Neptun und Pluto streiten an drei Wänden, und an der vierten steht Herkules mit seiner Keule auf der Schulter, und Apollo und die erschreckten Musen. An der Wand Neptuns stürzt das Himmelsgebäude mit seinen Säulen. Auf den vier runden Winkeln blasen die Winde. Zeus schleudert ganz wohlgemut mit der rechten seinen Blitz und hält in der linken einen andern, und neben ihm schwebt Juno und Ganymed. An der Wand

Neptuns trägt ein Satyr, vermutlich Pan, mit Hoden von hinten zwischen den Beinen wie ein Hengst, eine Himmelsnymphe davon. Von eigentlicher Gestalt ist da wenig zu reden; es soll auch weiter nichts sein, als ein Getümmel von Gruppen und Figuren in Sieg und Niederlage. Unter dem Zeus und Herkules sieht man in Landschaften hinein; und so dünkt mich auch unter dem Neptun.

Die zwei tondi im Zimmer voran, mit der Geschichte vom Alexander, der den Homer in das Kleinod des Darius steckt, und die Keuschheit des Scipio in Spanien, sind wie antik behandelt, und drücken wenig eigne Idee aus.

Der Triumph in Stuck ist recht brav, aber es sind lauter Nachahmungen der bekannten Colonnen.

Im ersten Zimmer linker Hand ist der Sturz Phaetons, von dem man nichts mehr sieht. Die vier freschi aber im Fries gehören eigentlich, besonders zwei davon, unter das fürtrefflichste, was Giulio gemacht hat, obgleich in kleinen Figuren. Die Amazonenschlacht ist so schön und voll kriegerischem Feuer und so rein ein Ganzes, wie ein Gedanke. Eine seiner besten Kompositionen. Die Amazonen sind voll Reiz, besonders die im weißen Gewande mit ausziehendem Pferd; die Pferde selbst voll Krieg, das eine beißt das andre in die Nase; sie setzen mit den Vorderfüßen aufs lebendige. Die Vordergruppe linker Hand ist in der Tat ganz göttlich; ich habe wenig Dinge der Kunst so voll starker Phantasiekraft gesehen. Es ist ächter kriegerischer antiker Römergeist darinne.

Eben so herrlich ist eine Rauferei von Zentauren um Mädchen voll reizender Bewegungen. Ihre Gestalten machen den Krieg recht naiv und komisch. Tritonen mit Drachenschwänzen haben auch Hader um Mädchen doch ist dies mehr Spiel und Liebkosung. Das vierte über dem Fenster ist ein Kampf von verschiednen Tieren, Löwen, Tigern, Bären und andern.

Im folgenden Zimmer sind sechszehn Bilder in Rundungen, worunter einige ganz Natur und Leben sind in ihren Bewegungen. Als die sich badenden Buben. Die tanzenden Landleute bei Zithern und Pfeifen; der Friaulische Tanz. Fischer die Netze ziehen. Atalanta im Wettlauf mit dem Meleager. Klopffechter.

Im Zimmer der Psyche aber hat er alle seine Kraft angewendet. Die ganze Geschichte ist an Gewölbe Stück vor Stück nach dem Apulejus vorgestellt, worunter ganz fürtreffliche Bilder; als wie Psyche die Früchte aus einander liest und ihr Ameisen helfen, ein wirklich Raphaelisch Mädchen, und auch fürtrefflich gemahlt und bekleidet. Wie Psyche schläft ist eben so schön. Wie sie die Ceres bittet, hat er einen tüchtigen Priap als Gott der Garten angebracht. Es sind hier verschiedne große Kunststücke von Verkürzungen, die aber wegen Mangel an natürlichem Kolorit keine Wirkung machen. Die untern Bilder in Lebensgröße übertreffen aber doch diese Obern; und hier hat sich Giulio seinem eignen Geist überlassen. Über den zwei Fenstern nach dem Garten zu hat er zwei äußerst wollüstige Gruppen hingemahlt. Zeus ist gerad im Moment über die Olympia, mit einem Drachenschweif statt der Beine, sonst an allem ein wohlversehener tüchtiger Kerl, herzusteigen; er hält sie schon mit der rechten an der linken Schulter und ist zwischen ihren ausgebreiteten Schenkeln; sie sieht ihm voll Verwunderung doch nicht abgeneigt zu, was er anfangen will. Scham und Unterleib, und Brüste ist dem Zuschauer ganz frei und nackend wie die Natur vor Augen. Das andre stellt die Pasiphae vor, wie sie in die Kuh steigt; diese hat den Schwanz auf die Seite gehoben, ganz brünstig. Dädalus hilft ihr mit einem geilen Gesichte. Die Figur der Pasiphae ist fürtrefflich.

Mars bei der Venus, der den Adonis verfolgt. Der letztre ist ganz nackend und springt im Schrecken fort. Seine Bewe-

Mantua, Palazzo del Te, Zimmer der Psyche: Mars und Venus im Bad

gung und Wendung, so daß der ganze schöne Hintere sich sehen läßt, ist herrlich. Mars und Venus im Bad noch sich abtrocknen lassend von Liebesgöttern; Venus ein derbes wollüstiges Weib.

Faunen, Bacchantinnen und Nymphen bereiten das Hochzeitmahl der Psyche; Merkur sieht mit dem Schlangenstab ob sies recht machen. Die Szene ist eine Laube an einem See und kühlen Felsen. Ein ganz fürtrefflich großes Stück, voll Schönheiten im einzeln.

Amor und Psyche auf dem Bett zum Beischlaf fertig, und Satyrn tanzen um einen Altar des Priap. Bacchus lehnt an einem Küchentisch, Silen liegt da betrunken, Apoll und die

Musen auf der andern Seite. Vulkan als Koch bei einer Frau und andre Figuren. Der Ausdruck von Wollust im Amor und in der Psyche ist so recht in seinem Charakter, und meisterhaft. Diese Gestalten und Faune und Satyrgestalten hat er gut in der Phantasie gehabt. Er selbst hat in seinem Mund den Zug von einem Satyr. Annibal Caracci hat dieß Stück gut im Gedächtniß gehabt bei seinem Saal im Palast Farnese. Sein Bacchus und Ariadne haben ähnliche Gestalten.

Im hintern Porticus bei der Grotte sind einige kleine ganz fürtreffliche Vorstellungen; worunter die schönste ein paar Verliebten sind, die einen friaulischen Tanz mit Musik von zwei Mädchen wie Musen mit antiken Instrumenten sich aufführen lassen. Sie schlingen sich um einander mit den Armen; er greift ihr mit der freien rechten an den Busen, und sie ihm mit der linken nach der Scham. Die tanzenden Mädchen sind fürtrefflich in Wuchs und Bewegung; Guido hat sie bei seiner Aurora in der Idee gehabt.

Ein Gefecht von Zentauren ist hier gleichfalls fürtrefflich.

Für alle diese Sachen war Giulio voll Natur und Leben; hätte er mehr Geduld und Praktik in der Farbe gehabt, und sich mehr auf Wahrheit und Verschiedenheit der Gestalt gelegt: so wär er gewiß einer der ersten Meister geworden. So aber hat er die Malerei nur flüchtig getrieben, und sich meistens mit Bausachen abgegeben. […]

Es ist in der Tat ganz lächerlich, wenn ein Mengs, der alles mit unaufhörlichem Fleiß und ewiger Mühe erzwang, von einem so feurigen und verwegenen Menschen wie Guilio sagt, er habe einen *pennello timido*, und *gusto freddo* gehabt.

Die Stücke haben viel gelitten von schlechtem Wetter, Beschädigung der Decken, die nur mit Rohr gemacht sind, und elenden Überpinseleien. Der jetzige Direktor der Mahlerakademie will die letztern so viel möglich wegarbeiten und das andre verdorbne ergänzen, und alles so gut machen wie möglich. Wenns nur mit dem guten Willen getan ist! Der alte Mann und der junge feurige Giulio stehen ein wenig zu weit von einander ab. Man sollte die Sachen, wenn sie einmal verdorben sind, verdorben sein lassen, und das im guten Stande mit bester Obhut zu erhalten suchen; Bei allen den Ausflickungen und Verbesserungen kömt nichts heraus; und die Sachen werden meistens noch mehr verdorben, und man weiß endlich nicht mehr, was man vor sich hat. Aber die großen Herrn, die selbst nichts verstehen, müssen sich eben nach andrer Belieben bei der Nase herum führen lassen, indem man ihnen von Ruhm und Ehre die Ohren voll schwatzt, die auf die letzt in einen abscheulichen Gestank ausgeht.

Die Marter der heiligen *Margaretha* von *Hannibal Caracci* in der Kirche des hl. Mauritius ist ein fürtrefflich Werk. Die Heilige, die an einem Pfahl mit beiden Händen gebunden hängt, und an den Füßen unten gebunden ist, indes ein Kerl unten Feuer macht, um sie zu Tode zu räuchern, ist ein reizend schlank gutherzig Mädchen, ein rechtes keusches lieblich Gesicht, und ein Leibchen und Füßchen ganz jugendlich. Der Priester neben ihr mit übergeworfnem weißen Mantel ist ein Meisterstück und die Statue des Zeus mit dem Blitz in der Hand fürtrefflich; daß einer von den Zuschauern halb hinter den Rahmen kömt, hat wahrlich wenig zu bedeuten; es soll eben eine große Menge anzeigen.

Der Palast des Giulio ist in der Tat ein schönes simples Gebäude. Die viereckten Fenster sind in Rundungen eingemacht, wie die vom Palast Pitti, wo man vermutlich die Idee aus diesem genommen hat. Allein gefällt mir nicht, daß die Tür nicht in der Mitte steht; sondern auf der linken Seite drei Fenster und auf der rechten deren nur zwei sind. Der Merkur über der Tür ist bis auf die Mitte der Schenkel antik, und von sehr guter Gestalt und Arbeit. Die Beine sind abscheulich ergänzt, und Giulio kann sie nicht selbst gemacht haben, wie man sagt. Sie sind gewiß aus neuerer Zeit. So kann der Palast Gonzaga nicht weit davon gegen über unmöglich von ihm sein; es ist ein zu abscheulich geschmackloses Wesen. Man sieht, daß einer den absurden Einfall gehabt hat, seine Titanen als Karyatiden nachzuahmen, und überhaupt auf eine schlechte Weise seinen Styl. Das Gebälk wird dadurch ganz abscheulich unterbrochen.

Mantua war in seiner ersten Anlage gewiß nicht so ungesund, als es jetzt ist; vielmehr war es gewiß einer der angenehmsten Örter der ganzen Lombardei. Der Mincio, der hier einen klaren See machte, war nicht ungesunder, als es der Genfersee, der Vierwaldstädter See und der Konstanzer ist, ausgenommen die Lage der Stadt in der Ebne überhaupt, die jedoch gewiß durch seinen obgleich unmerklichen Strom verbessert wurde. Nach und nach aber hat man das Rohr wachsen lassen; und dieß nicht allein, man hat die Lage bei den Kriegen von Brescia im vierzehnten Jahrhundert nicht fest genug befunden, und andere tiefe Graben gemacht, die jetzt den zweiten und dritten See bilden; denn von den natürlichen des Mincio gehen Ausflüße durch Mühlen in die Stadt, und an deren Mauren gegen Osten sind die andern Seen. Diese sind nicht tief, und alle voll Rohr; die Bäche, die von den Mühlen dadurch schleichen, sind sehr klein; das Wasser ist also schier wie tot, und die Unreinigkeiten, die sich im Rohr aufhalten, und überhaupt das Wasser selbst darin wird an den Krümmungen faul, und dadurch entsteht die böse Luft, die nunmehr gar nicht mehr kann gebessert werden. Denn wenn man auch diese Seen wollte austrocknen lassen, so würd es vorher eine völlige Pest verursachen, wie die Lyoner bei Ableitung der Rhone, und die Römer bei Austrocknung der Pontinischen Sümpfe deutlich genug verspürt haben; denn die Ausdünstung des Rohrs ohne Wasser und des Schlamms ist alsdenn weit stärker. Der Anblick der Einwohner von Terracina macht mir noch jetzt in der Phantasie Jammer und Ekel; grün und gelb, alle mit dem grausamsten Fieber behaftet sahen sie aus. Ärger würd es in Mantua sein. Die halbe Lombardei müßte während der Zeit der Austrocknung andre Wohnungen aufschlagen. Die Einwohner von Mantua wollen nicht zugeben, daß ihre Luft ungesund sei, doch nur der pure pute Mantuaner; und doch hat jeder des Jahrs ein paarmal das Fieber; und von den sechs teutschen Kompanien liegen immer wenigstens über hundert im Spital daran darnieder. Freilich macht die Nachtluft bei den Soldaten, die Schildwache stehn müssen, einen starken Unterschied. Sonderbar ists, wie doch verschiedne fürtreffliche Köpfe hier haben reisen können; Und Bettinelli, und Andres noch jetzt ihren Aufenthalt da wählen. Man sollte fast glauben, je näher man dem Element des Feuers in der Erde käme: je mehr Kraft gewinne das Herz des Menschen. Wie Virgil hier lebte, war die Gegend gewiß nicht so ungesund; aber sie war doch immer Ebne, und ohne Abwechslung von Berg und Tal, ohne Genuß von Auf und Untergang; ewiges Einerlei von Pappelbäumen und Wiesen und Kanälen. Freilich ist wieder wahr, wenn einer seine Kindheit so einförmig weglebt, und dann als Jüngling von richtigem Blick mit geradem Verstand in schönere Gegenden und unter lebhaftere Menschen kömt: so fühlt er alles schärfer, als einer, ders schon gewohnt ist. Aber wiederum ist wahr: es ist alsdenn schon mehr Verstand, allgemeiner Begriff, als bloße individuelle Empfindung, die ein Ding von allen Seiten berührt und greift, und sich gewissermaßen in Unschuld mit ihm begattet. So einer wird kein Homer mehr werden, der in der Begeisterung allen Verstand vergißt, und die Sachen auf das sinnlichste darstellt: was einen Dichter bei Philosophen zum Narren macht, aber alle natürliche Menschen in Entzücken hinreißt.

Die Spaziergänge beim Palazzo del Te sind sehr angenehm; lauter Gänge von Pappeln und Erlen. Freilich bleibt es immer ebnes Land. Sonst gibt es keine Spaziergänge; denn um den See herum ist alles tot und öde von der bösartigen Luft. Kurz, Mantua ist eine Art von Venedig, wo man nicht spazieren gehen kann; nur ist die Luft weit schlechter als dort, wo man sie nur gesalzen hat.

Diese Nacht hab ich das fürchterlichste Gewitter in meinem Leben um mich herum gehabt. Es zog den ganzen Tag um den See; endlich gegen Abend brach es herüber, und zwei Stunden nach einander bin ich auf meinem Zimmer gestanden, als ob ohne Aufhören Kanonen um mich abgefeuert würden. Rechts und links und vor mir die grässlichsten Schläge. Eine Musik ohne gleiche, wenn Berge da stünden. Es lag so recht über Mantua und seinen Sümpfen, wie eine Henne über jungen Küchlein. Was ich noch nie erfahren habe, war, daß eine ganze Stunde lang, nach Abzug des Gewitters am Himmel und völliger Stille, neue Blitze von selbst entstanden und feuerströmend einschlugen, unter dem Geläute aller großen und kleinen Glocken. – Es erschlug zwei Männer auf dem Wege, und noch in einen Palast ein.

Den 21 August.

Mantua hat 28 tausend Einwohner; und nicht zehntausend, wie Volkmann in seinem albernen Aufsatz darüber sagt. Und doch könnt es noch weit mehr bevölkert sein; er muß die Straßen schlecht angesehen haben, oder sein Originalmann, wenn er keinen Druckfehler abgeschrieben hat; denn gewiß wächst auch auf den meisten Straßen Gras. Karl Theodor hätte hier viel ausjäten zu lassen.

Das größte Meisterstück von Giulio, was er in seinem Leben gemahlt hat, ist ohnstreitig la Sala di Troja nel Castello ducale. Hier war er recht in seinem Element, und folgte dem

Homer in seiner Begeisterung. Er fängt ihn beim Eingang der Tür linker Hand mit dem Urteil des Paris an, welches meisterhaft ausgedacht ist. Paris liegt in einer schönen Gegend des Ida, und schläft mit seinem Hirtenstab hingestreckt, indes die Küh weiden und Blätter von Maulbeerbäumen fressen. Die Göttinnen steigen mit dem Merkur voran gerad von den Wolken auf die Erde nieder. Venus ist gleich hinter dem Merkur, und blickt lüstern und ihres Siegs schon gewiß schlank und reizend bekleidet nach dem Apfel; nach ihr steht Pallas noch auf den Wolken, und Juno hinter ihr.

Über der Tür liegt Helena nackend, bloß mit einem leichten Schleier über die Scham, wollüstig auf einem Bette, schier wie die Danae Tizians, und schlummert, indes Amor zur Seite mit der Fackel steht. Eine fürtreffliche nackende weibliche Figur.

Alsdenn geht sie mit dem Paris durch, und ein paar Kammermädchen folgen hinter drein, wovon die letztre einen Sack mit Kostbarkeiten trägt. Paris führt sie aufs Schiffe und der Steuermann staunt sie an voll Bewundrung.

Alsdenn kömmt eine nackende männliche Figur auf einem Felsen am Meer liegend, der ein Pfeil durchs Herz geschossen ist und dem Rücken heraus geht, vorn und hinten schlagen die Flammen davon. Neben an fliegt Minerva gen Himmel. Aus allem und der Physiognomie besonders ist zu erkennen, daß es Achill ist, der vor Zorn am Ufer der Meers weint.

Dann folgt an der andern Wand Laokoon mit seinen beiden Söhnen von den Schlangen umwunden, nach der einen er mit einer Keule in der rechten schlägt. Zu seiner Seite ist ein Altar und ein fliehend Frauenzimmer. Die Gruppierung ist ganz meisterhaft und weit herrlicher als die der Statuen, die Figuren sind fürtrefflich ausgeführt und haben griechische Schönheit. Er hat viel vom alten Laokoon genommen, aber die Gestalten sind sein, und voll Mahlerphantasie; besonders der Kopf des Vaters. Auch hier schreit er nicht, sondern ist nur zornig und wehrt sich voll Ingrimm. Dies gehört unter das meisterhafteste was Giulio gemacht hat.

Alsdenn kömt die Erbauung des Trojanischen Pferds und Helden herum, die nach demselben gehn und schauen. Es ist sehr gut gestellt.

Den Beschluß macht, wie Thetis dem Achill den Schild bringt. Ich habe vergessen zwischen den vorigen beiden, wie Vulkan ihn gemacht hat, und noch den Helm bereitet.

Oben wie im Fries, unter dem Gewölb herum, ist dem Eingang gegen über, die erste große Schlacht der Griechen und Trojaner nach dem Homer. Sie streiten auf Wagen, und alles Pferd und Mann ist voll Feuer und Leben. Das Königlichste aber ist Zeus in Wolken auf dem Ida sitzend. Sein Kopf gehört unter die göttlichsten und erhabensten kräftigsten reinaus erfundensten Gestalten der neuern Kunst, und ist auch fürtrefflich gemalt, Schade, daß er ein wenig an der Nase gelitten hat.

Gegenüber fährt Achill mit dem erlegten Hektor am Wagen gebunden im Triumph davon.

An der Seite über den Fenstern zwischen beiden ist vorgestellt, wie Ajax den Patroklus verteidigt; ein ganz göttlich Bild. Der Kopf des Ajax ist wieder ein hohes Meisterstück, und gehört dem Giulio; das andre hat er zum Teil dem Antiken nachgemacht. Hektor zu Pferd ist voll Kriegsfeuer, und herum das wütendste Getümmel. Ein fürtreffliches hohes Bild.

Diesem gegenüber steht ein nackender Held auf einem Wagen und tritt davon weg, mit den Zügeln der Pferde noch in Händen; vor ihm ist wilder Kampf noch und ein Erschlagner.

Am Gewölbe sitzt Juno in Wolken; und vor ihr hält ein

nackender Mann ein nackend Mädchen, den Kopf zurückgestreckt in den Nacken, und so die Beine sinken lassend, beide in Wolken. Eine fürtreffliche Gruppe voll Schönheit und Reiz. Ich weiß nicht, was es vorstellen soll, vielleicht den Ixion, der statt der Juno eine Wolke umarmen will. Vielleicht auch ein Gott, der die verwundete Venus gen Himmel trägt.

Unter diesen Bildern sind viel klassische Figuren voll Schönheit in der Form der Teile und den Konturen; die Gruppen sind meistens mit wunderbarer Erfindungskraft ausgedacht. An den mehrsten ist die Zeichnung recht ausgefühlt und auf das meisterhafteste vollendet. Weder Algarotti noch Mengs müssen diesen Saal zu sehen, sich die Mühe gegeben haben; denn sonst hätten sie gewiß kein so schiefes Urteil über ihn gefällt. Er gehört unter das fürtrefflichste, was die neuere Kunst aufzuzeigen hat; Es ist gewiß die genievollste Nachahmung der Alten.

Die drei Bilder von Rubens[1] in der Jesuiterkirche gehören unter das beste, was von ihm in Italien ist. Die Verklärung Christi hat weit mehr malerisches in Farben und Beleuchtung, als die Raphaelische; aber das hohe und himmlisch wahre in den Köpfen fehlt freilich, obgleich sehr kräftige und feurige darunter sind, besonders unter den Zuschauern. Rubens hat inzwischen Raphaelen stark nachgeahmt, im Besessnen, im Mann der ihn hält, in der Frau, die neben diesem kniet, in den Aposteln, und überhaupt in der Ganzen Anlage. Es ist, als ob ein guter Klavierspieler ein klassisch Werk zu Hause mit eignen Erfindungen und Verzierungen nachphantasiert. So macht es freilich ein besser Ganzes fürs Auge; aber nicht für die Geschichte, und die Seele; denn Christus mußte

1 Die Taufe Christi, heute in Antwerpen / Die Verklärung Christi, heute in Nancy / Die Familie Gonzaga in Anbetung der Hl. Dreifaltigkeit, auseinandergeschnitten, heute in Mantua, Wien und einer Privatsammlung.

gewiß in seiner Verklärung entfernter sein, als daß die Strahlen derselben bis auf die Szene mit dem Besessnen herunter brechen konnten.

Das Familienstück des Herzoglichen Hauses, das die heilige Dreieinigkeit anbetet, die auf einem Teppich sitzend und schwebend von Engeln herunter getragen wird, ist wieder eine bloße malerische Komposition und macht besonders in der Mitte der Kirche einen herrlichen Effekt. Die Porträts sind voll Wahrheit der Gestalt und Kraft und Feuer, und nach der Natur; Meisterstücke.

Die Taufe Johannis ist leicht weggepinselt und schwarz geworden; sie hat auch viel malerisches in der Komposition.

Die zwei andern haben sich in der schlechten Luft und der Sonne, denn auf die Verklärung scheint gerad die Morgensonne, gut erhalten und sind nur hier und da ausgewittert. Rubens hat gewiß sehr viel von Paul Veronese angenommen; ihre Manier hat sehr viel gemeinschaftliches. Doch ist er weit größer als dieser, und hat weit mehr Kraft und unendlich mehr Genie für Gestalt, wodurch er allein unter die größten Meister, die je gelebt haben, gesetzt zu werden verdient. So darf er sich wahrlich in Italien neben jedem sehen lassen; genug schon, daß seine Verklärung bei der Raphaelischen noch gewinnt auf der malerischen Seite, ob sie gleich auf der philosophischen und ächten Wagschale stark unter sinkt, oder wie leer noch mehr im Kontrast aufsteigt. Man muß dies als eine Laune betrachten.

Im Palazzo ducale sind die Tapeten Raphaels sehr gut nachgeahmt, und weit besser erhalten.

Gegen Mittag nach Verona abgefahren, und nach Zurücklegung von 24 Meilen Abends angekommen. Auf dem Weg ist weiter nichts merkwürdiges.

[...]

Glossar
mit Erläuterungen zu Personen- und Ortsnamen

Agg. – Haggai, Buch des Alten Testaments
Andres – Giovanni Andrés (1740-1817), span. Jesuit und Prinzenerzieher am Hof von Mantua
aria grossa – dicke Luft
Baj. – Abkürzung für Baiocco, eine kirchenstaatliche Silbermünze
Barocci – auch Baroccio, eigentlich Federico Fiori (1535-1612), Maler
Bellino – Bellini, venezianische Malerfamilie des 15. Jahrhunderts; hier ist Giovanni B. (1430-1516) gemeint.
Berni, Francesco – ital. Dichter des frühen 16. Jahrhunderts, prägte mit seinen satirischen Gedichten den »bernesken« Stil.
Bernoulli, Johann – Autor der »Zusätze zu den neuesten Reisebeschreibungen von Italien ... des Herrn D.J.J. Volkmann«, Leipzig 1777 (vgl. S. 49)
Bettinelli, Saverio (1718-1808) – zeitgen. Literaturhistoriker und Dichter
Borchetti heute: Borghetto
bucerona/bucerata – im Venezianischen obszöne Schimpfworte (von buggerare: schwindeln, betrügen)
Cajeta – heute: Gaeta
Castelnuovo – heute: Castelnuovo di Porto
Castellum Luculli – heute: Castellucchio
cattera – Fluch, nach dem griechischen κατάρα
Cavaceppi – römische Bildhauerfamilie
Cavalier d'Arpin – Giuseppe Cesari (1568-1640)
Cirkaßerin – Tscherkessin
Civosi – Heinse meint hier den Maler Ludovico Cigoli (1559-1613).
Clitumnus – die Quelle dieses Flusses (Clitonno) wurde als Gottheit Iuppiter Clitumnus verehrt.
Contons – Kondome
Contumaz Schiffe – Schiffe in Quarantäne

Cremente – von Heinse mißverständlich notierte mundartliche Aussprache von »Clemente«
Cremer – Heinse verwechselt hier den Fluß Treia bei Civita Castellana mit der Cremera, die in einer lateinischen Inschrift erwähnt ist, weil er wie auch viele Gelehrte Civita Castellana für das antike Veji hält (statt Falerii veteres).
Dreischlitz – Triglyph, gekerbte rechteckige Platte im Gebälk des dorischen Tempels
Elci – Steineichen
Fuligno – Foligno
Furlana – Forlane, friaulischer Volkstanz
gäh – jäh
Gchetzer – Ketzer
Häkerling – gehäckseltes Stroh
Hospitäler – venezianische Waisenhäuser und Konservatorien
incertis – unregelmäßige, unvorhersehbare Einkünfte
La Casa – Giovanni Della Casa (1503-1556), ital. Dichter
Lowerz – Lauerz
Magnana – heute: Magliano
Marignano – heute: Melegnano
Mengs, Anton Raphael – vgl. S. 44
Miglie – Meile, damals noch nicht territorial einheitliches Längenmaß, etwa anderthalb Kilometern entsprechend
Molze – Francesco Maria Molza (1489-1544), ital. Dichter
mona – vulgär-italienisch für weibliches Geschlechtsorgan
Monte Selice – heute Monsèlice
naupengeheuerlich – sehr eigenartig, kurios
Oblongum – Rechteck
Paolo (Paul) – kirchenstaatliche Silbermünze im Wert von zehn Baiocchi
Peperin – graues vulkanisches Mischgestein
Pläne – Ebene
Pizzicaron – vermutlich ist das heutige Pizzighettone, westlich von Cremona an der Adda gelegen, gemeint
Pordone – Paris Bordone (1500-1571), venezianischer Maler
Pozzoli – heute: Bózzolo

Purganz – Abführmittel
pute – vom lateinischen Adjektiv »putus« (gereinigt, sauber)
Puzzuolo – heute: Pozzuoli
Quatrini – alte italienische Kupfermünze
Riegenberg – Rigi
Rignano – heute R. Flaminio
Ringhiera – eigentlich: Rednertribüne, auch Geländer, Balustrade
Romitorj – Einsiedeleien
Ruß – die Reuss
Rustik – Mauerwerk aus roh behauenem Naturstein, meist im Sockelgeschoß eines Baus
Sinigàglia – heute: Senigallia
Sklavonierin – Slavoni(eri)n, aus dem Nordosten Kroatiens stammend; »schiavoni« wurden damals oft pauschal alle slawischen Bewohner der östlichen Adriaküste genannt.
Speronara – kleines Segelschiff mit einem Sporn (»sperone«)
terra grossa – gleichbedeutend mit »Terra ferma«, dem venezianischen Festland
torrioni – große zinnenbewehrte Außentürme
Torrosiner – Bewohner des Dorfes Torreorsina östlich von Terni
trotte – Forellen
türkisches Korn – Mais
Verde antico – grünlicher Marmor
Veturin – Mietkutscher
Vino greco von vua passa – Weißwein von einer aus Griechenland eingeführten Muskatellertraube
Volkmann – vgl. S. 49
vomitoria – Zugänge zu den Sitzen des antiken Theaters
welsch – bei Zeitangabe: Ortszeit
Zechine – ursprünglich venezianische Goldmünze
Zendale – Seidenschleier der Venezianerin

Abbildungsnachweis

Alte Pinakothek München: S. 45
Archäologisches Nationalmuseum Neapel: S. 30
Archiv für Kunst und Geschichte, Berlin: S. 22, 26, 68, 79, 103, 179, 184, 196, Umschlag: Hintergrundmotiv
Bildarchiv Preußischer Kulturbesitz: S. 136, 237
Freies Deutsches Hochstift, Frankfurt am Main: S. 42, 124
Gleimhaus, Halberstadt: S. 25, Umschlag: Johann Friedrich Eich, Bildnis Wilhelm Johann Jakob Heinse, 1779 (Ausschnitt)
Hamburger Kunsthalle: S. 154
Hofbibliothek Aschaffenburg: S. 4
Kunstmuseum Bern: S. 100
Nachl. W. Heinse H. 19. Stadt- und Universitätsbibliothek Frankfurt am Main: S. 107
Schweizerische Landesbibliothek Bern: S. 92
Stiftung Weimarer Klassik, Weimar: S. 21, 81
Weitere Nachweise über das Archiv des Insel Verlags

Bibliographie

Wilhelm Heinse: Sämmtliche Werke. Zehn in dreizehn Bänden / hrsg. von Carl Schüddekopf und Albert Leitzmann. Leipzig: Insel, 1902-1924

Wilhelm Heinse: Ardinghello und die glückseligen Inseln. Kritische Studienausgabe / hrsg. von Max L. Baeumer. Stuttgart: Reclam, 1975

Wilhelm Heinse: Düsseldorfer Gemäldebriefe/hrsg. von Helmut Pfotenhauer, Frankfurt/Leipzig: Insel, 1996

Wilhelm Heinse: Hildegard von Hohenthal, Musikalische Dialogen/hrsg. von Werner Keil. Hildesheim: Olms, 2002

Das Maß des Bacchanten: Wilhelm Heinses Überlebenskunst / hrsg. von Gert Theile. – München: Fink, 1998. (Weimarer Editionen) – Sammelband mit den Beiträgen zum Weimarer Heinse-Kolloquium 1996 von Gert Theile, Max L. Baeumer, Ulrich Gaier, Gerhard Sauder, Markus Bernauer, Simon Richter, Werner Keil, Manfred Wenzel, Manfred Dick, Silvio Vietta, Dürten Hartmann und Roland Bärwinkel.

Albert Zippel: Wilhelm Heinse und Italien. Jena 1930 (Jenaer Germanistische Forschungen; 15)

Danksagung

Mein Dank gilt Markus Bernauer, ohne dessen Rat und Hilfe dieses Buch nicht zustande gekommen wäre.

Der Herausgeber

Literarische Reisebegleiter
im insel taschenbuch
Eine Auswahl

Städte

Amsterdam. Literarische Spaziergänge. Von Christa Dericum. Mit farbigen Fotografien. it 2828. 250 Seiten

Athen. Literarische Spaziergänge. Herausgegeben von Paul Ludwig Völzing. Mit farbigen Fotografien. it 2505. 314 Seiten

Mit Brecht durch Berlin. Ein literarischer Reiseführer. Von Michael Bienert. Mit zahlreichen Fotografien.
it 2169. 271 Seiten

Literarischer Führer Berlin. Von Fred Oberhauser und Nicole Henneberg. Mit zahlreichen Abbildungen, Karten und Registern. it 2177. 517 Seiten

Bremen. Literarische Spaziergänge. Von Johann-Günther König. Mit farbigen Fotografien. it 2621. 272 Seiten

Dresden. Ein Reisebuch. Herausgegeben von Katrin Nitzschke unter Mitarbeit von Reinhardt Eigenwill. Mit zahlreichen Abbildungen. it 1365. 294 Seiten

Frankfurt. Acht literarische Spaziergänge von Siegfried Diehl. Mit farbigen Fotografien. it 2197. 190 Seiten

Frankfurts Hohe Häuser. Von Dieter Bartetzko. Mit farbigen Fotografien von Horst und Daniel Zielske.
it 2653. 121 Seiten

NF 31/1/4.02

Granada. Ein literarisches Porträt. Herausgegeben von Nina Koidl. Mit farbigen Fotografien. it 2635. 243 Seiten

Hamburg. Ein Städte-Lesebuch. Herausgegeben von Eckhart Kleßmann. Mit zahlreichen Abbildungen. it 1312. 305 Seiten

Heidelberg-Lesebuch. Stadt-Bilder von 1800 bis heute. Herausgegeben von Michael Buselmeier. it 913. 385 Seiten

Der Kölner Dom. Ein literarischer Führer. Herausgegeben von Markus Klein. Mit zahlreichen Abbildungen. it 2226. 149 Seiten

Leipzig. Literarische Spaziergänge. Herausgegeben von Werner Marx. Mit farbigen Fotografien. it 2710. 222 Seiten

Lissabon. Ein Städte-Lesebuch. Herausgegeben von Ellen Heinemann. it 2106. 390 Seiten

London. Literarische Spaziergänge. Herausgegeben von Harald Raykowski. it 2554. 272 Seiten

Madrid. Ein literarisches Porträt. Herausgegeben von Elke Wehr. Mit zahlreichen Abbildungen. it 1981. 272 Seiten

Mainz. Ein literarisches Porträt. Herausgegeben von Jens Frederiksen. Mit Fotografien von Sascha Kopp. it 2163. 195 Seiten

Prag. Ein Lesebuch. Herausgegeben und mit einem Nachwort versehen von Jana Halamičková. Mit Fotografien und Illustrationen. it 994. 386 Seiten

Geschichten aus dem alten Prag. Sippurim. Herausgegeben von Peter Demetz. it 1519. 376 Seiten

NF 31/2/4.02

Rom. Ein literarisches Porträt. Herausgegeben von Michael Worbs. Mit farbigen Fotografien. it 2298. 320 Seiten

Mit Marie Luise Kaschnitz durch Rom. Herausgegeben von Iris Schnebel-Kaschnitz und Michael Marschall von Bieberstein. Mit Fotografien von Mario Clementi. it 2607. 196 Seiten

St. Petersburg. Literarische Spaziergänge. Von Ingrid Schalthöfer. Mit farbigen Fotografien. it 2833. 240 Seiten

Trier. Deutschlands älteste Stadt. Reisebuch. Herausgegeben von Michael Schroeder. Mit Fotografien von Konstantin Schroeder. it 1574. 260 Seiten

Tübingen. Ein literarischer Spaziergang. Herausgegeben von Gert Ueding. Mit zahlreichen Abbildungen. it 1246. 384 Seiten

Venedig. Der literarische Führer. Herausgegeben von Doris und Arnold E. Maurer. Mit zahlreichen Fotografien. it 1413. 188 Seiten

Wien. Ein literarisches Porträt. Herausgegeben von Joseph Peter Strelka. Mit farbigen Fotografien. it 1573. 254 Seiten

Wiener Adressen. Ein kulturhistorischer Wegweiser mit Straßenplänen und Fotos von Dietmar Grieser. it 1203. 217 Seiten

Das Wiener Kaffeehaus. Mit zahlreichen Abbildungen und Hinweisen auf Wiener Kaffeehäuser. Herausgegeben von Kurt-Jürgen Heering. it 1318. 318 Seiten

Alle Wege führen nach Wien. Abenteuer eines Literaturtouristen. Von Dietmar Grieser. it 2543. 255 Seiten

NF 31/3/4.02

Würzburg. Literarische Reisewege. Herausgegeben und mit einem Nachwort versehen von Stefan Janson. Mit farbigen Abbildungen. it 2276. 220 Seiten

Landschaften • Länder • Kontinente

Amerika

Kalifornien. Ein Reiselesebuch. Herausgegeben von Herbert Genzmer. Mit farbigen Fotografien. it 2636. 282 Seiten

Harry Graf Kessler. Notizen über Mexiko. Herausgegeben von Alexander Ritter. Mit zahlreichen Abbildungen. it 2176. 182 Seiten

Martin Walser/André Ficus. Die Amerikareise. Versuch, ein Gefühl zu verstehen. Mit 51 farbigen Bildern von André Ficus. it 1243. 117 Seiten

Deutschland

Hans Christian Andersen. Schattenbilder einer Reise in den Harz, die sächsische Schweiz etc., etc. im Sommer 1831. Herausgegeben von Ulrich Sonnenberg. Mit zahlreichen zeitgenössischen Abbildungen. it 2818. 240 Seiten

Bodensee. Reisebuch. Herausgegeben von Dominik Jost. Mit farbigen Abbildungen. it 1490. 313 Seiten

Der Rhein. Eine Reise mit Geschichten, Gedichten und farbigen Fotografien. Herausgegeben von Helmut J. Schneider unter Mitarbeit von Michael Serrer. Mit Fotografien von Pieter Jos van Limbergen. it 1966. 206 Seiten

NF 31/4/4.02

Die schönsten Schlösser und Burgen Deutschlands. Ein literarischer Reisebegleiter. Herausgegeben von Joachim Schultz. Mit farbigen Fotografien. it 2717. 256 Seiten

Sylt. Literarische Reisewege. Herausgegeben von Winfried Hörning. Mit zahlreichen Fotografien. it 2522. 260 Seiten

Martin Walser/André Ficus. Heimatlob. Ein Bodensee-Buch. it 645. 92 Seiten

England

Mit Fontane durch England und Schottland. Herausgegeben von Otto Drude. Mit farbigen Fotografien von Christel Wollmann-Fiedler. it 2222. 194 Seiten

Karl Philipp Moritz. Reisen eines Deutschen in England im Jahr 1782. Mit einem Nachwort vom Benedikt Erenz. Mit Illustrationen. it 2641. 200 Seiten

Frankreich

Das Elsaß. Ein literarischer Reisebegleiter. Herausgegeben von Emma Guntz und André Weckmann. it 2746. 256 Seiten

Mit Fontane durch Frankreich und Flandern. Herausgegeben von Otto Drude. Mit Fotografien von Christel Wollmann-Fiedler. it 2647. 144 Seiten

Wolfgang Koeppen. Reisen nach Frankreich. Mit farbigen Fotografien von Angelika Dacqmine. it 2218. 170 Seiten

NF 31/5/4.02

Literarischer Führer Frankreich. Herausgegeben von Hans Georg Bauner. Mit zahlreichen Abbildungen und Karten. it 2798. 624 Seiten

Provence/Côte d'Azur. Ein literarischer Reisebegleiter. Herausgegeben von Ralf Nestmeyer. it 2801. 250 Seiten

Mit Rilke durch die Provence. Herausgegeben von Irina Frowen. Mit Fotografien von Constantin Beyer. it 2148. 126 Seiten

Griechenland

Hugo von Hofmannsthal. Augenblicke in Griechenland. Mit farbigen Abbildungen und einem Nachwort von Hansgeorg Schmidt-Bergmann. it 2408. 125 Seiten

Erhart Kästner
- Griechische Inseln. Aufzeichnungen aus dem Jahre 1944. Nachwort von Heinrich Gremmels. it 118. 166 Seiten
- Kreta. Aufzeichnungen aus dem Jahre 1943. Nachwort von Heinrich Gremmels. it 117. 264 Seiten
- Ölberge, Weinberge. Ein Griechenland-Buch. Mit Zeichnungen von Helmut Kaulbach. it 55. 262 Seiten
- Die Stundentrommel vom heiligen Berg Athos. it 56. 325 Seiten

Wolfgang Koeppen. Die Erben von Salamis oder Die ernsten Griechen. Mit Fotografien. it 2401. 80 Seiten

Reisen mit Odysseus. Zu den schönsten Inseln, Küsten und Stätten des Mittelmeers. Von Ernle Bradford. it 2508. 280 Seiten

NF 31/6/4.02

Italien

Briganten am Wege. Deutsche Reisende und das Abenteuer Italien. Von Dieter Richter. it 2809. 190 Seiten

Dietmar Grieser. Große historische Straßen. Von der Via Appia bis zur Avus. Eine kunsthistorische Spurensuche. Mit Fotografien. it 1974. 130 Seiten

Mit Hermann Hesse durch Italien. Ein Reisebegleiter durch Oberitalien. Herausgegeben von Volker Michels. it 1120. 215 Seiten

Harald Keller. Die Kunstlandschaften Italiens. Mit Abbildungen. it 1576. 1110 Seiten

Literarischer Führer durch Italien. Ein Insel-Reise-Lexikon. Von Doris und Arnold E. Maurer. Mit Abbildungen, Karten und Registern. it 1071. 551 Seiten

Oberitalienische Seen. Ein literarischer Reisebegleiter. Von Rainer W. Kuhnke. it 2608. 288 Seiten

Alberto Savinio. Capri. Eine Reiseerzählung. Übersetzt und mit einem Nachwort versehen von Martina Kempter. it 2732. 112 Seiten

Johann Gottfried Seume. Spaziergang nach Syrakus im Jahre 1802. Herausgegeben von Jörg Drews. it 2780. 496 Seiten

Sizilien. Literarisches Landschaftsbild. Herausgegeben von Ralf Nestmeyer. Mit Fotografien. it 2637. 220 Seiten

NF 31/7/4.02

Südtirol. Ein literarisches Landschaftsbild. Herausgegeben von Dominik Jost. Mit Abbildungen. it 1317. 358 Seiten

Im Rosengarten. Eine literarische Spurensuche in Südtirol. Von Dietmar Grieser. Mit Abbildungen. it 2509. 245 Seiten

Toskana. Ein literarisches Landschaftsbild. Herausgegeben von Andreas Beyer. Mit Fotografien von Loretto Buti. it 926. 265 Seiten

Edith Wharton. Italien. Reisebilder. Mit einem Nachwort von Hanns-Josef Ortheil. Mit farbigen Abbildungen. it 2731. 224 Seiten

Österreich

Dietmar Grieser. Nachsommertraum im Salzkammergut. Eine literarische Spurensuche. Mit Abbildungen. it 1848. 262 Seiten

Osteuropa

Böhmen. Ein literarisches Porträt. Herausgegeben von Uta Ackermann und Werner Fritsch. Mit farbigen Abbildungen. it 1994. 265 Seiten

Litauen. Ein literarischer Reisebegleiter. Herausgegeben von Claudia Sinnig. Mit farbigen Fotografien. it 2844. 250 Seiten

Johann Gottfried Seume. Mein Sommer 1805. Eine Reise ins Baltikum, nach Rußland, Finnland und Schweden. Herausgegeben von Jörg Drews. Mit zahlreichen Abbildungen. it 2839. 230 Seiten

NF 31/8/4.02

Schweiz

Das Engadin. »Glühend in allen Farben«. Porträt einer Landschaft. Herausgegeben von Susanne Gretter. Mit Fotografien. it 2199. 280 Seiten

Hermann Hesse. Tessin. Betrachtungen, Gedichte und Aquarelle des Autors. Herausgegeben und Nachwort von Volker Michels. it 1494. 314 Seiten

Spanien

Mallorca. Ein literarisches Porträt. Herausgegeben von Sieglinde Oehrlein. Mit Fotografien. it 1931. 197 Seiten

George Sand. Ein Winter auf Mallorca. Übersetzt von Maria Dessauer. it 2102. 220 Seiten

NF 31/9/4.02